海口市第一中学教育集团教育教学系列成果

匠心集萃

——海口市第一中学优秀课例精选

主　编　朱世军

副主编　汪剑春　杨　芳　黄文莉

　　　　符绵学　黄志林　许　清

湖南大学出版社

·长沙·

图书在版编目（CIP）数据

匠心集萃：海口市第一中学优秀课例精选/
朱世军主编. --长沙：湖南大学出版社，2025. 4.
ISBN 978-7-5667-4043-4

Ⅰ. G633

中国国家版本馆 CIP 数据核字第 2025NG5133 号

匠心集萃
——海口市第一中学优秀课例精选

JIANGXIN JICUI
—HAIKOU SHI DI-YI ZHONGXUE YOUXIU KELI JINGXUAN

主　　编：朱世军
责任编辑：张　毅
印　　装：湖南省美如画彩色印刷有限公司
开　　本：787 mm×1092 mm　1/16
印　　张：17.75
字　　数：432 千字
版　　次：2025 年 4 月第 1 版
印　　次：2025 年 4 月第 1 次印刷
书　　号：ISBN 978-7-5667-4043-4
定　　价：68.00 元

出 版 人：李文邦
出版发行：湖南大学出版社
社　　址：湖南·长沙·岳麓山
邮　　编：410082
电　　话：0731-88822559（营销部），88821251（编辑室），88821006（出版部）
传　　真：0731-88822264（总编室）
网　　址：http://press.hnu.edu.cn
电子邮箱：743220952@qq.com

序

　　春风拂过，万象更新。2020 年 8 月，海口市第一中学被教育部遴选为普通高中新课程、新教材实施国家级示范校，"双新"的推动和实施恰似一缕春风拂过普通高中教育的原野，催生了海口市第一中学教学改革的蓬勃生机。新课改展现出的全新风貌，在海口市第一中学"凤凰杯""致远杯"的课堂教学展示中淋漓尽显，教师们的课例设计，择优汇编成册，以飨读者。它是海口一中"双新"示范校建设成果的结晶，也是一扇尽显师者情怀和学者智慧的窗口。它记录了一群优秀教师的备课、磨课、改课、写课的诗与远方，叙写了无数个高效课堂的点点滴滴、精彩瞬间，见证了新课程改革的力量和美好！

　　这本课例集瞄准教学前沿，紧扣时代脉搏，收集了海口市第一中学在新课程改革中的优秀课例。它涵盖了语、数、英、物、化、生、政、史、地等九大高考科目及音、体、美、技等学科的教学设计，充分发挥学科特色，其内容之丰富、设计之精巧、形式之多样，大略如行云流水，常行于所当行，止于不可不止，往往如羚羊挂角，无迹可求，妙处透彻玲珑，不可凑泊。这些课例设计，展示了多样化的教学路径，启发式、探究式、讨论式等课堂教学方法精彩呈现，成为"双新"探索的生动实践。我们看到了教师们对教育的热爱和执着，看到了他们不断创新和探索的精神，看到了他们在教学改革中的创新活力。这些精品课例不仅仅是教学内容的呈现，更是教育情怀的传递。每一篇教学案例都是一线教师日常教学教研的生动写照，每一篇教学设计都是海口一中人集体研讨、共同打磨的精品，每一页都刻录下教师们勇立潮头唱大风的心血与气息。

　　回顾这些课例的创作历程，或许有汗水，或许有挫折，但更多的是教师对教育事业的深情厚谊。正是在这份深情的滋养下，他们跨越了一个个教学难题，取得了卓越的教育成果。他们以崇高的教育使命为引领，以严谨的教学态度为保障，书写了无数个在课堂上闪耀的瞬间。

　　这本课例集不仅是对学校过去教育教学工作的展示，更是对未来教育探索的启示。我相信，在这个数字化、多元化的时代，教育必将迎来新的机遇和挑战，而这些课例，无疑将成为教师们的宝贵经验，引领他们在未来的教育实践中乘风破浪，再造辉煌。

　　让我们怀着一颗感恩敬畏之心，一同翻开这本课例集，让优秀教师的智慧之光在海口市教育教改的征程中熠熠生辉！让我们一起去深耕课堂，精心教研，向下扎根，向上生长！愿这粒"双新"教育改革的种子，在教师们的精耕细耘下，在海口一中这片肥沃的土地上，开出美若凤凰、灿如星辰的花朵！

海口市委教育工委书记，海口市教育局党组书记、局长 赵金玲

2024 年 11 月

目　次

语文组

精选妙用，佳作可期
——高考作文素材运用策略

谷云峰

第一部分　教学设计

一、教材分析

　　高考作文写作，是高三语文学科复习的重中之重，而在高考议论文写作中，论据的选取和使用又起着极其重要的作用。如果把一篇议论文比作一个大鼎，那么论点、论据和论证就是这个鼎的三足，缺一不可。在深入理解材料内涵的基础之上，学会选取有效论据，并且恰当使用，将会让自己的高考作文写作水平更上一个台阶。

二、学情分析

　　在当前的考场作文中，学生在选用论据方面，普遍存在论据选取不够典型、不够丰富等问题；在运用论据方面，普遍存在论据凌乱无序、欠缺文采等问题。

三、教学策略

　　温故而知新，在教学过程中以先前考试原题为范例，引导学生发现问题。
　　以学生为课堂主体，发挥学生主观能动性，引导学生自主发现、自主探究，多思考、多练笔。

四、教学目标

（一）教学目标
1. 结合作文审题选取有效论据，让自己的论据更有效。
2. 运用更多元的论据作为佐证，让自己的论据更丰富。
3. 运用形象的语言、齐整的句式，让自己的论据更具文采。

（二）目标解析

1. "结合作文审题选取有效论据"以及"运用更多元的论据作为佐证"，是高考写作行文之前的准备工作，它建立在对于写作题目的理解和挖掘的基础之上，一方面是对于学生思维能力的考察，另一方面也是学生日常积累的体现，对标语文学科素养中的"语言的建构和运用"这一方向。

2. "运用形象的语言、齐整的句式"，是在行文之中对于所选取的论据进行合理运用，既是对学生逻辑表达能力的展现，又能够在一定程度上体现学生的语言文字运用能力，展现学生的文采，对标语文学科素养中的"思维的发展与提升"这一方向。

五、教学过程

（一）导入

从高考作文评价标准开始说起。

		一等（17～20分）
基础等级	内容20分	切合题意、中心突出、内容充实、感情真挚
	表达20分	符合文体要求、结构严谨、语言流畅、字体工整
发展等级	特征20分	深刻、丰富、有文采、有创新

（二）考场作文素材运用策略

1. 更有效——紧扣关键词

阅读下面的材料，根据要求写作。

读万卷书，行万里路。无论是读书还是行路，我们都会与地名不期而遇。有些地名很容易让你联想到这个地方的自然特征、风土民情、历史文化和著名人物等；有些地名会唤起你的某种记忆与情感，或许是一段难忘的故事，又或许它对你有着特殊的意义。电视台邀请你客串《中华地名》主持人。请以"带你走近_____"为题（补充一个地名，使题目完整），写一篇主持词。

什么样的素材是有效素材？

自然特征：椰风海韵、四季常青、空气质量全国第一……

风土民情：三月三、军坡节、公仔戏、洗龙水、换花节、老爸茶……

历史文化：五公祠、海瑞墓、海瑞故居、宋庆龄祖居、秀英炮台、东坡书院……

著名人物：苏轼、黄道婆、冼夫人、白玉蟾、张岳崧、丘浚、王佐、海瑞、宋庆龄、张云逸、冯白驹……

明确：让你的论据更有效——紧扣论点的关键词。

2. 更丰富——数量更充实，类型更多元

阅读下面的材料，根据要求写作。

"二战"期间，为了加强对战机的防护，英美军方调查了作战后幸存飞机上弹痕的分布，决定哪里弹痕多就加强哪里。然而统计学家沃德力排众议，指出更应该注意弹痕少的部位，因为这些部位受到重创的战机，很难有机会返航，而这部分数据被忽略了。

事实证明，沃德是正确的。

怎样让我们的论据更丰富？

数量更充实

著名科学家牛顿出版的《自然哲学的数学原理》标志着经典力学的出现，但随着时代的发展以及自然科学的进步，经典力学存在的微观问题遭到了爱因斯坦的质疑。在不断地试验下，爱因斯坦提出了狭义相对论和广义相对论，从而推翻了牛顿力学的绝对时空观，推动物理学发展到了新高度。

哥白尼的质疑把地球从宇宙中心天体降为太阳系的一颗行星，从而动摇了天主教神学统治的基础；布鲁诺的质疑把太阳从宇宙中心天体降为一颗普通的恒星，使人们对宇宙的认识更进一步；爱因斯坦的质疑推翻了牛顿力学的绝对时空观，提出了狭义相对论和广义相对论，推动物理学发展到了新高度。

类型更多元

（1）不同类型

名人逸事：柏拉图在课堂上质疑老师的说法。

钟南山质疑医学权威关于非典的论断。

哥白尼、伽利略、布鲁诺、达尔文、毛泽东、李四光。

时事新闻：仝卓事件、翟天临事件、辛巴带货直播卖燕窝遭网友质疑。

名人名言：在可疑而不疑者，不曾学；学则须疑。（张载）

吾爱吾师，吾更爱真理。（亚里士多德）

择其善者而从之，其不善者而改之。（孔子）

经典引文：那是最美好的时代，那是最糟糕的时代；那是智慧的年头，那是愚昧的年头；那是信仰的时期，那是怀疑的时期。（《双城记》）

（2）不同来源

课本：《师说》《咏项羽》《拿来主义》《论语》。

名著：《皇帝的新装》、普罗米修斯、贾宝玉、司马懿。

新闻：试题（非本次考试）。

（3）不同主体

不同职业：经济、军事、历史、文学、经济、体育、娱乐。

不同个体：个人、集体、国家、社会。

（4）不同角度

正向：（略）

反向：邯郸学步、东施效颦、粉丝盲目追星。

明确：让你的论据更丰富——数量上更充实，类型上更多元。

3. 更亮眼——（用词）更传神，（手法）更生动，（句式）更齐整

阅读下面的材料，根据要求写作。

年画作为一项古老而传统的民间艺术，长期以来一直是普通百姓家中的装饰品，表达着民众对过上美好生活、祈求平安顺遂的愿望。以前家家户户都张贴的年画，在逐渐淡出民众的视野后，又开始以奢侈爱好的形象回归。一张一米见方的年画值多少钱？华北某地的一位传承人给出的价格是两万元。该传承人说，他现在的主要生计来源就是画"高档年画"，根据客户提供的内容素材进行创作。至于价格亲民的"普通年画"，他现在基本不创作了，因为"百姓家里都不贴了，没人买了"。

对于上面的材料，你有怎样的感想？值学校开展"传承非遗之美　增强文化自信"系列活动，请围绕年画从普通百姓家的装饰品到"奢侈爱好"这一现象，谈谈非物质文化遗产的传承与发展问题，写一篇发言稿。

怎样让你的论据更亮眼？

用词更传神

体现其价值：连城之璧、荆山之玉、和璧隋珠。

体现其价格：洛阳"画"贵、高不可攀、匪夷所思。

体现其境遇："价"高和寡、无人问津、置之高阁。

体现读者之回应：拍案称"贵"、望"价"兴叹。

手法更生动

拟人手法：待字闺中、垂泪到天明。

引用手法："为问门前客，今朝几个来？""竟日无人问。"

句式更齐整

那时，我们身边很多的传统还只是传统而不是"非遗"；那时，相声喜闻乐见还没有被炒到天价；那时，狗不理包子全聚德烤鸭东来顺火锅还算经济实惠；那时，泥人张面人汤也只是一件不需要花费过多的工艺品……

明确：更亮眼——（用词）更传神，（手法）更生动，（句式）更齐整。

（三）课堂练笔

1. 请利用提供的素材将素材段补充完整

当时代不断向前发展，当新生事物层出不穷不断闯入我们的生活，当更多旧有成为一种陈迹，不知不觉间，那些曾经陪伴我们的渐渐离我们远去，让我们高攀不起：那儿时贴在百姓家墙上的年画竟然被人精心装裱藏进了博物馆，"价"高和寡、远离人群；

_____。

备选素材：狗不理包子、潍坊风筝等。

（参考范文）

那昔日的传统小吃狗不理包子的价格竟然可以碾压比萨汉堡，让人拍案称"贵"、弃之若履；那曾经让每一个孩童魂牵梦萦的潍坊风筝竟然也耐不住寂寞身价倍增，让人深感高不可攀、避之唯恐不及。

2. 请结合今日所学，围绕鲍叔，写一个200字左右的素材段

春秋时期，齐国的公子纠与公子小白争夺君位，管仲和鲍叔分别辅佐他们。管仲带兵阻击小白，用箭射中他的衣带钩，小白装死逃脱。后来小白继位为君，史称齐桓公。鲍叔对桓公说，要想成就霸王之业，非管仲不可。于是桓公重用管仲，鲍叔甘居其下，终成一代霸业。后人称颂齐桓公九合诸侯、一匡天下，为"春秋五霸"之首。孔子说："桓公九合诸侯，不以兵车，管仲之力也。"司马迁说："天下不多管仲之贤而多鲍叔能知人也。"

班级计划举行读书会，围绕上述材料展开讨论。齐桓公、管仲和鲍叔三人，你对哪个感触最深？请结合你的感受和思考写一篇发言稿。

（参考范文）

我要为鲍叔能够识别英才的如炬之眼击节称赞。管鲍本为旧交，后各事其主，当己方已经获胜之时，鲍叔还能关注到失败者、阶下囚管仲更超于己的才华。在凝望着这如炬之眼时，我仿佛看到了那能够发现无人赏识的左思"构思十年"而写出的《三都赋》的亮点并着力推荐的皇甫谧写下的暖心序文；仿佛听到了那为政敌骆宾王声讨自己的《讨武氏檄》而感叹"有如此才，而使之沦落不偶，宰相之过也"的武则天发出的由衷赞赏；仿佛触到了那被王勃抢走女婿风头仍在看过《滕王阁序》之后惊呼"天才也"的阎都督举起的真诚酒杯。慧眼如炬，可以助我们不畏迷雾乱花，识别出真正英才。

我要为鲍叔能够举荐秀杰的如海之心弹剑高歌。明知管仲之才更胜自己，仍能荐诸主公，这是何等宽广、无私的胸襟。在鲍叔如海洋一般的心胸中，还飘荡着贺知章在看过晚辈李白一首《蜀道难》便大呼"子，谪仙人也"并金龟换酒、荐于玄宗的高仁；还飘荡着梁启超在为清华国学院推荐刚学成归国、手无文凭的陈寅恪时说出"我的等身著作，加起来也没有陈先生的三百字有价值"的大义；还飘荡着爱默生在与自己哲学理念相悖的梭罗英年早逝后为其出版、推广《瓦尔登湖》的至善之举。宽心如海，可以助我们放下内心私念，推荐出真正秀杰。

（四）课堂小结

下面请大家回顾今天这堂课的内容。怎样让我们的议论文写作更上一层楼？怎样让我们的素材更有效、更丰富、更亮眼？请大家记住今天这堂课所学的内容，让我们学会并做到"精选妙用"，如此则"佳作可期"！

（五）课后练习

阅读下面的材料，根据要求写作。

人们用眼睛看他人、看世界，却无法直接看到完整的自己。所以，在人生的旅程中，我们需要寻找各种"镜子"、不断绘制"自画像"来审视自我，尝试回答"我是怎样的人""我想过怎样的生活""我能做些什么""如何生活得更有意义"等重要的问题。

毕业前，学校请你给即将入学的高一新生写一封信，主题是"如何为自己画好像"，与他们分享自己的感悟与思考。

要求：结合材料，选好角度，确定立意，自拟标题；不要套作，不得抄袭；不得泄露个人信息；不少于800字。

第二部分　教学反思

算上这次，我已经是第四次走上"凤凰杯"的讲台。这次与以往均有所不同，一是教学更加成熟，不同于以往的懵懂，不知道"一堂好课"到底该是什么样子。二是不再一味求表现，精心准备、认真唱戏，博得满堂彩却总觉得缺了点什么。同时，更加重要的一点是，这是我在"双新"背景下上的第一堂语文公开课。

设计这一堂课的初衷，是要践行"双新"理念，而更重要的是要解决学生实际存在的问题。对于学生来说，高考令人望而生畏，却也是他们实现更进一步发展的必要途径。在高考语文学科试题之中，作文占据着极其重要的份额；而在作文写作环节中，论据的应用一直以来都是一个我们当老师的觉得容易，但是学生往往存在问题的环节。

基于此，同时也是为了进行考试后的作文评讲，我设计了这一堂课。通过考试题目的回顾、课堂的写作训练以及教师的示范来引导学生学会如何让自己的考场议论文更有效、更充实、更有文采。

总体来看，整个课堂思路比较清晰，课堂气氛比较活跃，学生的参与度也比较高，但课堂语言依然不够优美凝练。同时由于我们所展示的是一堂原生态的、没有经过任何试讲的常态课，因此在时间的把握方面还是略显不足，最后一道题处理得稍显仓促。

教学本身就是一门有缺憾的艺术，尤其对于不太擅长上公开课的我来说，课堂上会存在着诸多的问题，但是令我个人感到欣慰的是：从教十五年，我一直在努力着、思考着、成长着。

教学之路，且行且思，不忘初心；"双新"背景下，以"双新"为帆，继续前行。

（来源：2020 年"凤凰杯"课堂教学大赛）

妙用诗词巧作文，亮化语言添文采

韩雪萍

第一部分　教学设计

一、教材分析

　　新教材部编版选择性必修下册第一单元写作任务是古典诗词鉴赏写作。本单元人文主题是"诗意的探寻"，要求我们探寻诗歌艺术特色；探寻古人哀乐悲欢；探寻传统文化精神意蕴；探寻古典诗歌的当代价值；等等。"诗意的探寻"，不仅要求我们探寻诗歌所蕴含的种种诗意，还要求我们怀着诗意的情怀，用诗意的语言写出诗意的文章来。

二、学情分析

　　提高学生写作水平是语文教学的重点，学生的作文语言缺乏文采，如白水般寡淡无味，大篇幅的大白话罗列，使得作文难以取得高分，这一直是令我头疼的问题之一。言之无文，行而不远，作文要想让人眼前一亮，就须借助于有章法、有文采的文字。我着重从诗词入手，引导学生感受诗词的美，引导学生认识运用诗词写作的方法，学习训练写作，试图以此提高学生选词炼句组段的能力，从而达到写作水平更上一层楼的境界。

三、教学策略

　　以生为主，以法带练。

四、教学目标

　　（一）文化自信
　　体会诗词的美，感受中华优秀传统文化的魅力。

（二）语言运用

了解诗词在写作中的作用。通过赏析例句，寻找规律，掌握在写作中引用和化用诗词的方法。

（三）思维能力

通过即练即悟，运用、引用和化用诗词的方法升级语段。

（四）审美创造

能综合运用、引用和化用诗词的方法来增加文采。

五、教学过程

（一）导入

"千里同好，坚于金石"给法国；"尼莲正东流，西树几千秋"给印度；"云海荡朝日，春色任天涯"给意大利；"肝胆每相照，冰壶映寒月"给韩国。

一行行简短而真挚的文字背后，是中国投桃报李的情谊，也是和世界各国共同战"疫"的决心。这场"环球诗词大会"，不仅彰显文化自信，而且体现了大国担当，这就是诗词的魅力。"他山之石，可以攻玉"，我们在写作中，如果巧妙地引用与文章主旨相关的诗词，能彰显文化底蕴，增添文采。

（二）例段赏析，总结方法

1. 直引其句（妙手偶得，借得梅花一缕香）

方法：话题＋诗句＋阐释。

例句：青春，如炽热火焰，如灿烂星河。它是青年李白遥望庐山，写下"飞流直下三千尺，疑是银河落九天"的自信潇洒。

牛刀小试：请以"青春"为主题，引用杜甫的"会当凌绝顶，一览众山小"，写一句话。

示范：青春是青年杜甫登顶泰山，写下"会当凌绝顶，一览众山小"时的激情迸发。

2. 分引其词（巧妙穿插，山桃红花满上头）

方法：将相关诗句的词语巧妙地点缀在表达中（部分引用）。

例句：我喜欢"千树万树梨花开"的"胡天八月"。

牛刀小试：请引用"羁鸟恋旧林，池鱼思故渊"（《归园田居·其一》）的词语，写一个句子。

示范：陶渊明向往自然，他是一只"羁鸟"，却思恋着可以自由飞翔的"旧林"；他是一条"池鱼"，却常想念着可以纵情遨游的"故渊"。

点评预设：选取了诗中"羁鸟""池鱼"这两个意象，和"恋旧林""思故渊"两种行为，来论证陶渊明"向往自然"的观点。

3. 以诗联事（诗事相联，遍地英雄下夕烟）

方法：在引用诗词时融入词人的生活经历，用诗词串起作者的遭遇。在什么时候，经历了什么，写了什么。

例句：苏轼在遭受小人泼来的污水，遭受贬谪后，忘却了所有的失意。他在黄州种地酿酒，"夜饮东坡醒复醉"，在黄州"倚杖听江声"，在黄州写下"大江东去"。他总是那样的淡泊从容。他总是将所有的痛苦失意抛之脑后，铭记着世间之美丽。

牛刀小试：家国情怀。

杜甫："会当凌绝顶，一览众山小。"

"国破山河在，城春草木深。感时花溅泪，恨别鸟惊心。"

"剑外忽传收蓟北，初闻涕泪满衣裳。却看妻子愁何在，漫卷诗书喜欲狂。"

示范：家国情怀深深植根于中国的历史与文化之中，潜移默化地影响着人们的价值取向和价值选择。它在江河安澜的太平时代表现出奋发有为的豪迈情调；而在危机焦灼的不安时期更彰显心怀天下的悲悯精神。青年时，他立下"会当凌绝顶，一览众山小"的凌云壮志。山河摇落时，他痛吟"国破山河在"；收到捷报时，他喜呼"漫卷诗书喜欲狂"。一寸赤心能容天下，一己之身只为国家。所谓家国情怀不过如此了罢。

点评预设：结合诗人的人生境遇，用诗歌写出了他不同人生阶段相同的爱国之心，论证了家国情怀根植于杜甫的一生的观点。语句的衔接很自然，句式很整齐，不仅让诗人形象活灵活现，而且使语言充满诗情。

提示：可以全引用，也可以引半句，运用时句式可以灵活一些。

4. 化用其意（再现情景，似曾相识燕归来）

方法：根据词作写作背景、诗人人生境遇、意象、情感等展开描述，从而突出文章所要表现的主旨。

例句：夕阳映红的古道上，斜长的一抹，是被西风吹瘦的马的影子（古道西风瘦马）。

牛刀小试：请根据"采菊东篱下，悠然见南山。山气日夕佳，飞鸟相与还"这四句诗，巧用其意，选择主要意象打造意境写一段关于"选择"的语段。

示范：车尘马足非他所愿，归隐山林为心之所向。面对黑暗的官场，陶渊明选择了自由闲适的田园生活。东篱之下，他悠然地采摘菊花，欣赏雾气缭绕的南山；傍晚时分，他伴着幽静的山景，看成群的鸟儿结伴归山。山静穆而自在，人清淡而闲适。

点评预设：运用了合理的想象和联想，将诗词名句与自己的语言融为一体，再现了人物情景，传达了陶渊明思想的情感。既蕴含着原作情调，又推出新的情调，读起来赏心悦目。

（三）综合运用

1. 同类组合：映日荷花别样红

借用一组大致相称的排比句式，巧妙嵌入相关诗人的词句，制造一气贯通的铿锵语势，具有集中论证的效果。

例句：古往今来，文人墨客似乎都在感伤自己的失去。"长恨此身非我有，何时忘却营营"，苏轼恨身居官场，受尽束缚；"那堪片片飞花弄晚，蒙蒙残雨笼晴"，秦观恨春景难再；"临晚镜、伤流景，往事后期空记省"，张先伤年华已逝。如此碎碎叨叨自怨自艾，倒不如换个思维学会寻找拥有。（直引加作者情感）

2. 正反对比：是非欲共东风语

正反对比，就是将不同意蕴的诗句进行对比，使之在鲜明的对照中表情达意。古典

— 10 —

诗词内涵丰富，同一种景、同一种物、同一件事，在不同诗人笔下可能情愫有别。

例句："自古逢秋悲寂寥，我言秋日胜春朝。"这是乐观和通达，也是个性与创新。自古有太多的悲秋怀古，似乎一到秋天，日历一撕下，人的心境也会转凉，尽管那炎热与夏天并无二致。"前人之述备矣！"秋，承载了太多的悲伤情怀，有"天凉好个秋"，有"物换星移几度秋"，也有"秋色连波，波上寒烟翠"。只有这一声啼鸣，唤起了后世对秋的审美。"晴空一鹤排云上，便引诗情到碧霄。"那成排的雁、鹤不同于以往，成了欣欣向荣的象征，成了最美的秋词。（分引诗句加情感不同）

3. 引化相加：无边光景一时新

示范：历览前贤，家国情怀藏在杜甫"穷年忧黎元，叹息肠内热"的深深叹息中，寓于"国破山河在，城春草木深"的无限感慨中。面对国家破碎山河犹在，铁蹄践踏家土仍存，但今已物是人非盛世难再，亦只能于敌军的阵阵戍鼓声中，独观芙蓉泣血，鸟鸣惊心；亦只能将道不出言不尽的忧民愁绪和亡国之痛尽数付与"白头搔更短，浑欲不胜簪"。诚然，无国泰又何来家宁？何来民安？又如抗金名将岳飞许下"壮志饥餐胡虏肉，笑谈渴饮匈奴血"的壮志宏愿，转战南北征程千里，此亦之谓家国情怀。（多个诗人情感相近，角度不同的诗句）

（四）文段练笔，知行合一

主题：家国情怀、诗意生活、风骨、思念。

诗词：

粉身碎骨浑不怕，要留清白在人间。（于谦《石灰吟》）

举世皆浊我独清，众人皆醉我独醒。（屈原《渔父》）

不以物喜，不以己悲。（范仲淹《岳阳楼记》）

采菊东篱下，悠然见南山。（陶渊明《饮酒》）

最喜小儿亡赖，溪头卧剥莲蓬。（辛弃疾《清平乐·村居》）

开轩面场圃，把酒话桑麻。（孟浩然《过故人庄》）

谈笑有鸿儒，往来无白丁。（刘禹锡《陋室铭》）

国破山河在，城春草木深。（杜甫《春望》）

但使龙城飞将在，不教胡马度阴山。（王昌龄《出塞二首·其一》）

了却君王天下事，赢得生前身后名。（辛弃疾《破阵子·为陈同甫赋壮词以寄之》）

人生自古谁无死，留取丹心照汗青。（文天祥《过零丁洋》）

莫道不销魂，帘卷西风，人比黄花瘦。（李清照《醉花阴·薄雾浓云愁永昼》）

夕阳西下，断肠人在天涯。（马致远《天净沙·秋思》）

劝君更尽一杯酒，西出阳关无故人。（王维《送元二使安西》）

莫愁前路无知己，天下谁人不识君。（高适《别董大》）

方法：同类组合；正反对比；引化相加。

请从以上任选你的主题、诗句和方法连线，简要搭配你的文段。

小结：近几年优秀作文意蕴丰富，妙语连珠，很大程度上归功于诗词的运用，五千年的文化积淀，传诵中外的古诗词精华，已经成为作文中亮丽的风景，它既可以为文章着色，又可以凸显作者深厚的语言功底与文学素养。希望同学们可以把多年熟记背诵的诗词，准确、恰当而巧妙地运用在作文中，为作文增色。

旅夜书怀

杜甫

细草微风岸，危樯独夜舟。

星垂平野阔，月涌大江流。

名岂文章著，官应老病休。

飘飘何所似，天地一沙鸥。

请根据杜甫《旅夜书怀》，或直引其句，或扩展其义，或选择主要意象打造意境写一段关于"思念"的语段，150—200 字。

提示："细草、微风、舟、星、旷野、月、大江、沙鸥"，选用两三种景物展开详细描写。

六、教学板书

妙用诗词巧作文，亮化语言添文采

1. 直引其句
2. 分引其词   综合运用   1. 同类组合
3. 以诗联事   2. 正反对比
4. 化用其意   3. 引化相加

第二部分　教学反思

新课标提出课堂的实施应该要"关注学生学习过程，创设与生活关联的、任务导向的真实情境，促进学生自主、合作、探究地学习，注重对学生学习过程的评价"。在新教材的实施过程中，创设情境、任务驱动、合作探究以及过程性评价尤为重要。教学中，我以学生为主，让学生在讲练结合中学习知识、收获知识、巩固知识，以学生表达为主，教师点拨评价为辅，尊重学生的学习体验和情感体验，发现他们对新知的感受和探索。这种课堂模式下，学生的积极性明显被调动了起来，课堂的许多生成也让我感到惊喜。这堂课也有一些不足，在方法展示板块，如果能先让学生自己概括方法，教师再进行点拨总结会更好。

（来源：2020 年"凤凰杯"课堂教学大赛）

传承国粹，活用成语

熊文斌

第一部分　教学设计

一、教材分析

　　成语是汉语中的一种独特的"建筑"材料，它源远流长、言简意赅、结构稳固，是汉语中备受推崇的语言材料，因此，成语教学是丰富语言积累、提升语言理解与表达能力的直接途径。同时，从成语背后的丰富内涵看，成语则又实实在在地蕴含了丰富的与文化、思维、审美等有关的内容，透过成语我们可以领略到丰富多彩的文化内容，别出心裁的思维方式，独具一格的审美情趣，等等。由此可见，透过成语我们可以洞见语文核心素养的各方面内容，成语对落实学生语文核心素养具有得天独厚的优势，因此，在核心素养背景下开展成语教学必将对落实语文核心素养产生积极意义。

　　2022 年高考作为语文试题创新的"试验田"与"百花园"，全国卷语言文字运用题的命题方式有了全新的变化，成语题由多年来的客观题变成了主观题。2022 年全国卷试题命制形式的变化，符合《中国高考评价体系》对高考必须坚持为高校选拔人才、引导中学教学的要求。2022 年高考语言文字运用题更加强化了对考生核心素养和关键能力的考查，在日常语文教学与备考中，只有着力培养语文学科核心素养，提升关键能力，考试时方能从容自如，以不变应万变。

二、学情分析

　　高三的学生成语的积累量相对来说比较丰富，高考成语的应试能力有一定的基础，但是口语中的成语使用技能有所欠缺。

三、教学策略

　　《普通高中语文课程标准（2022 年版）》里指出，语文课程是一门学习语言文字运用的综合性、实践性课程。工具性与人文性的统一，是语文课程的基本特点。学生应在语文课程中通过自主的语言实践活动和言语经验积累，把握祖国语言文字的特点和运用规律，在真实的语言运用情境中，加深对祖国语言文字的理解与热爱，培养运用祖国语言文字的能力。

高中语文课程的基本任务是继续引导学生丰富语言积累，培养语感，掌握学习语文的基本方法，养成良好的学习习惯，提高运用祖国语言文字的能力。

语文课程作为一门实践性课程，应着力培养学生的语文实践能力，而培养这种能力的基本途径也应是语言文字运用实践。学习运用祖国语言文字的资源和实践机会无处不在，无时不有，应增强学生学语文、用语文的自觉意识，积极利用与身边生活相联系的资源和机会，在阅读与鉴赏、表达与交流、梳理与探究的语文实践中体会、把握运用语文的规律，有效地提高语文能力。

语文核心素养培养目标要求如下。

1. 学生在语文学习中，继承中华优秀传统文化。

2. 积累较为丰富的语言材料和言语活动经验，形成良好的语感；在已经积累的语言材料间建立起有机的联系，理解、探索、掌握语言文字运用的基本规律。

3. 通过梳理和整合，将积累的语言材料和学习的语文知识结构化，将言语活动经验逐渐转化为具体的学习方法和策略，并能在语言实践中自觉地运用。

4. 增进对语文的美感体验。感受语言文字独特的美，增强热爱语言文字的感情。

5. 通过语言文字的学习，理解、认同、热爱中华文化，继承、弘扬中华优秀传统文化，体会中华文化的博大精深、源远流长，增强文化自信。

四、教学目标

（一）语言构建与应用

1. 成语教学丰富学生的语言积累

高中阶段是进行语言积累的关键期和上升期，对于这一阶段的学生来说，他们对汉语中平常普通的词语都基本掌握，需要积累的便是一些超凡出众，能让学生的语言表达生动优美、妙语连珠的词语，那么积累成语便是实现这一目标的极佳选择。开展成语教学能够引导学生积累一些汉语中与众不同、优于寻常的语言材料。

2. 成语教学引导学生把握汉语的基本运用规律

从成语的组成方式上看，成语是严格遵循汉语语法规则且灵活运用各种汉语修辞手法的词组或短语。短小精悍的成语具备了直接反映汉语语法规则的功能，因而，通过成语就可以很直观简单地了解到汉语相关的语法规则。

（二）思维发展与提升

成语教学通过引导学生从成语中探寻相关思维的运用方式，帮助学生掌握相关的思维技巧，潜移默化地促进他们思维的发展与提升。

（三）审美鉴赏与创造

成语流露出了中华民族在长期历史发展进程中所展现出的伟大精神和崇高品质，它们蕴含了中华民族高尚的审美情趣。教学中引导学生走进这些成语不仅能够让他们的思想情感潜移默化地受到洗礼，更重要的是能够丰富他们的语言积累促进他们形成正确的价值观、高尚审美情趣和审美品位。

（四）文化传承与理解

1. 成语教学引领学生了解各层次文化的信息

比如，"五味俱全""食不厌精""觥筹交错"就体现了中华民族的饮食文化；"日出而作，日落而息""精耕细作"体现了中华民族的农业生产文化；"层台楼榭""钩心斗角""雕梁画栋"等体现了中华民族的建筑文化。可以说成语反映了中华民族方方面面的文化内容。

2. 成语教学提升学生传承中华传统文化的技能

从成语的来源和长期的发展状况看，大多成语是来源于古代汉语，并且在从古至今的发展过程中一直是处于基本不变的状态，所以，成语依然是保持着古代汉语的基本面貌，那么开展成语教学的过程中让学生通过成语感受古代汉语的基本特征就可以促进学生对古代汉语的理解。

五、教学过程

活动一：国粹探源。

成语主要来源：神话故事、寓言故事、历史故事、古典文献、外来文化。

活动二：激活思维，看图猜成语。

活动三：考查积累，成语大回环。

请在下面每个横线填入两字，与前后两字组成四字格成语，以形成从"一"开始，最后又回到"一"的四字格成语大回环。

一_____　先_____　快_____　语_____　长_____　老_____
壮_____　云_____　蔚_____　风_____　时_____　待_____
物_____　聚_____　神_____　大_____　成_____　万_____
火_____　花_____　地_____　和_____　雨_____　青_____
马_____　功_____　居_____　下_____　人_____　海_____
针_____　对_____　流_____　世_____　源_____　水_____
高_____　忧_____　民_____　一_____

活动四：活用成语，成语选填。

1. 陕西剪纸粗犷朴实，简练夸张，同江南一带剪纸的细致工整的风格相比，真是_____，各有千秋。

　　A. 半斤八两　　　B. 环肥燕瘦　　　C. 一丘之貉　　　D. 势均力敌

选择原因（详解）：_____。

2. 前一秒搜索了某个关键词，后一秒相关商品就出现在购物 App 页面上；刚刚在炒股软件中买了几只股票，各类贷款、理财推销电话便_____……类似的经历很多人都有过，而问题很可能就出在手机里的各类 App 上。

A. 络绎不绝　　　B. 蜂拥而至　　　C. 连绵不断　　　D. 纷至沓来

选择原因（详解）：_____。

3. 连日来，各地博物馆为了吸引游客可谓_____。"声声慢·心弦动——古代音乐文物展""花开并蒂——青冈文明特展""且闻鸟鸣·静待花开——馆藏花鸟画作品展"……一个个展览的名字，听着就让人怦然心动。

A. 花样百出　　　B. 争奇斗艳　　　C. 各显神通　　　D. 绞尽脑汁

选择原因（详解）：_____。

总结：成语填空需注意语境相符、形近混淆、对象准确、褒贬相合、轻重恰当。

活动五：活用成语，情境说话。

完成以下情境说话，要求符合情境，至少使用三个成语。

情境1：2022年，你高中在读。你今天身体不舒服，想请假不去跑操，你对熊老师这样说：_____。

情境2：2042年，熊老师年满60岁。在熊老师的退休仪式上，你作为学生代表发言，你对熊老师这样说：_____。

情境3：2051年，海口市第一中学百年华诞庆典。你作为优秀校友代表发言，你对母校这样说：_____。

活动六：活用成语，选词写作。

在下面10个成语中任选不少于3个，写一段话。要求：主题自定，语言有文采。

薪火绵延　　筚路蓝缕　　沆瀣一气　　和衷共济　　功不唐捐

蝇营狗苟　　栉风沐雨　　囊萤映雪　　夙兴夜寐　　踔厉奋发

活动七：活用成语，成语填空。

（2022年新高考Ⅱ卷）"飞天梦永不失重，科学梦张力无限"，2022年3月23日下午第三次"天宫课堂"如约举行，在约400公里高的环地球轨道上，神舟十三号航天员翟志刚、王亚平、叶光富三人携手开讲，在近一小时的授课过程中，丰富多彩的科学实验在现场演示，还以天地连线的方式回答了地面学生的问题，并通过多种媒体平台，向全球同步直播此次"天宫课堂"。

抛出去的北京冬奥会吉祥物"冰墩墩"没有沿抛物线方向下降坠落，而是给人以沿着直线匀速运动的感觉，植物油与水在小瓶中混合后，不能自然分离，而用绳子拴住瓶子甩上一阵后，水与油成功分离……第三次"天宫课堂"这些①_____的瞬间启发很多学生不断思考、回味，兴趣盎然地追寻背后的科学道理。

"天宫课堂"开始于2013年6月20日。彼时，神舟十号航天员王亚平在同伴的配合下，华丽转身为②_____的科学课教师，在天宫一号空间实验室进行了中国首次太空授课，演示了失重环境下独特的物理现象，并和地面的学生进行了③_____的天地互动交流。此后又于2021年和今年两度开课，大大激发了广大青少年探求科学规律、探索宇宙奥秘的热情。

作业

1. 整理成语高级词汇清单。

2. 完成成语填空综合练习。

第二部分　教学反思

传统的高考成语教学存在以下几个问题。

1. 功利性太强

高考迫在眉睫，老师们恨不得把以前高考的成语全部灌输给学生，有的老师的成语教学课堂就是一节高考成语练习课，把历年的高考成语题展示在课件上，找学生来做题，并说明成语出错的原因。这样的课堂看起来很高效，一节课讲了好几年的高考成语试题，可是课堂并不高效，很多学生听了一会儿就感觉疲惫，坚持不下去，思想不集中，更有的学生一开始就拿起以前的历年高考成语题做了起来，他们觉得与其老师展示课件，不如自己做试卷更加有效。

2. 重难点不突出

成语运用经典的错误类型也就八九种，如果老师把每一种经典的具有代表性的例题反复给学生讲透彻、讲清楚，深刻地留在学生的脑海中，学生就能够学会举一反三，就能够更加灵活地掌握成语。但遗憾的是我们运用的课件往往大多是从网上下载的，有些成语题并不经典，也不与时俱进。老师讲了很多的成语题，但并没有找到重难点，看起来面面俱到，结果学生还是没有真正地掌握成语的运用方法，还是不能够选出正确的选项。

3. 课堂沉闷

很多老师认为成语课偏重于知识的积累，成语也侧重于语言的运用，是语言工具，上课有点沉闷是正常的。但是，成语是五千年的文明积累，是我们汉语中璀璨的明珠，每一个成语几乎都有它的历史沉淀和功用，经典的成语背后往往都有吸引人的故事和寓言。为什么我们老师不能够讲讲成语这些美好的来历呢？我们高中老师总是觉得时间宝贵，不能浪费时间，这些故事本来就应该是小学老师讲的。可是面对沉闷的课堂气氛，适当地运用这些成语来调节课堂氛围，这也是学以致用，只有活泼的、有生机的课堂才能够抓住学生的心，让学生的学习事半功倍。

针对以上三个问题，我认为要做以下几点课堂改进。

首先，成语复习课就是为了讲解重点、难点成语。复习课最忌讳的就是面面俱到，眉毛胡子一把抓，学生越复习越糊涂。一堂成语复习课不可能让学生牢牢掌握住成语知识，与其一味强求量的落实，不如讲求方法的指导，学生只有掌握了成语的一般规律，才可能在课外时间开展有效的复习，才可能有量上的实质提高。既然只讲方法，那就可以放开手脚专选学生喜欢的类型来讲解："只选典型容易的，只做生动形象的，在整个练习安排上又刻意重复出现，确认学生对典型题例的掌握以及对基本方法的内化。"如成语"不刊之论"，学生很容易望文生义成"不能刊登的言论"，这个词的重点是"刊"字，根据"刊"的偏旁，理解"刊"字是"削除"的意思，再联想到古代的书本都是竹简制作的，就可以深刻理解"不刊之论"是"不能删除更改的言论"。

其次，创设生动活泼的复习课课堂。课堂不是练习课，也不是考试场，它是思想的碰撞地，是思维的开发场。复习课最忌讳的就是僵硬死板、死气沉沉，学生往往抱怨枯燥。老师不仅要认真备课，更要大胆尝试，勇敢地创设崭新的、有趣的、有吸引力的课堂。比如，用活动贯穿整个课堂，势必能活跃课堂气氛，集中学生的注意力。让师生始终保持着积极亢奋的状态，让学生也都能主动跟着老师的节奏，顺利完成预先准备的教学业务。

最后，高考成语复习课要学以致用。成语是智慧的结晶、语言的精华，正确地使用成语能够增加文采，使文字生动形象、具体感人，老师要充分调动学生的成语知识积累，联系实际让学生进行说写创作。比如选取几个比较熟悉和感人的场景，让学生运用学习过的成语写几句话，最后连句成篇，写成一篇小短文；或者让学生把自己的所见所闻写下来，写作中间恰当地运用几个成语，看看谁运用的成语多且精妙；再或者自己选取一篇精美的文章，把其中的成语去掉，让学生来填写恰当的成语，看看哪个学生填写得又快又好。通过这样的一些练习来提高学生运用成语写作的兴趣和能力。

总之，成语是我们汉语语言的精华沉淀，是先辈留给我们的宝贵财富，成语对我们的语言表达和运用也至关重要，成语的学习和考查也是高考的一道风景。成语课堂教学任重道远，我们要多学多做多练，争取设计更好的成语教学课堂！

（来源：2022年"凤凰杯"课堂教学大赛）

把栏杆拍遍，满腹辛酸泪
——《永遇乐·京口北固亭怀古》

杨 琪

第一部分　教学设计

一、教材分析

《永遇乐·京口北固亭怀古》是部编版高中语文必修上册第三单元的一首词作，是宋词豪放派的代表作，而辛弃疾又在宋词上占有极其重要的地位。正所谓"国家不幸诗家幸，赋到沧桑句便工"，《永遇乐·京口北固亭怀古》和《水龙吟·登建康赏心亭》作为辛弃疾的代表作，值得学生深入品读。作者面对历史陈迹，不禁抚今追昔，感慨万千，写下了这两首汹涌澎湃的千古名作。这些诗句既有对千古英雄的崇敬与向往之情，又有对国土沦丧的无限感伤以及抵御外寇、收复河山的爱国情怀，同时还有对当局统治者昏庸草率行为的激愤不满和批判警示，更有对自己不被重用、壮志难酬、怀才不遇、报国无门的忧郁愤懑之情。多种情感交织，浓郁深厚，是熏陶学生爱国教育与时代思考的优质范本。

二、学情分析

1. 高二学生诗歌学习已有一定的知识基础，但学习能力有待提升；学生在学习过程中缺乏比较阅读的意识，不擅长联系自身思考升华。

2. 为了响应国家号召，把握国家教育发展方向，立德树人，培养学生将自己置身于时代的奋斗精神。同时结合 2022 年高考诗歌（名人篇目、情感手法）和作文（选择·创造·未来）的考查特点，故而设计了该教学内容。

三、教学策略

自读体悟，提问引导，合作探究。

四、教学目标

1. 语言建构与运用：借助课本和学案，诵读诗歌，梳理词句内容，了解辛词的特点。

2. 思维发展与提升：赏析情感抒发手法，感悟诗歌情感氛围，提升诗歌鉴赏思维能力。

3. 审美鉴赏与创造：感受辛弃疾渴望抗金救国，但报国无门、壮志难酬的悲愤之情，体味辛弃疾毅然决然选择一心报国、舍生取义的士人精神。

4. 文化传承与理解：适当拓展相关忧国忧民的人物和作品，深化爱国主义精神，弘扬中华优秀传统文化，引导学生思考个人未来定位。

五、教学过程

（一）细参其字，辛酸至极——诗词导入，奠定情感基调

永遇乐·戏赋辛字送茂嘉十二弟赴调

辛弃疾

烈日秋霜，忠肝义胆，千载家谱。得姓何年，细参辛字，一笑君听取。艰辛做就，悲辛滋味，总是辛酸辛苦。更十分，向人辛辣，椒桂捣残堪吐。

世间应有，芳甘浓美，不到吾家门户。比著儿曹，累累却有，金印光垂组。付君此事，从今直上，休忆对床风雨。但赢得，靴纹绉面，记余戏语。

注释：

永遇乐：词牌名，又名"消息"，有平、仄两体。

茂嘉：辛弃疾族弟，排行十二，生平不详。

烈日秋霜：比喻风节刚直。《新唐书·段秀实传赞》："虽千五百岁，其英烈言言，如严霜烈日，可畏而仰哉。"

对床风雨：指深挚的手足之情。

靴纹绉（zhòu）面：面容褶皱就像靴子的纹路一样。典出欧阳修《归田录》：北宋田元均任三司使，请托人情者不绝于门，他深为厌恶，却又只好强装笑脸，虚与应酬。曾对人说："作三司使数年，强笑多矣，直笑得面似靴皮。"

1. 白话译文

辛家人世代都有一副忠肝义胆，刚烈正直就像那烈日秋霜。我们的祖上从何年何月得此姓氏？让我把它的含义仔细揣量，请你一笑置之。"辛"字是由艰辛做成，悲辛滋味早已饱尝，辛酸辛苦，种种苦涩都在其中含藏。人们听到它就感到十分辛辣，像吃了捣碎的胡椒肉桂要立即吐光。

世上的荣华富贵，浓美甜香，从未到过咱辛家清俭的客堂。我们比不上那些善于钻营的富家小子，腰间挂着金印金光闪亮。愿你此去桂林能青云直上，不要让咱们兄弟情谊把你影响。此去你的容颜会变得衰绉如靴纹一样，请记住我的一番戏语衷肠。

2. 衔接导入

这首词是辛弃疾送别族弟所作，词中自嘲自己的姓氏"艰辛、悲辛、辛酸、辛苦、辛辣"，当然这般戏谑，自有道理。人生苦短，何必惆怅。那辛弃疾是不懂得这个道理吗？他为何选择如此辛酸地度日呢？值得吗？今天就让我们一同走进辛弃疾的《水龙吟·登建康赏心亭》和《永遇乐·京口北固亭怀古》一探究竟吧！

（二）拍遍栏杆，悲愤难抑——整体感知，合作赏析文本

水龙吟·登建康赏心亭
辛弃疾

楚天千里清秋，水随天去秋无际。遥岑远目，献愁供恨，玉簪螺髻。落日楼头，断鸿声里，江南游子。把吴钩看了，栏干拍遍，无人会，登临意。

休说鲈鱼堪脍，尽西风，季鹰归未？求田问舍，怕应羞见，刘郎才气。可惜流年，忧愁风雨，树犹如此！倩何人唤取，红巾翠袖，揾英雄泪！

注释：

建康：今江苏南京。作于宋孝宗淳熙元年（1174年）辛弃疾在建康任江东安抚司参议官时。

赏心亭：赏心亭在（城西）下水门城上，下临秦淮，尽观赏之胜。

遥岑（cén）远目：眺望远处的山岭。岑：小而高的山。

玉簪（zān）螺髻（jì）：玉簪、螺髻：玉做的簪子，像海螺形状的发髻，这里比喻高矮和形状各不相同的山岭。

断鸿：失群的孤雁。

吴钩：古代吴地制造的一种宝刀。这里应该是以吴钩自喻，空有一身才华，得不到重用。

"鲈鱼堪脍（kuài）"三句：《世说新语》记载，西晋吴地人张翰（字季鹰）在洛阳做官，见秋风起，因思家乡吴中莼菜羹、鲈鱼脍的美味，便立即辞官回乡。后来的文人将思念家乡称为莼鲈之思。脍：把鱼肉切细。

"求田问舍"三句：典出《三国志·魏书·陈登传》，许汜向刘备述说自己去拜访陈登时，陈登不理睬他，自己上大床躺下，而让许汜睡下床。刘备说："当今天下大乱，你没有救世之意，只知道求田问舍，言无可采。如果是我，就睡在百尺楼上，而让你睡在地上。"这里指那些只知道谋求私利而不关心国家安危的人。才气：胸怀、气魄。

流年：流逝的时光。

风雨：比喻飘摇的国势。

树犹如此：出自北周诗人庾信《枯树赋》："树犹如此，人何以堪！"又典出《世说新语·言语》："晋朝的桓公北征，途中见先前栽种的柳树已经粗过十围，慨然曰：'木犹如此，人何以堪！'"此处以"树"代"木"，抒发自己不能抗击敌人、收复失地，虚度时光的感慨。

倩（qìng）：请托。

红巾翠袖：女子装饰，代指女子。

揾（wèn）：擦拭。

1. 白话译文

楚天千里辽阔，一派凄清秋色，长江水随天流去，秋色无边际。极目眺望北国崇山峻岭的风景，它们仿佛都在传送幽怨仇恨，就好似碧玉发簪和螺形发髻。夕阳西下之时，落日斜挂楼头，孤雁悲啼声里，游子悲愤压抑，吴钩把玩不已，拍遍九曲栏杆，没人能理会我登楼远眺之心。

别提家乡的鲈鱼肉精细味美，尽管秋风吹遍，不知张季鹰是否回来了？更不想许汜只顾谋私利。那将羞于见雄才大略的刘备。可惜虚耗了大好时光，忧愁国势如飘摇风雨，树犹如此，人如何不老迈呢？请谁人去唤来那红巾翠袖多情歌女？为我擦去英雄失志时的热泪。

永遇乐·京口北固亭怀古
辛弃疾

千古江山，英雄无觅，孙仲谋处。舞榭歌台，风流总被，雨打风吹去。斜阳草树，寻常巷陌，人道寄奴曾住。想当年，金戈铁马，气吞万里如虎。

元嘉草草，封狼居胥，赢得仓皇北顾。四十三年，望中犹记，烽火扬州路。可堪回首，佛狸祠下，一片神鸦社鼓！凭谁问：廉颇老矣，尚能饭否？

注释：

永遇乐：词牌名。作于宋宁宗开禧元年（1205 年）任镇江知府时，写这首词的时候辛弃疾已经 66 岁了。

京口：古城名，今江苏镇江。因临京岘山、长江口而得名。

北固亭：晋蔡谟筑楼北固山上，称北固亭。原址位于今江苏镇江，北临长江，又称北顾亭。

孙权（182—252 年），字仲谋。东吴大帝，吴郡富春县（今浙江富阳）人，曾经建都京口。

舞榭（xiè）歌台：演出歌舞的台榭，这里代指孙权故宫。榭，建在高台上的房子。

寻常巷陌：极窄狭的街道。

寄奴：南朝宋武帝刘裕的小名。刘裕生长于京口，并于京口起兵北伐，建立刘宋。

"想当年"三句：刘裕曾两次领兵北伐，收复洛阳、长安等地。金戈，用金属制成的长枪。铁马，披着铁甲的战马。都是当时精良的军事装备。这里指代精锐的部队。

元嘉草草：刘裕之子宋文帝刘义隆好大喜功，仓促北伐，反而让北魏太武帝拓跋焘抓住机会，以骑兵集团南下，兵抵长江北岸而返，遭到对手的重创。元嘉，刘义隆，元嘉年号。草草，轻率。

封狼居胥：狼居胥山，在内蒙古自治区西北部。汉武帝元狩四年（前119 年）霍去病远征匈奴，歼敌七万余，封山而还（筑土为坛以祭山神，纪念胜利）。这里借"元嘉北伐"失利事件，以影射南宋"隆兴北伐"。

赢得仓皇北顾：即赢得仓皇与北顾。宋军北伐，被北魏军击败，北魏军趁机大举南侵，直抵扬州，吓得宋文帝亲自登上建康幕府山向北观望形势。赢得，剩得，落得。

四十三年：作者于宋高宗绍兴三十二年（1162 年）从北方抗金南归，至宋宁宗开禧元年（1205 年），任镇江知府，登北固亭写这首词时，前后共四十三年。

烽火扬州路：指当年扬州地区，到处都是抗击金兵南侵的战火烽烟。路，宋朝时的行政区划，扬州属淮南东路。

可堪：表面意为可以忍受得了，实则犹"岂堪""那堪"，即怎能忍受得了。堪，忍受。

佛（bì）狸祠：拓跋焘小名佛狸。元嘉二十七年（450年），他曾反击刘宋，两个月的时间里，兵锋南下，五路远征军分道并进，从黄河北岸一路穿插到长江北岸。在长江北岸瓜步山建立行宫，即后来的佛狸祠。

神鸦：指在庙里吃祭品的乌鸦。社鼓：祭祀时的鼓声。整句话的意思是，到了南宋时期，当地老百姓只把佛狸祠当作供奉神祇的地方，而不知道它过去曾是异族皇帝的行宫。

"廉颇"二句：廉颇，战国时赵国名将。《史记·廉颇蔺相如列传》记载，廉颇被免职后，跑到魏国，赵王想再用他，派人去看他的身体情况，廉颇的仇人郭开贿赂使者，使者看到廉颇，廉颇为之米饭一斗，肉十斤，被甲上马，以示尚可用。使者回来报告赵王说："廉颇将军虽老，尚善饭，然与臣坐，顷之三遗矢矣。"赵王以为廉颇已老，遂不用。

2. 白话译文

江山千古依旧，割据的英雄孙仲谋，却已无处寻觅。无论繁华的舞榭歌台，还是英雄的流风余韵，总被无情风雨吹打而去。那斜阳中望见的草树，那普通百姓的街巷，人们说寄奴曾经居住。遥想当年，他指挥着强劲精良的兵马，气吞骄虏一如猛虎。

元嘉帝多么轻率鲁莽，想建立不朽战功，却落得仓皇逃命，北望追兵泪下无数。还记得四十三年前，我战斗在硝烟弥漫的扬州路。真是不堪回首，拓跋焘的行宫下，神鸦叫声应和着喧闹的社鼓。有谁会来询问，廉颇将军年纪已老，他的身体是否强健如故？

3. 情感体悟

(1) 齐读，思考：两首诗的情感基调有何相同之处？

明确：悲愤、苦闷、愤懑。

(2) 自读，体悟：为何会有这样的悲愤之情？

预习反馈，结合背景资料分析。

4. 背景资料

①《水龙吟·登建康赏心亭》作于宋孝宗淳熙元年（1174年），辛弃疾在建康任江东安抚司参议时。这时，他自江东率领人马来到南宋已有十多年了，却一直没有受到朝廷的重用。朝廷只让他任一些地方小官，决不肯让他带兵去抗金复国。在这种境遇下他深感压抑，内心愤懑不平。当为了消愁解闷而登上赏心亭时，面对这大好江山，无限感慨涌上心头，遂写下了这首慷慨、激昂的抒情词。

②《永遇乐·京口北固亭怀古》作于宋宁宗开禧元年（1205年），写这首词的时候辛弃疾已经66岁了，辛弃疾从42岁到60岁一直过着"隐居"的生活，得不到朝廷的重用。这期间，1203年再次被当时执掌大权的韩侂胄起用，任浙江东路安抚使，翌年改任镇江知府。1204年韩侂胄为了巩固自己的地位，草草北伐，而镇江濒临抗战前线，是北伐的重要基地。辛弃疾到任后，做了大量的准备工作，但是韩侂胄把持朝政，只想

侥幸求逞，不愿认真准备。韩侂胄听不进辛弃疾的劝告，后来就把他调离了镇江。他施展雄才大略为恢复大业出力的愿望又落空了。这首词是辛弃疾被起用又被降职时，登上北固亭，满怀悲愤而写下的。

5. 明确情感

词人渴望抗金救国、恢复中原，但南宋统治者苟且偷安、不图恢复，故而词人深感报国无门、壮志难酬的苦闷悲愤。

6. 知人论世

辛弃疾（1140—1207 年），南宋词人，字幼安，号稼轩，济南历城（今属山东）人。祖父辛赞，未及南渡，仕金历宿亳沂海诸州。辛弃疾受学于亳州刘瞻，与党怀英为同社生，号"辛党"。21 岁参加耿京抗金义军，不久归南宋，历任湖北、江西、湖南、福建、浙东安抚使等职。任职期间，采取积极措施，招集流亡，训练军队，奖励耕战，打击贪污豪强，注意安定民生。他一生坚决主张抗金。在《美芹十论》《九议》等奏疏中，具体分析当时的政治军事形势，对夸大金兵力量、鼓吹妥协投降的谬论，作了有力的驳斥；要求加强作战准备，鼓励士气，以恢复中原。他所提出的抗金建议，均未被采纳，并遭到主和派的打击，曾长期落职闲居江西上饶、铅山一带。晚年一度起用，不久病卒。其词抒写力图恢复国家统一的爱国热情，倾诉壮志难酬的悲愤，对南宋上层统治集团的屈辱投降进行揭露和批判；也有不少吟咏祖国河山的作品。艺术风格多样，而以豪放为主。热情洋溢，慷慨悲壮，笔力雄厚，与苏轼并称为"苏辛"。

辛弃疾青年时期最名动朝野的有这么一件事：高宗绍兴三十一年（1161 年），济南人耿京聚众数十万反抗金朝的暴虐统治，辛弃疾也乘机拉起 2000 人的队伍奔耿京部下，为掌书记，并劝耿京与南宋政府取得联系。次年正月，受耿京的委派，辛弃疾等人赴建康，就是今天的南京，面见宋高宗。在完成使命返回山东途中，辛弃疾等人获知耿京被降金的叛徒张安国杀害，便立即率领 50 名骑兵，直奔济州（今山东巨野）有五百万之众的金兵营地，将张安国生擒绑缚于马上，疾驰送到建康处死。那一年，辛弃疾只有 22 岁。

7. 手法探究

（1）品读，思考：这两首词主要是如何表现出他的悲愤之情的，有何异同？

结合课文注释和预习资料，明确：

①相同：用典/借古抒怀（自比）、对比。

《水龙吟·登建康赏心亭》	《永遇乐·京口北固亭怀古》
张翰——念鱼归隐	孙权英雄业绩——可悲现实
许汜——谋取私利	刘裕北伐——收复中原
刘备——雄才大略	刘义隆轻率——委婉，劝韩侂胄不能草率行事
桓温——时光流逝	烽火扬州路——佛狸祠——不满统治者
廉颇——壮志难酬	

②不同：

A.《永遇乐·京口北固亭怀古》：虚实结合、反问。

B.《水龙吟·登建康赏心亭》：

a. 寓情于景：词的上片通过"长天""秋水""远山""落日""断鸿"等意象，营造了悲壮沉郁、空阔苍凉的意境，表达了作者无法北上抗金，漂泊江南的愁恨、抑郁和孤独之情。

b. 行为动作：一个"看"字，表明本是战场上的锐利武器的吴钩，而今只能闲置身旁，无处用武，这是以物比人，表现英雄无用武之地的苦闷。一个"拍"字，借拍打栏杆来发泄胸中那说不出来的抑郁苦闷之气，用在这儿，就把作者雄心壮志无处施展的急切悲愤呈现在读者面前。"会"和"登"，则表明自己空有恢复中原的抱负，而南宋统治集团中没有人是他的知己，无人理解，孤独难耐的痛楚，这正是悲愤孤寂之情。（可补充"倩何人唤取，红巾翠袖，揾英雄泪"）

（三）满腹辛酸，家国情怀——深入体味，感受士人风采

1. 衔接引导

由此观之，辛弃疾一腔的艰辛悲辛之怨皆出于自己选择了为国家为百姓这条报国之路啊，正如其自言"怨无大小，生于所爱"。

2. 思考

那辛弃疾还有哪些作品体现其"拍遍栏杆，满腹辛酸"的苦闷呢？另外，同学们能否找出类似于辛弃疾这般的人物呢？

3. 明确

《菩萨蛮·书江西造口壁》，《摸鱼儿·更能消几番风雨》等。辛弃疾、陆游、文天祥、岳飞等。

南乡子·登京口北固亭有怀
辛弃疾

何处望神州？满眼风光北固楼。千古兴亡多少事？悠悠。不尽长江滚滚流。
年少万兜鍪，坐断东南战未休。天下英雄谁敌手？曹刘。生子当如孙仲谋。

破阵子·为陈同甫赋壮词以寄之
辛弃疾

醉里挑灯看剑，梦回吹角连营。八百里分麾下炙，五十弦翻塞外声。沙场秋点兵。
马作的卢飞快，弓如霹雳弦惊。了却君王天下事，赢得生前身后名。可怜白发生！

（四）为国为民，不悔其择——思考生成，定位自我人生

1. 课文总结

中国士人千万，或仁政亲民、舍生取义，或胸有块垒、自强不息，或风流倜傥、修身养性，千人千面，各有风采，然而辛弃疾却是中国历史上唯一一个"由行伍出身，以武起事，最终以文为业"的士人。他与杜甫、陆游等人不同，他亲涉战场，跃马横刀，以身献国，可他也不同于岳飞，掌握兵权，一生戎马，他满腔奋勇，却偏被现实逼得化剑为笔，以血泪铸成一个亡国浪子的悲愤之心。

对他而言，选择一心为国弃疾去病才是义理所在，避居隐世怎谈舍生取义？故而士人林中，辛弃疾将自己的命运同国家政治命运交融，绝不与偏安一隅、苟活之人同流，由此创造出一句句永恒的悲辛之作，于后世名垂千古，遒劲不朽！

那么同学们，在时代浪潮中，你们会做出怎样的选择呢？你又会为这个社会创造出什么，追求怎样的未来呢？

2. 作业布置

①品读美文：梁衡《把栏杆拍遍》。

②2022年海南省高考作文练习写作。

（2022年新高考Ⅱ卷）阅读下面的材料，根据要求写作。

中国共产主义青年团成立100周年之际，中央广播电视总台推出微纪录片，介绍一组在不同行业奋发有为的人物。他们选择了自己热爱的行业，也选择了事业创新发展的方向，展示出开启未来的力量。

有位科学家强调，实现北斗导航系统服务于各行各业，"需要新方法、新思维、新知识"。她致力于科技攻关，还从事科普教育，培育青少年的科学素养。有位摄影家认为，"真正属于我们的东西，是民族的，血脉的，永不过时"。他选择了从民族传统中汲取养分，通过照片增强年轻人对中国文化的认同。有位建筑家主张，要改变"千城一面"的模式，必须赋予建筑以理想和精神。他一直努力建造"再过几代人仍然感觉美好"的建筑作品。

复兴中学团委将组织以"选择·创造·未来"为主题的征文活动，请结合以上材料写一篇文章，体现你的认识与思考。

要求：选准角度，确定立意，明确文体，自拟标题；不要套作，不得抄袭；不得泄露个人信息；不少于800字。

第二部分　教学反思

本课内容基于新课程改革的任务群教学理念，合理选择与作者相关联的作品进行教学设计，思路明晰有条理、情理兼顾、由浅入深，引导学生反思历史，掌握手法技巧，感悟词人情感，又能联系实际拓展，侧重爱国主义教育。但课堂任务量较大，学生需做好扎实的预习工作才可深入剖析，否则无法顺利完成引导思考的相关内容，课堂生成难以取得最佳效果。同时，作业布置虽能紧跟课程改革考查方向，帮助学生深化课堂学习内容，但需要后续细心引导反馈，进一步落实思考。

（来源：2022年"致远杯"课堂教学大赛）

《阿 Q 正传》——阿 Q 的精神胜利法

王灵琳

第一部分　教学设计

一、教材分析

　　该课位于人教版新教材选择性必修下册的第二单元，第二单元课文选取了中国现当代文学的各类体裁的作品，不仅是要体现现当代文学的多方面成就，更是要引导学生探索其中蕴含的民族心理和时代精神，了解百年来人们社会生活和情感世界变动的轨迹，而其中的小说《阿 Q 正传》，揭露了旧中国国民的"劣根性"，揭示了民族衰败的根源，体现了鲁迅深刻的启蒙思想。

二、学情分析

　　学生普遍对这篇课文感兴趣，因为他们喜欢阅读小说，但他们更感兴趣的是有趣的情节和滑稽的人物，对于作家创作小说的背景和目的不甚在意，更不会通过作品去认识社会、人生。因此，学生在对"精神胜利法"所暴露的旧中国国民的"劣根性"的理解上会有一定的难度。在学习这一课时之前，学生已经通过一个课时了解了该小说全篇的情节以及主要的人物形象，接下来将进行更深入的学习。

三、教学策略

　　在教学中，我会更注重引导学生了解小说背后特定的社会历史，进一步理解作品的思想文化内涵，探索其中蕴含的民族心理和时代精神，了解百年来人们社会生活和情感世界变动的轨迹，最后能够用所学所感来指导自己的现实生活。

四、教学目标

1. 语言建构与应用：感受中国现当代文学小说的语言特点，品味鲁迅幽默风趣的语言。

2. 思维发展与提升：探究阿Q的"精神胜利法"及其暴露的旧中国国民的"劣根性"，提升思维的批判性与思辨性。

3. 审美鉴赏与创造：寻找"精神胜利法"的现实意义，警醒自我，形成正确的三观。

4. 文化传承与理解：了解特定的时代背景，探索其中蕴含的民族心理和时代精神，了解百年来人们社会生活和情感世界变动的轨迹。

五、教学过程

（一）知识回顾

1. 导入

同学们，今天我们将继续学习《阿Q正传》的节选部分，那么在进入新课之前，老师要来考一考大家对于上一节课知识内容的消化情况。在上一节课，我们分析概括了阿Q面对闲人、王胡、假洋鬼子和小尼姑时体现出的人物形象，并总结了分析人物形象的方法，同学们还记得吗？

答：通过人物描写（包括正面描写和侧面描写）、情节发展、环境描写来分析人物形象。

师：同学们都记得很牢，那么在上一节课的最后，老师还布置了一个作业给大家。

2. 作业检查

回顾所讲的分析人物形象的方法，阅读与阿Q和赵太爷有关的课文选段以及补充材料，归纳分析阿Q的人物形象。

补充材料

有一回，他似乎是姓赵，但第二日便模糊了。那是赵太爷的儿子进了秀才的时候，锣声镗镗的报到村里来，阿Q正喝了两碗黄酒，便手舞足蹈的说，这于他也很光采，因为他和赵太爷原来是本家，细细的排起来他还比秀才长三辈呢。其时几个旁听人倒也肃然的有些起敬了。那知道第二天，地保便叫阿Q到赵太爷家里去；太爷一见，满脸溅朱，喝道：

"阿Q，你这浑小子！你说我是你的本家么？"

阿Q不开口。

赵太爷愈看愈生气了，抢进几步说："你敢胡说！我怎么会有你这样的本家？你姓赵么？"

阿Q不开口，想往后退了；赵太爷跳过去，给了他一个嘴巴。

"你怎么会姓赵！——你那里配姓赵！"

阿Q并没有抗辩他确凿姓赵，只用手摸着左颊，和地保退出去了；外面又被地保训斥了一番，谢了地保二百文酒钱。

明确：

（1）趋炎附势。赵太爷的儿子进了秀才，阿Q就说他和赵太爷原来是本家，他还比秀才长三辈，之前却不曾提过。

（2）懦弱卑怯。面对赵太爷的质问，阿Q"不开口，想往后退了"；被赵太爷打了一巴掌后，他"并没有抗辩他确凿姓赵，只用手摸着左颊，和地保退出去了"，面对欺压不敢反抗。

（3）自欺欺人、奴性麻木。阿Q被打后不敢反抗，回去后却想"现在的世界太不成话，儿子打老子……"想到威风的赵太爷成了自己的儿子，便得意扬扬，甚至认为挨打是一种荣耀。

那么在明确了阿Q的人物形象后，我们就要深入阿Q的精神世界了。我们今天的学习目标有两个，第一个是理解阿Q的"精神胜利法"，第二个是寻找"精神胜利法"的现实意义。首先我们来理解阿Q的"精神胜利法"。

（二）理解阿Q的"精神胜利法"

1. 课前预习

在老师发给大家的导学案中，有布置一个非常简单的预习任务：阿Q遇到这些事情，他是如何应对的呢？阅读课文选段《优胜记略》《续优胜记略》，完成表格。那么老师要来检查一下大家的预习情况，请一名同学来完成这个表格。

事情	阿Q的应对
他人犯了阿Q癞疮疤的忌讳	
闲人揪阿Q辫子，碰头	
闲人先让阿Q承认自己是畜生，再打	
赌博时阿Q钱财被抢	
赵太爷打阿Q	
王胡打阿Q	
假洋鬼子打阿Q	
小尼姑走来了	
他人犯了阿Q癞疮疤的忌讳	口讷的骂；力气小的打；怒目圆睁
闲人揪阿Q辫子，碰头	我总算被儿子打了
闲人先让阿Q承认自己是畜生，再打	承认自己是虫豸认输；又认为是第一个能自轻自贱的人，状元也是第一个
赌博时阿Q钱财被抢	打了自己两嘴巴，就好像自己打了别人；睡着了
赵太爷打阿Q	是儿子打老子；渐渐得意起来

续表

事情	阿 Q 的应对
王胡打阿 Q	口头认输；认为皇帝停了考，赵家减了威风，他被小觑了
假洋鬼子打阿 Q	否认辱骂；因完结而轻松，忘却了
小尼姑走来了	吐唾沫；摸头捏脸；语言调戏

这些是《优胜记略》《续优胜记略》中阿 Q 与他人发生冲突时的应对。既然章节名是《优胜记略》和《续优胜记略》，那么我们就来看看阿 Q 是如何获得优胜的。

（1）口讷的骂；力气小的打；怒目圆睁——失败。

（2）我总算被儿子打了——自欺欺人获得优胜（板书：自欺欺人）。

（3）承认自己是虫豸认输；又认为是第一个能自轻自贱的人，状元也是第一个——自轻自贱、妄自尊大，获得优胜（板书：自轻自贱、妄自尊大）。

（4）打了自己两嘴巴，就好像自己打了别人；睡着了——自欺欺人，获得优胜。

（5）是儿子打老子；渐渐得意起来——自欺欺人，获得优胜。

（6）口头认输；认为皇帝停了考，赵家减了威风，他被小觑了——自欺欺人，获得优胜。

（7）否认辱骂；因完结而轻松，忘却了——自我忘却，获得优胜（板书：自我忘却）。

（8）吐唾沫；摸头捏脸；语言调戏——欺凌弱小，获得优胜（板书：欺凌弱小）。

2. 概括出阿 Q 获得优胜的过程

（1）最开始是发生冲突，不论是他挑衅别人还是别人挑衅他，最终都是他受到羞辱，受到践踏。

（2）受到羞辱、践踏后，阿 Q 的内心是怎样的呢？——自尊受到伤害。

（3）那么他有去反抗吗？——有，打骂，怒目相向，但是反抗都失败了。

（4）那他有继续反抗吗？——没有，而是通过自欺欺人、自轻自贱、妄自尊大、自我忘却、欺凌弱小等方法来获得"优胜"。

3. 思考：结合文本来说说，阿 Q 的优胜是真的胜利吗？

明确：不是，阿 Q 通过自欺欺人、自轻自贱、妄自尊大、自我忘却、欺凌弱小等方法所获得的优胜只是精神上的胜利，现实中他仍然是失败的，他受到的屈辱没有减少，他的社会地位也并没有提高。这就是阿 Q 的"精神胜利法"。

（结合文本：如阿 Q 说被闲人打是被儿子打，这种自欺欺人并没有让闲人不再打他，反而让闲人变本加厉地逼他承认自己是畜生；阿 Q 承认自己是虫豸，依然被抓住碰头；赌博被抢钱，阿 Q 打自己来假装是打了别人，但这只会让他疼痛，钱也回不来……）

4. 思考："精神胜利法"？请下一个定义

阿 Q 的"精神胜利法"是一种通过自欺欺人、自轻自贱、妄自尊大、自我忘却、欺凌弱小等方法将现实生活中的失败和屈辱变为想象中的胜利和光荣，以满足精神上的需要的思维方式，实质是逃避现实。

（三）寻找"精神胜利法"的现实意义

小组讨论探究：结合文本和时代背景思考，"精神胜利法"是阿Q所专有的吗？阿Q只是小说中的一个人物吗？今天"精神胜利法"是否依然存在呢？说明原因。

提示：回答问题的时候要有层次，可以结合鲁迅先生的创作目的来回答。讨论5分钟。

请两名学生回答，给予引导，结果认为今天"精神胜利法"依然存在，需要举出例子。

（1）"精神胜利法"是阿Q所专有的吗？阿Q只是小说中的一个人物吗？

明确："精神胜利法"不是阿Q所专有的，《阿Q正传》里的许多人物都有这样的思维方式。在小说里，还有很多人物也奉行"精神胜利法"，如闲人们受到封建统治者的压迫，却还要去欺辱阿Q、小尼姑等地位低下的人，通过欺凌弱小来实现精神上的胜利。"精神胜利法"不只存在于小说之中，阿Q也不只是小说中的一个人物。《阿Q正传》在报纸上连载的时候，有很多人都认为是在骂自己，主动对号入座。茅盾在《读〈呐喊〉》中也说过"我们不断地在社会的各方面遇见'阿Q相'的人物，我们有时自己反省，常常疑惑自己身中也免不了带着一些'阿Q相'的分子。"当时的许多人，都从阿Q身上看到了自己的影子。所以"精神胜利法"其实是当时中国人的普遍心理，是国民普遍存在的弱点，是国民"劣根性"。阿Q是当时中国人的一个缩影，是"一个现代的我们国人的魂灵"。这正体现了鲁迅先生创作《阿Q正传》的目的，他想要"刻画出沉默的国人的魂灵"，"暴露国民的弱点"，"引起疗救的注意"，最终改造国民性。

（2）今天"精神胜利法"是否依然存在呢？

明确：那么阿Q又是否只是"当时国人的魂灵"呢？今天"精神胜利法"是否依然存在呢？这个答案其实同学们早就看到过、听到过。在《阿Q正传》电影的结尾有这样一句台词："阿Q死了，他虽没有女人，但并不如同小尼姑所骂的那样断子绝孙。因为，据考证，阿Q还是有后代，而且子孙繁多，至今不绝。"听到这句台词的时候，我看到大家要么是大笑要么是疑惑不解，不知道有没有同学深入地思考过这句台词的深意？它其实就是想要告诉我们"精神胜利法"在今天依然是存在的，而同学们也举出了很多例子来证明了这一点。"精神胜利法"其实具有超越性，具有跨时代的意义。

（四）总结

其实鲁迅先生在创作时的目的只是改造国民性，但由于他思想的启蒙性以及对于人性的深刻理解，阿Q以及"精神胜利法"被创作出来以后便已不再局限于他最初的创作目的，它们具有超越性，走向了世界，走向了未来。"精神胜利法"其实是人类普遍存在一种文化心理和性格特征，不限于某个国家或者某个时期独有。纵观古今中外的文学作品，很多名著所塑造的人物的思想也是具有世界性的，比如葛朗台的贪婪吝啬，哈姆雷特的犹豫矛盾，这些都是人类普遍存在的共同人性。正是因为如此，这些文学作品才能享誉世界，名垂千古，《阿Q正传》也同样如此。

所以我们可以说："作为一个'人'，阿Q已经死了。作为一个文学形象，阿Q永远活着。作为一种处世哲学和普遍人性，'精神胜利法'人所共有，可以长存。"

在现实生活中，几乎每个人都用过"精神胜利法"，面对失意时会用自欺欺人、自我忘却等方式获得精神上的安慰，正如同学们刚刚举的很多例子，于是有的同学就会说："阿 Q 竟是我自己！"但同学们可以再想想，大多数时候我们使用的"精神胜利法"与鲁迅批判的阿 Q"精神胜利法"完全一样吗？其实实质是不一样的，阿 Q 的"精神胜利法"是逃避现实，是真的认为自己获得了胜利，而我们很多人其实清楚地知道自己并没有获得胜利，在精神上安慰自己只是为了在现实中更好地出发。这种"精神胜利法"是具有一定积极意义的，适当地运用可以帮我们缓解压力、平衡心理，形成良好的心态。但我们一定不能把它作为我们的处世哲学，更不能把它发展成阿 Q 的"精神胜利法"，像阿 Q 一样逃避现实。阿 Q 的"精神胜利法"是无法让人获得真正的胜利的，只有敢于正视失败的现实，迎难而上，克服困难，我们才能得到成长，才能获得真正的成功，这就是"精神胜利法"的现实意义。

阿 Q 是一面能照射出人性弱点的镜子，希望同学们能以阿 Q 为镜，"走出反省的路"，在反思中前行。

（五）课后作业

以"阿 Q 读高中"为主题，写一篇阿 Q 新传。

（六）板书设计

阿 Q 正传

优胜方法：

自欺欺人
自轻自贱
妄自尊大 "精神胜利法"——超越性
自我忘却
欺凌弱小

第二部分　教学反思

在本课时中，我设计了较为丰富的环节，有回顾复习做题，有预习填写表格，有小组讨论探究，有师生互动问答。回顾复习做题可以帮助学生回忆上一课时的内容，更好地掌握分析人物形象的方法；预习填写表格能够检验学生课前的预习状态，学生在填写表格时，台下其他学生也会参与互动，调动课堂氛围；小组讨论探究能够让学生可以畅所欲言；师生互动问答则可以由老师引导学生深入思考。本课时着重在于探究阿 Q 的"精神胜利法"及其暴露的旧中国国民的"劣根性"，并寻找"精神胜利法"的现实意义。最后的探讨与总结都较有深度，对学生现实生活具有一定指导意义。但最后这一部分的探讨与总结也存在一定问题，它对于学生来说难度较高，难以独立思考出来，可能大部分需要教师单方面去输出。

（来源：2022 年"致远杯"课堂教学大赛）

数学组

圆锥曲线的离心率

高 波

第一部分 教学设计

一、教材分析

（一）内容
圆锥曲线的离心率。

（二）内容解析
1. 历年来平面几何和解析几何部分是高考的"重头戏"，而圆锥曲线内容又是解析几何部分的重中之重，其中圆锥曲线的离心率问题是高考中常考的问题，通常有两类题型：一是求椭圆和双曲线的离心率的值；二是求椭圆和双曲线离心率的取值范围。

圆锥曲线的内容如下。

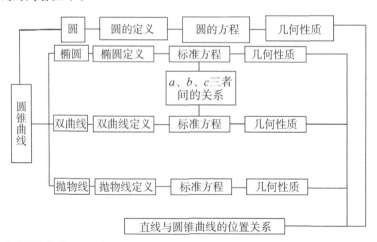

2. 近三年圆锥曲线离心率内容主要考查的问题。

考点问题一：利用椭圆、双曲线的定义式和基本量之间的关系求值。

考点问题二：利用三角函数、正余弦定理、勾股定理、三角形面积公式、向量的计算和性质等来求值。

考点问题三：利用平面几何的相关性质以及圆锥曲线的性质，通过转化与化归、方程等思想方法，解离心率有关问题。

二、学情分析

本次"凤凰杯"活动，我们采用了同课异构的模式，在不同的层次班级授课，我任教的高三（9）班是一个物化生组合的班级，该班同学们对于图形的认识、数形结合的思想掌握得较好些，但是在一个题型中信息量多的问题处理上稍微不足，运算能力需要加强。

三、教学理念

高考中对于圆锥曲线的几何性质基本上是围绕着"离心率、范围"进行考查，根据对高考试题分析可知：离心率问题是高考对圆锥曲线考查的一个重点，求离心率及取值范围问题是解析几何中常见的问题。其归根结底是利用定义寻求关于 a、b、c 的相应等式，并把等式中的 a、b、c 转化为只含有 a、c 的式子，再转化为含 $\frac{c}{a}$ 的等式，最后求出 e。该类题型较为基础，一般以选择题或解答题的第一问的形式出现，而在选择题中常常可结合图形或者定义来解决，这样就可以有效地避免复杂的运算。学生最大的问题就是不能准确地列出所需要的等量关系式，对于这一问题通过引导提问激发学生的思考，并跟学生讲清楚如何根据具体题意准确地构造出所需要的等量关系式。历年来平面几何和解析几何部分是高考的"重头戏"，而圆锥曲线内容又是解析几何部分的重中之重，但这却是考生的"软肋"。圆锥曲线这部分内容对考生来说比较难，常以"压轴题"的形式呈现，且常考常新、综合性强、字母符号多、运算过程复杂，考生在解题中经常会"卡壳"，往往会出现"想得到、算不出、做不对"的现象。纵观近三年的圆锥曲线考题可知：在高考中重点考查的知识内容是轨迹问题、最值问题（尤其是与距离有关的最值问题）、定点或定值问题、切线（或切点弦）问题和曲线特征（性质）探究性问题，在注重考查图形直观的同时，不再刻意回避韦达定理在代数运算中的作用，在本质上更加突出"用代数方法解决几何问题"，即兼顾考查韦达定理与图形探究，在能力上注重图形探究能力的考查，突出用"数"研究"形"的方法，同时通过"形"的特征简化"数"的运算，体现多思巧算的思想及减少运算量的技巧。

四、教学目标

（一）目标
1. 掌握椭圆、双曲线离心率的定义及求离心率的基本方法。
2. 能有意识地应用数形结合思想和方程思想方法，通过分析椭圆、双曲线的基本量"a、b、c"之间的关系，几何图形的等量关系和已知等式列出某个关于 a、b、c 三个中任意两个或三个之间的等量关系式。

3. 能应用转化与化归思想方法，并结合 a、b、c 三者的关系，将所列的方程进行有目的的变形、化简，从而求值。

（二）目标解析

1. "掌握椭圆、双曲线离心率的定义及求离心率的基本方法"就是要求在解决这一问题时，要掌握椭圆和双曲线中基本量之间的等量关系式，并能根据这些关系及已知条件列出相关的等量关系式。

2. "能有意识地应用数形结合思想和方程思想方法"要求在解决圆锥曲线的问题时，能够依据题意准确画出图像，并根据题意列出所求量的方程或表达式，知道根据 a、b、c 三者的关系以及图形的等量关系式和已知等式来具体列出方程；采用数形结合的思想，要渗透的是用代数的方法研究几何问题的思想，因此要重点掌握方程的思想和曲线与方程的关系，淡化数值计算，所以，要重视方程与函数的思想、数形结合思想的应用，这是解析几何复习的本源。

3. "能应用转化与化归思想方法"在这里是指，当列出一系列的方程后，要有目的地去变形、化简、求值。"有目的"是指围绕所求量，消去、代换或减少其他无关的量，从而求出所求量的值。

五、教学过程

（一）知识点梳理

名称	椭圆	双曲线	抛物线
图像			
a、b、c 三者关系			—
离心率的定义			—
离心率的取值范围			
离心率的作用			—

（二）课前任务

1. 已知双曲线 $E: \dfrac{x^2}{a^2} - \dfrac{y^2}{b^2} = 1 (a > 0, b > 0)$ 的一条渐近线为 $y = \sqrt{2}x$，则双曲线 E 的离心率 $e =$ _____。

【设计意图】本题是以渐近线为背景的离心率问题，在双曲线中，$e^2 = 1 + \dfrac{b^2}{a^2}$。双曲线的渐近线与离心率密切相关，通过渐近线研究离心率，渗透数形结合思想、转化与化归思想。

【教学关键】引导学生通过分析几何图形的性质，建立关于 a、b、c 的等式，求得离心率的值。

2. 已知椭圆 C：$\dfrac{x^2}{a^2}+\dfrac{y^2}{b^2}=1(a>b>0)$ 的两个焦点 F_1、F_2，若 P 是椭圆 C 上的点，$PF_2\perp F_1F_2$，$\angle PF_1F_2=30°$，则椭圆 C 的离心率 $e=\underline{\qquad}$。

【设计意图】本题是以焦点三角形为背景的离心率求值问题，涉及圆锥曲线的定义等基础知识，难度不大，解题入口较宽，是常考题型。通过本题探究圆锥曲线有关离心率问题的求解策略，提高学生的数学运算素养。

【教学关键】教学过程中教师要引导学生利用圆锥曲线的定义，结合几何图形特征，选择合理的角度构建等量关系，从而确定离心率的值。

（三）方法与技巧

例1. 直线 l 经过椭圆的一个顶点和一个焦点，若椭圆中心到 l 的距离为其短轴长的 $\dfrac{1}{4}$，则该椭圆的离心率为（　　）。

A. $\dfrac{1}{3}$　　　B. $\dfrac{1}{2}$　　　C. $\dfrac{2}{3}$　　　D. $\dfrac{3}{4}$

【设计意图】本题以椭圆焦点三角形为背景，提升学生的数形结合的核心素养。

例2. 已知 A、B 为双曲线 E 的左、右顶点，点 M 在 E 上，$\triangle ABM$ 为等腰三角形，且顶角为 $120°$，则 E 的离心率为（　　）。

A. $\sqrt{5}$　　　B. 2　　　C. $\sqrt{3}$　　　D. $\sqrt{2}$

【设计意图】熟练利用平面几何和圆锥曲线的几何性质来解题。本题主要考查的问题是，利用三角函数、平面几何和方程思想求离心率。主要是能过 M 点作 x 轴的垂线，然后利用三角函数计算出 M 点的坐标，再根据 M 点在双曲线上，则把 M 点坐标代入双曲线方程，结合 a、b、c 三者的关系求出离心率。

例3. 已知双曲线 E：$\dfrac{x^2}{a^2}-\dfrac{y^2}{b^2}=1(a>0,b>0)$ 右焦点为 F，若过点 F 且倾斜角为 $60°$ 的直线 l 与双曲线的右支有且只有一个交点，则此双曲线离心率的取值范围为 $\underline{\qquad\qquad}$。

【设计意图】本题是以渐近线为背景的离心率问题，在双曲线中，$e^2=1+\dfrac{b^2}{a^2}$。双曲线的渐近线与离心率密切相关，通过渐近线的变化，研究离心率的变化情况，渗透数形结合思想、转化与化归思想。

【教学关键】引导学生通过分析几何图形的性质，建立关于 a、b、c 的不等式，求得离心率的取值范围。

（四）当堂练习

1. 已知椭圆 M：$\dfrac{x^2}{a^2}+\dfrac{y^2}{b^2}=1(a>b>0)$，双曲线 N：$\dfrac{x^2}{m^2}-\dfrac{y^2}{n^2}=1(m>0,n>0)$，若双曲线 N 的两条渐近线与椭圆 M 的四个交点及椭圆 M 的两个焦点恰为一个正六边形的顶点，则椭圆 M 的离心率为 $\underline{\qquad}$；双曲线 N 的离心率为 $\underline{\qquad}$。

2. 已知 F_1、F_2 是双曲线 E：$\dfrac{x^2}{a^2}-\dfrac{y^2}{b^2}=1$ 的左、右焦点，点 M 在 E 上，MF_1 与 x 轴垂直，$\sin\angle MF_2F_1=\dfrac{1}{3}$，则 E 的离心率为（　　　）。

A. $\sqrt{2}$　　　　　　B. $\dfrac{3}{2}$　　　　　　C. $\sqrt{3}$　　　　　　D. 2

3. 设椭圆 $\dfrac{x^2}{a^2}+\dfrac{y^2}{b^2}=1(a>b>0)$ 与双曲线方程 $\dfrac{x^2}{a^2}-\dfrac{y^2}{b^2}=1(a>b>0)$ 的离心率分别为 e_1、e_2，双曲线的渐近线的斜率小于 $\dfrac{2\sqrt{5}}{5}$，求 e_1 的取值范围和 e_2 的取值范围。

【设计意图】通过当堂练习 1、2 题的设置，加强学生对椭圆、双曲线和焦点三角形的认识，渗透数形结合的思想。当堂练习 3 题的设置，让学生体会双曲线渐近线与离心率的关系，由双曲线几何特征转化为代数计算，渗透转化与化归思想，提升数学运算能力。

（五）归纳小结

1. 数学知识：离心率求值问题——构建等量关系；离心率求范围问题——构建不等量关系。

2. 数学思想：数形结合思想；转化与化归思想；函数与方程思想；特殊与一般思想。

【设计意图】引导学生整理相关的学习内容，体会所学知识的引入及探究、解决问题时用到的数学思想，培养学生发现问题、提出问题、分析问题、解决问题的能力。

（六）作业设计

A 组

1. 设椭圆的焦点为 F_1、F_2，以 F_1、F_2 为直径的圆与椭圆的一个交点为 P，若 $|F_1F_2|=2|PF_2|$，则椭圆的离心率为 _____。

2. 设 F_1 和 F_2 为双曲线 $\dfrac{x^2}{a^2}-\dfrac{y^2}{b^2}=1(a>0,b>0)$ 的两个焦点，若 F_1、F_2、$P(0,2b)$ 是正三角形的三个顶点，则双曲线的离心率为（　　　）。

A. $\dfrac{3}{2}$　　　　　　B. 2　　　　　　C. $\dfrac{5}{2}$　　　　　　D. 3

B 组

1. 设双曲线的一个焦点为 F，虚轴的一个端点为 B，如果直线 FB 与该双曲线的一条渐近线垂直，那么此双曲线的离心率为 _____。

2. 已知椭圆 $\dfrac{x^2}{a^2}+\dfrac{y^2}{b^2}=1(a>b>0)$ 的左焦点为 F，右顶点为 A，点 B 在椭圆上，且 $BF\perp x$ 轴，直线 AB 交 y 轴于点 P，若 $\overrightarrow{AP}=2\overrightarrow{PB}$，则椭圆的离心率是（　　　）。

A. $\dfrac{\sqrt{3}}{2}$　　　　　B. $\dfrac{\sqrt{2}}{2}$　　　　　C. $\dfrac{1}{3}$　　　　　D. $\dfrac{1}{2}$

3. 已知双曲线 $\dfrac{x^2}{a^2}-\dfrac{y^2}{b^2}=1(a>0,b>0)$ 的两条渐近线均与 C：$x^2+y^2-6x+5=0$

相切，则该双曲线的离心率等于（　　）。

A. $\dfrac{3\sqrt{5}}{5}$ 　　　　B. $\dfrac{\sqrt{6}}{2}$ 　　　　C. $\dfrac{3}{2}$ 　　　　D. $\dfrac{\sqrt{5}}{5}$

C 组

1. 已知 O 为坐标原点，F 是椭圆 C：$\dfrac{x^2}{a^2}+\dfrac{y^2}{b^2}=1(a>b>0)$ 的左焦点，A、B 分别为 C 的左、右顶点，P 为 C 上一点，且 $PF\perp x$ 轴，过 A 点的直线 l 与线段 PF 交于点 M，与 y 轴交于点 E，若直线 BM 经过 OE 的中点，则 C 的离心率为（　　）。

A. $\dfrac{1}{3}$ 　　　　B. $\dfrac{1}{2}$ 　　　　C. $\dfrac{2}{3}$ 　　　　D. $\dfrac{3}{4}$

第二部分　教学反思

离心率是圆锥曲线的一个重要的量，求离心率的题目是高考常见的题型。在教学过程中，以学生自主探索学习为主线。首先，由离心率的知识背景引入，学生可以更深刻地理解圆锥曲线离心率的定义及意义，充分激发学生的求知欲。其次，探究以焦点三角形为背景的离心率问题及以渐近线为背景的离心率问题。教师引导学生探索圆锥曲线有关离心率及其范围等问题的核心方法，认识选择合理的角度寻求基本量 a、b、c 的关系式是化解难点的根本方法。通过本节课的教学，学生能在探索过程中深刻地领悟到蕴含其中的重要的数学思想和方法，学会运用数学思想方法（如数形结合思想、转化与化归思想、函数与方程思想等）研究数学问题，培养学生的数学核心素养。

（来源：2020 年"凤凰杯"课堂教学大赛）

直线与平面平行的判定与性质复习

柯 灵

第一部分 教学设计

一、教材分析

在立体几何中，平行是一种非常重要的位置关系。直线与平面平行是直线与直线平行关系的延续和提高，也是研究平面与平面平行的基础。平行关系为后面直线与平面垂直的关系复习打下了铺垫，起到了承上启下的作用，具有重要的意义与地位。本节课的学习与复习对培养学生空间想象能力与逻辑推理能力起到重要的作用。

二、学情分析

高三的学生在高一时已经系统地学习了立体几何中的平行关系，具备一定的空间想象能力与逻辑推理能力，这些都为本节课的复习做了准备。但是学生自行建构系统知识框架的能力还不够，对空间关系的相互转化能力、证明方法的择优选择还需要老师的提点。同时，部分学生的空间想象能力还不够，对符号语言的严谨表述能力还欠缺，这都需要通过本节复习课得以巩固和提高。

三、教学策略

本节课通过一道证明题的多种解法，激发学生学习的积极性，分享探索知识的乐趣，并帮助学生回忆平行关系的判定定理以及性质定理；通过变式练习，让学生主动去获取知识，让课堂成为发现问题、创造问题的现场，进一步激发学生探索研究的热情，并加深对本节内容的理解和巩固。

四、教学目标

1. 进一步深刻地理解直线与平面平行的判定与性质定理及正确应用。
2. 深刻体会线线平行、线面平行、面面平行之间的联系。
3. 培养学生观察、发现问题的能力和空间想象能力，培养转化与化归的思想。

五、教学过程

（一）课前任务、自主复习

问题1：前面我们复习了空间中简单几何体的结构特征和基本图形之间的位置关系，请同学们回顾高一年级必修第二册的知识，我们主要研究了什么内容？

问题2：这节课，主要复习直线与平面的平行关系，我们是如何研究直线与平面平行的？

问题3：请写出直线与平面平行的定义、判定定理、性质定理的内容。

	文字语言	图形语言	符号语言
定义			
判定定理			
性质定理			

问题4：请你说说，直线与平面平行的判定定理是直线与平面平行的什么条件？在解决具体问题时有什么作用？

问题5：直线与平面平行的性质定理是直线与平面平行的什么条件？它可以解决哪些问题？

问题6：根据以上内容的回顾，尝试用多种方法证明下面这个问题。

如图，三棱柱 $ABC-A'B'C'$，点 M，N 分别为 $A'B$ 和 $B'C'$的中点。证明：$MN /\!/$ 平面 $A'ACC'$。

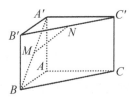

师生活动：师生互动，教师逐一提问，并及时纠正学生存在的问题。教师引导学生发现挖掘判定定理与充分条件的关系、性质定理与必要条件的关系，梳理空间平行关系的相互联系。

【设计意图】课前布置任务，有意识地让学生自己回顾课本，厘清知识结构的联系。通过问题的层层递进，帮助学生复习三种语言的转化与正确表述，帮助学生回忆并进一步地理解平行关系的研究思路。

线线平行←→线面平行←→面面平行，既加深对知识体系的认识，又为直线和平面垂直的复习做好铺垫。

（二）课堂展示、循序渐进

如图，三棱柱 $ABC-A'B'C'$，点 M、N 分别为 $A'B$ 和 $B'C'$ 的中点。证明：$MN /\!/$ 平面 $A'ACC'$。

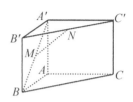

师生活动：鼓励学生上台展示例题的解答，并纠正学生在证明书写过程中存在的问题。教师与学生共同探讨多种证明方法，并对这些方法进行总结、归纳。

预设答案：构造平行四边形法、三角形中位线法、面面平行证线面平行法、补形法以及空间向量法。

【设计意图】通过一道题，让学生回忆直线与平面平行判定的多种方法以及规范地证明，进一步复习与巩固直线、平面平行的关系。通过本题解法的多样性，激发学生学习探究的兴趣，优化学生的解题思路，培养学生的数学解决能力。

（三）推理建模、类比迁移

（环节一）

变式：如图，三棱柱 $ABC-A'B'C'$，$\dfrac{C'N}{B'N}=\dfrac{A'M}{BM}=\dfrac{1}{2}$。

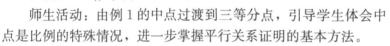

证明：$MN /\!/$ 平面 $A'ACC'$。

师生活动：由例1的中点过渡到三等分点，引导学生体会中点是比例的特殊情况，进一步掌握平行关系证明的基本方法。

追问1：类比例1，你能有哪些方法可以解答本题？

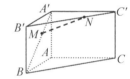

师生交流、共同探讨。（解法1）类比例1，在 AA' 取 O 且 $\dfrac{A'O}{OA}=\dfrac{1}{2}$，在 $A'C'$ 取 P 且 $\dfrac{C'P}{A'P}=\dfrac{1}{2}$，连接 MO、OP、NP，可以构造出一个平行四边形 $MOPN$。

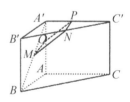

追问2：例1的证明中，除了平行四边形，已知中点我们可以找三角形的中位线，那么已知三等分点，我们能否也找到类似的平行线呢？

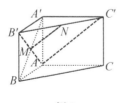

例1　　　　　　　　　　　　例1变式

师生交流、继续研讨。（解法2）类比例1，取 AA' 的中点 O（如图），连接 $B'O$，即可出现类似中位线的平行线，只需证明 $MN \underline{\underline{/\!/}} \dfrac{1}{3}OC'$ 即可。

追问3：大家可以从两道题的解法中总结出证明空间线面平行时找平行线的本质吗？如何找到平行线呢？

教师引导学生认识：找平行线的关键是将空间问题转化为平面问题，即过 M 点找到一个平面与平面 $AA'CC'$ 相交，所得的交线就是要找的平行线（如图）。

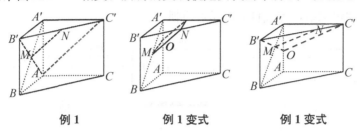

| 例1 | 例1变式 | 例1变式 |

【设计意图】进一步体会证明平行关系的本质——过点作面找交线，形成建模的思想。通过变式训练，让学生体会知识的联系、提高参与的热情、培养思维的创造性。

追问4：这道题还能找到别的平行线来证明吗？

教师引导学生再一次去寻找平行线。

（解法3）延长 CC' 至 P，$\dfrac{C'P}{C'C}=\dfrac{1}{2}$，连接 $A'P$，证明 $A'P /\!/ MN$ 即可。

【设计意图】让学生学以致用，利用模型，再一次挖掘题目的解法，深刻体会找截面的方法，促进学生思维的升华。

（环节二）

（教材回顾）如图所示的一块木料中，棱 BC 平行于面 $A'B'C'D'$，要经过面 $A'B'C'D'$ 内的一点 P 和棱 BC 将木料锯开，应怎样画线？并说明理由。

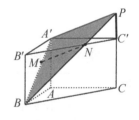

【设计意图】通过实际问题，进一步掌握直线与平面平行的性质定理，体会在生活中建立数学模型来解决问题。

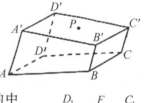

（四）学以致用、实践探究

如图所示，在正四棱柱 $ABCD-A_1B_1C_1D_1$ 中，E、F、G、H 分别是棱 CC_1、C_1D_1、D_1D、DC 的中点，N 是 BC 的中点，点 M 在四边形 $EFGH$ 及其内部运动，则 M 只需满足条件_____时，就有 $MN /\!/$ 平面 BB_1D_1D（注：请填上你认为正确的一个条件即可，不必考虑全部可能情况）。

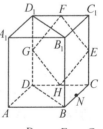

师生活动：学生很容易就可以找到满足题意的一个点，即 $M=H$。教师引导学生发现是否还有其他点也满足，这些点都具有什么样的特点？教师引导学生做出正确答案。

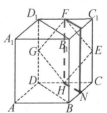

【设计意图】本题将线面平行问题归类为面面平行问题，即过点 N 作一个平面平行于平面 BB_1D_1D，从而得到 $M\in FH$。通过探究性的问题，进一步体会平行关系的相互转化，也让学生体会动点问题的处理，更深刻地体会本节课过点作面的用途。

（五）总结巩固、反思提升

1. 本节课复习了哪些内容？

2. 本节课学到了哪些数学思想方法？

师生活动：教师引导学生来做课后小结。

【设计意图】引导学生回顾本节课的主要知识和研究过程，重组知识，自行构建知识体系，理清知识脉络，养成良好的学习习惯。

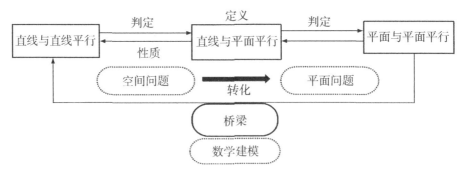

（六）课后延伸、素养提升

课后思考例 1 变式 2：$A'M = 3BM$，P 是 AA' 的中点，N 是 PC 的中点。证明：$MN /\!/$ 平面 ABC。

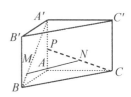

（七）板书设计

直线与平面平行的判定与性质		
一、课前任务梳理		
二、例 1：解法 1	例 2	
解法 2		
解法 3	例 3	
解法 4		
三、例 1 变式		

第二部分　教学反思

通过本节课的准备与授课，有以下几点体会。

1. 高三数学复习课，长期以来，总是以教师讲、学生听的传统模式呈现，本节课大胆地改变以往的教学模式，提前布置了课前任务，有目的性地让学生自主地对课本知识进行系统的回顾，再一次温故而知新，真正调动了学生重读课本的积极性，做到高三内容的课本回归。

2. 高三复习的紧迫性，要求教师精心备课，对复习资料以及例题的选择要做到充分地整合，有效地利用课堂时间。如本节课仅用一道题目回顾直线与平面平行判定的多种方法与规范表达，充分地提高了学生课堂的学习效率。

3. 高三的复习课可以尝试把课堂交给学生，让学生提前思考并大胆地展现，给学生一个自我梳理知识的机会，真正地实现学生的自主高效的复习效果。

4. 由于没有协调好学生展示的时间，导致后面几道题的讲授略显仓促，个别知识点没有强调到位。

　　高三复习课的改革首先要求教师的思想观念要改革，其次，在改革的新课中又对教师的专业素养提出了更高的要求，因此，教师要在这一场变革中不断地提升自我修养，才能真正地实现"双新"的复习课堂。

　　　　　　　　　　　　　　　　　　　（来源：2021 年"凤凰杯"课堂教学大赛）

折纸艺术与数学之美

杨 霞

第一部分 教学设计

一、教材分析

折纸是一种将平面纸张转换为立体结构的手工活动。折纸中涉及广泛的几何知识，主要包括夹角与比例等内容。折叠立体几何模型，一方面可以加强对平面几何相关知识的理解；另一方面，对成品几何体的研究，可以加深对空间几何体结构的理解，增强学生的空间想象能力。本课选取正四面体作为折叠对象，正四面体是高中立体几何中常见常用的几何模型，同时它与正方体也有紧密联系，容易引起学生的学习兴趣。

二、学情分析

通过对初中和高中课程必修第二册的学习，学生们学习了一些平面几何和立体几何的相关定理，但是应用还很不熟练。同时通过平时的观察和了解，部分学生的空间想象能力较弱。在从初中平面几何内容过渡到高中立体几何内容的过程中，由于课时紧张，许多学生的空间想象能力得不到有效的培养，几何体模型的作用就显得尤为重要。而自制纸模型不仅能帮助学生理解几何体的结构，还能使学生获得一个随时可以观察的成品，提高学习立体几何的兴趣，加深他们对数学知识的理解。

三、教学策略

本节课为微课欣赏课，以观看微课视频为主；教师可以在课后引导学生自主完成模型和探索相关内容。

四、教学目标

1. 了解折纸艺术及其分类，欣赏折纸作品并学习纸模型的制作。

2. 体会直角三角形的性质与平行线等分线段定理在折纸中的应用，加深对定理的理解。

3. 通过欣赏折纸作品了解和体会折制纸模型的过程，体会几何知识在生活中的应用和数学美在生活中的体现。

五、教学过程

1. 引入：通过儿童时代已经认识的简单的折纸作品（纸船、纸飞机、纸鹤等），引出折纸发展的新方向——现代折纸。

2. 给出现代折纸和组合折纸的定义，欣赏现代折纸（昆虫、人物、鸟类）与组合折纸（花球、中国龙）的一些作品。

3. 通过视频，介绍本视频折纸的材料，学习组合折纸：正四面体纸模型的制作。

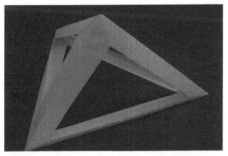

4. 提出问题：折纸过程中如何折出 60°角？通过回顾折纸过程进行证明。应用直角三角形的性质：30°角所对的直角边等于斜边的一半，则直角三角形中另一个锐角为 60°。

5. 讨论折纸过程，探讨如何得到其他能够用同样方法折制的纸模型。

6. 提出问题：如何得到边长比为 3∶1 的长方形纸？引出三（五）等分点问题，并指出证明方向：应用平行线等分线段定理。

7. 结束语：请大家欣赏折纸艺术，并体会数学之美。

第二部分　教学反思

　　通过本节微课的欣赏，能帮助学生理解平面几何的一些相关知识，并体会这些知识在其他方面的应用，加深学生对相关定理的理解，提高学生学习数学的兴趣。同时，还可以让学生了解折纸艺术的相关知识，开阔学生的视野，拓展学生的课外知识。试课过程中发现，本课程能很好地激发学生的兴趣，制作模型也能帮助学生更好地理解几何模型的特征，但是微课的视频较短，动手能力较弱的同学不能在有限的时间内学会模型的制作。若要更好地发挥微课的作用，还需教师在课后做进一步的指导。

（来源：2021年"致远杯"课堂教学大赛）

"杨辉三角"与二项式系数的性质

王 翠

第一部分　教学设计

一、教材分析

　　学生在已经学习了两个计数原理、组合及组合数的性质，学习了二项式定理、二项式系数等概念的基础上，进一步学习了二项式系数的性质。将二项式系数性质的讨论与"杨辉三角"结合起来，是因为"杨辉三角"蕴含了丰富的内容，由它可以直观看出二项式系数的性质。"杨辉三角"是我国古代数学重要成就之一，显示了我国古代人民的卓越智慧和才能，应抓住这一题材，对学生进行爱国主义教育，激励学生的民族自豪感。

　　由于二项式系数组成的数列就是一个离散函数，引导学生从函数的角度研究二项式系数的性质，便于建立知识的前后联系，使学生体会用函数知识研究问题的方法，可以画出它的图像，利用几何直观、数形结合、特殊到一般的数学思想方法进行思考，这对发现规律、形成证明思路等都有好处。这一过程不仅有利于培养学生的思维能力、理性精神和实践能力，也有利于学生理解数学知识，培养其数学应用意识。

　　研究二项式系数这组特定的组合数的性质，对巩固二项式定理，建立相关知识之间的联系，进一步认识组合数、进行组合数的计算和变形都有重要的作用。

　　制定教学重点，从杨辉三角的行列数字中发现规律，体会用函数知识研究问题的方法，理解二项式系数的性质。

二、教学目标

　　学生在学完组合数公式和二项式定理之后，具备了数学论证的基础，可以将这些知识从感性认识提升到理性认识，使学生在数学抽象、逻辑推理、运算能力等各个方面得到相应的训练。制定教学目标如下。

　　1. 通过对"杨辉三角"的初步探究，培养学生发现问题、解决问题的能力以及创新意识。

2. 通过从函数的角度研究二项式系数，体会用函数知识研究问题的方法，发展学生的学科素养。

3. 通过对"杨辉三角"的介绍，了解中国传统文化，感受我国古代数学的成就，增强学生爱国主义情操。

三、教学问题诊断分析

"杨辉三角"是现行高中数学教材中少见的数学历史材料之一，它不仅记载了数学家们一段美好而又动听的故事，还科学地揭示了二项展开式的二项式系数的构成规律，更具有许多奇妙的性质。

本节课的主要内容是探究"杨辉三角"的规律和研究二项式系数的三个性质，让学生在探究中发现"杨辉三角"的规律是本节课的一个重要内容。由于本节课是一节微课，不能根据学生的实时学习情况及时引导，同学间不能合作交流，本课采用课前预习探究、课中直观探究和课后深入探究相结合的探究方式，同时用问题串对探究的角度、方法加以引导，使探究达到了最好的效果，同时极大培养了学生的自主学习能力。

二项式系数的性质是本节课的重点，如何研究二项式系数是我们需要考虑的问题。由于二项式系数组成的数列是一个离散值函数，所以从函数的角度研究二项式系数的性质，这样便于建立知识的前后联系，使学生体会用函数知识研究问题的方法，从函数角度研究问题时，可以画出它的图像，利用几何直观、数形结合进行思考，这对发现规律、形成证明思路都有好处。

在证明各二项式系数的和的过程中，教材中运用赋值法，求证很简略，让学生记住这个结论并不难，难的是在这个学习过程中如何遵循学生的认知规律，提高学生的思维能力。基于此，让学生自己归纳、猜想各二项式系数的和，运用多种方法予以求证。

根据以上分析，制定如下教学难点及解决办法。

1. 结合函数图像，理解二项式系数的增减性与最大值时，根据数列相邻两项的比较证明二项式系数的增减性，根据 n 的奇偶确定最大值。

2. 利用赋值法证明二项式系数的和的问题。

四、教学过程

（一）温故知新

回忆二项式定理及其展开式的项数、指数、系数规律。

【设计意图】通过复习引入，调动学生已有的相关知识，对本节课的学习起到承上启下的作用。

（二）感知规律

问题1：计算 $(a+b)^n$ 展开式的二项式系数并填表，通过填表可以发现什么规律？

问题2：调整数据的位置，"横向观察"能发现这些数字的排列有什么特点？

问题 3："纵向观察"相邻两行的数字有什么规律？

问题 4：能用组合数解释这两个规律吗？

介绍"杨辉三角"，观察发现了"杨辉三角"的一些规律，并且知道"杨辉三角"的第 n 行就是 $(a+b)^n$ 展开式的二项式系数，具有"杨辉三角"同行中的规律——对称性和增减性与最大值。

【设计意图】通过教师的问题引导，使学生感受从多角度观察、认识事物。在规律的探究过程中培养从特殊到一般、从具体到抽象、从简单到复杂的推理习惯。寻找二项式系数与"杨辉三角"的对应关系。

（三）探究性质

1. 从函数角度认识二项式系数

$(a+b)^n$ 展开式的二项式系数是 C_n^0，C_n^1，C_n^2，$\cdots$，C_n^n。C_n^r 可以看成以 r 为自变量的函数 $f(r)=C_n^r$，其定义域是 $r\in\{0，1，2，\cdots，n\}$。

2. 通过函数图像研究二项式系数的性质

画出 $n=6，7，8，9$ 时的函数 $f(r)=C_n^r$ 的图像，通过图像观察再次观察二项式系数的特征，由 4 个图像均可看出它们的对称性、增减性与最大值。

3. 总结性质

（1）对称性

与首末两端"等距离"的两个二项式系数相等（$C_n^m=C_n^{n-m}$）。直线 $r=\dfrac{n}{2}$ 是图像的对称轴。

（2）增减性与最大值

由于 $C_n^k=\dfrac{n(n-1)(n-2)\cdots(n-k+1)}{(k-1)!\ k}=C_n^{k-1}\dfrac{(n-k+1)}{k}$，所以 C_n^k 相对于 C_n^{k-1} 的增减情况由 $\dfrac{(n-k+1)}{k}$ 决定。由 $\dfrac{(n-k+1)}{k}>1\Leftrightarrow k<\dfrac{n+1}{2}$ 可知，当 $k<\dfrac{n+1}{2}$ 时，二项式系数是逐渐增大的。由对称性知它的后半部分是逐渐减小的，且在中间取得最大值。当 n 是偶数时，中间的一项 $C_n^{\frac{n}{2}}$ 取得最大值；当 n 是奇数时，中间的两项 $C_n^{\frac{n-1}{2}}$、$C_n^{\frac{n+1}{2}}$ 相等，且同时取得最大值。

【设计意图】教师引导学生从函数的角度分析与论证二项式系数的性质，培养学生利用"几何直观、数形结合、特殊到一般"的数学思想方法解决问题的能力。这一过程不仅有利于培养和提高学生的数学素养，也有利于学生理解本节课的核心数学知识，发展其数学应用意识。

（3）各二项式系数和

已知 $(a+b)^n=C_n^0 a^n+C_n^1 a^{n-1}b+C_n^2 a^{n-2}b^2+\cdots+C_n^r a^{n-r}b^r+\cdots+C_n^n b^n$，在二项式定理中，令 $a=1$，$b=1$，则 $C_n^0+C_n^1+C_n^2+\cdots+C_n^r+\cdots+C_n^n=2^n$。这就是说，$(a+b)^n$ 的展开式的各个二项式系数的和等于 2^n。

【设计意图】通过观察比较要证明的等式与二项式定理的关系，大胆尝试给 a、b 赋值，再利用赋值法证明二项式系数的和。

（四）例题讲解

例题试证：在 $(a+b)^n$ 的展开式中，奇数项的二项式系数的和等于偶数项的二项式系数的和。

证明：在展开式 $(a+b)^n=C_n^0a^n+C_n^1a^{n-1}b+C_n^2a^{n-2}b^2+\cdots+C_n^nb^n$ 中，令 $a=1$，$b=-1$，

则得 $(1-1)^n=C_n^0-C_n^1+C_n^2-C_n^3+\cdots+(-1)^nC_n^n$，

即 $0=(C_n^0+C_n^2+\cdots)-(C_n^1+C_n^3+\cdots)$，所以 $C_n^0+C_n^2+\cdots=C_n^1+C_n^3+\cdots$。

即在 $(a+b)^n$ 的展开式中，奇数项的二项式系数的和等于偶数项的二项式系数的和。

【设计意图】巩固赋值法，将问题拓展到分析奇数项、偶数项的二项式系数和。

（五）归纳总结

1. 知识总结

（1）二项式系数表（"杨辉三角"）规律

（2）二项式系数的三个性质 $\begin{cases} 对称性 \\ 增减性与最大值 \\ 各二项式系数的和 \end{cases}$

2. 数学思想、方法总结

数学结合思想、函数思想、转化思想、赋值法。

3. 通过短片了解关于"杨辉三角"的数学史

【设计意图】通过课堂小结、总结与反思，使学生更好地掌握主干知识，体会探究过程中渗透的数学思想方法。通过短片拓展"杨辉三角"的悠久历史，凸显数学史教学。

（六）作业布置

1. 课堂教学目标检测

2. 课本 35 页"探究与发现"

【设计意图】布置适当作业巩固所学知识，鼓励学生继续探究杨辉三角，将探究引向深入。

五、目标检测设计

【选择题】

1. 在 $(a-b)^{20}$ 的二项展开式中，二项式系数与第 6 项二项式系数相同的项是（　　）。

A. 第 15 项　　　　B. 第 16 项　　　　C. 第 17 项　　　　D. 第 18 项

2. $(1+x)^{2n+1}$ 的展开式中，二项式系数最大的项所在的项数是（　　）。

A. n，$n+1$　　　B. $n-1$，n　　　C. $n+1$，$n+2$　　　D. $n+2$，$n+3$

3. $(1+x)+(1+x)^2+\cdots+(1+x)^n$ 的展开式中各项系数和为（　　）。

A. 2^{n+1}　　　　B. 2^n-1　　　　C. $2^{n+1}-1$　　　　D. $2^{n+1}-2$

4. $(x-1)^{11}$ 展开式中 x 的偶次项系数之和是 ( )。

A. -2048 B. -1023 C. -1024 D. 1024

5. 若 $\left(x+\dfrac{1}{x}\right)^n$ 展开式的二项式系数之和为 64，则展开式的常数项为 ( )。

A. 10 B. 20 C. 30 D. 120

6. 设 $(x^2+1)(2x+1)^9=a_0+a_1(x+2)+a_2(x+2)^2+\cdots+a_{11}(x+2)^{11}$，则 $a_0+a_1+a_2+\cdots+a_{11}$ 的值为 ( )。

A. -2 B. -1 C. 1 D. 2

【填空题】

1. 已知 $(ax+1)^n$ 的展开式中，二项式系数之和为 32，各项系数之和为 243，则 $a=$_____。

2. 在 $(1-x)^{10}$ 的展开式中，系数最大的项为_____。

3. 若 $\left(x^2+\dfrac{1}{x^3}\right)^n$ 展开式的各项系数之和为 32，则其展开式中的常数项是_____。

【解答题】

1. 已知 $(1-2x)^7=a_0+a_1x+a_2x^2+\cdots+a_7x^7$，求：

(1) $a_1+a_2+\cdots+a_7$。

(2) $a_1+a_3+a_5+a_7$。

2. 已知 $(1+3x)^n$ 的展开式中，末三项的二项式系数的和等于 121，求展开式中二项式系数最大的项。

3. 在 $(ax+1)^7$ 的展开式中，x^3 的系数是 x^2 的系数与 x^4 的系数的等差中项，如果实数 $a>1$，求 a 的值。

参考答案

【选择题】

1. B 2. C 3. D 4. C 5. B 6. A

解析：1. 第 6 项的二项式系数为 C_{20}^5，与它相等的为倒数第 6 项，二项式系数是 C_{20}^{15}，为第 16 项。

2. $(1+x)^{2n+1}$ 的展开式有 $2n+2$ 项。系数最大的项是中间两项，是第 $n+1$ 项与第 $n+2$ 项，它们的二项式系数为 C_{2n+1}^n 与 C_{2n+1}^{n+1}。

3. 赋值法，令 $x=1$，则 $2+2^2+\cdots+2^n=2^{n+1}-2$。

4. $(x-1)^{11}=C_{11}^0x^{11}+C_{11}^1x^{10}(-1)+C_{11}^2x^9(-1)^2+\cdots+(-1)^{11}$，偶次项系数为负数，其和为 $-2^{10}=-1024$。

5. 由 $2^n=64$，得 $n=6$，

$\therefore T_{r+1}=C_6^rx^{6-r}\left(\dfrac{1}{x}\right)^r=C_6^rx^{6-2r}(0\leqslant r\leqslant6,\ r\in\mathbf{N})$。

由 $6-2r=0$，得 $r=3$。$\therefore T_4=C_6^3=20$。

6. 赋值法，令 $x=-1$，则原式化为

$[(-1)^2+1]\times[2\times(-1)+1]^9=-2$

$=a_0+a_1(2-1)+a_2(2-1)^2+\cdots+a_{11}(2-1)^{11}$,

$\therefore a_0+a_1+a_2+\cdots+a_{11}=-2$。

【填空题】

1. 2

解析：由二项式系数之和为 $2^n=32$，得 $n=5$，又令 $x=1$ 得各项系数之和为 $(a+1)^5=243$，所以 $a+1=3$，故 $a=2$。

2. 第 5 项或第 7 项

解析：$(1-x)^{10}$ 的展开式中系数的绝对值即二项式系数，第 6 项的二项式系数绝对值 C_{10}^5 最大，其次就是第 5 项和第 7 项，二项式系数为 C_{10}^4 或 C_{10}^6，但第 6 项的系数为负数。故第 5 项或第 7 项系数最大。

3. 10

解析：展开式中各项系数之和为

$S=C_n^0+C_n^1+\cdots+C_n^n=2^n=32$,

$\therefore n=5$。

$T_{r+1}=C_5^r(x^2)^{5-r}\left(\dfrac{1}{x^3}\right)^r=C_5^r x^{10-2r-3r}=C_5^r x^{10-5r}$,

令 $10-5r=0$，得 $r=2$，

$\therefore$ 展开式中的常数项为 $T_3=C_5^2=10$。

【解答题】

1. 解：(1) 当 $x=1$ 时，$(1-2x)^7=(1-2)^7=-1$，展开式右边为

$a_0+a_1+a_2+\cdots+a_7$,

$\therefore a_0+a_1+a_2+\cdots+a_7=-1$,

当 $x=0$ 时，$a_0=1$，$\therefore a_1+a_2+\cdots+a_7=-1-1=-2$。

(2) 令 $x=1$，$a_0+a_1+a_2+\cdots+a_7=-1$，   ①

令 $x=-1$，$a_0-a_1+a_2-a_3+a_4-a_5+a_6-a_7=3^7$，   ②

①-②得：$2(a_1+a_3+a_5+a_7)=-1-3^7$,

$\therefore a_1+a_3+a_5+a_7=-\dfrac{1+3^7}{2}$。

2. 解：由题意知，$C_n^n+C_n^{n-1}+C_n^{n-2}=121$，即 $C_n^0+C_n^1+C_n^2=121$,

$\therefore 1+n+\dfrac{n(n-1)}{2}=121$，即 $n^2+n-240=0$,

解得：$n=15$ 或 -16（舍）。

$\therefore$ 在 $(1+3x)^{15}$ 的展开式中二项式系数最大的项是第 8、9 两项，

且 $T_8=C_{15}^7(3x)^7=C_{15}^7 3^7 x^7$，$T_9=C_{15}^8(3x)^8=C_{15}^8 3^8 x^8$。

3. 解：x^2 的系数是 $C_7^2 a^2$；x^3 的系数是 $C_7^3 a^3$；x^4 的系数是 $C_7^4 a^4$；

根据题意，有 $2\times C_7^3 a^3=C_7^2 a^2+C_7^4 a^4$,

即 $5a^2-10a+3=0$，解得 $a=1\pm\dfrac{\sqrt{10}}{5}$,

由于 $a>1$，所以 a 的值为 $1+\dfrac{\sqrt{10}}{5}$。

第二部分　教学反思

本节课在"杨辉三角"规律的探究基础上，结合最近发展区理论，启发学生从横向、纵向等不同角度发现新知，进而归纳出一般数阵的观察方法。

在突破二项式系数的增减性这一难点时，先观察、猜想，从特殊到一般，属于合情推理，再用数学符号表示，借助已学的公式、性质，结合比较法、分析法的思路，经过符号运算、变形，属于演绎推理。这样，让合情推理和演绎推理交织进行，思路清晰，有益于培养学生的逻辑推理素养。

在信息技术方面，本节课完全采用专业视频剪辑软件 Camtasia 制作，利用其 MG 动画效果将 PPT 所有元素导入后生成动感十足的动画效果，配合清新轻松的讲解与配乐，将"杨辉三角"与二项式系数的性质这一抽象问题形象化、动态化呈现，使数学知识在图像、声音和动画的配合之下实现可视化效果，易于学生接受。本节课在使用微视频的过程中也有一些不足，由于视频连续播放，学生独立思考的时间减少了，部分内容变成了被动接受。本微课更适合学生自学后观看或在课后复习时使用。

（来源：2021 年"致远杯"课堂教学大赛）

一元二次方程根的分布

李莎莎

第一部分　教学设计

一、教材分析

一元二次方程根的分布作为高中数学的重要知识点之一，在基础代数理论被引入高中数学时便被提及，具有重要的意义。一元二次方程根的分布问题是一类初等代数的经典问题，这一问题的解决核心在于如何对方程中的含参变量进行限定和讨论，从而确定这一根在实轴上的位置。即给定一元二次方程 $ax^2+bx+c=0$，从代数角度来看，其根值为这一方程的解；从几何角度来看，其根值为一元二次函数 $y=ax^2+bx+c$ 与 x 轴的交点横坐标。由于方程参数的不同，可能会存在一个、两个或者没有交点这三种情况，而交点横坐标也被称为函数的零点。所以本节课所探究的一元二次方程根的分布问题，就是研究交点在 x 轴上的具体位置。

二、学情分析

一元二次方程根的分布是学生学习了函数零点的概念、零点存在性定理之后，应用函数零点存在性定理解决一元二次方程根的分布的有关问题。对于一元二次方程根的情况，学生在初中学习过根的判别式与韦达定理，能够解决一些简单问题。对于二次函数的图像学生是熟悉的，这些知识为顺利地学习一元二次方程根的分布奠定了基础。但是如何突破初中解决问题的习惯思维，而采用函数图像法是教学的难点。

三、教学策略

本节课的教学重点是用图像法解决一元二次方程根的分布问题，教学难点是如何引导学生在初中已经习惯的韦达定理法转变为函数图像法。为突出重点，突破难点，通过例题变式，由利用熟悉的韦达定理解决问题，由易到难，逐步过渡到利用一元二次函数图像解决问题。

四、教学目标

（一）教学目标

学会利用一元二次函数图像求解一元二次方程根的分布问题。

（二）目标解析

1. 了解图像法从哪些角度思考问题。
2. 掌握图像法的实质是零点存在性定理的应用及二次函数图像与方程的关系。

五、教学过程

（一）知识回顾

判别式 $\Delta = b^2 - 4ac$	$\Delta > 0$	$\Delta = 0$	$\Delta < 0$
一元二次方程 $y = ax^2 + bx + c$ （$a > 0$）的图像			
一元二次方程 $y = ax^2 + bx + c$ （$a > 0$）的根	有两相异实根 x_1，x_2 （$x_1 < x_2$）	有两相等实根 $x_1 = x_2$	没有实根

师生活动：引导学生回顾三个二次之间的关系。

【设计意图】为下面学习一元二次方程根的分布打好基础。

（二）问题探究

例1：已知关于 x 的方程 $x^2 + 2(m-1)x + 2m + 6$ 有两个不相等的实数根，

问题1：若两根都大于 0，求 m 的范围。

变式1：若两根都小于 0，求 m 的范围。

问题2：若两根都小于 2，求 m 的范围。

变式1：若一个根大于 2，一个根小于 2，求 m 的范围。

师生活动：对于问题1，学生自然想到初中学习过的求根公式法或者韦达定理。对于问题2，学生可能继续用韦达定理法，发现不方便，可引导学生画出二次函数的图像，利用二次函数图像法去解决。学生分组讨论，最后进行表述。教师引导学生比较韦达定理法与函数图像法两种方法的区别与联系。

【设计意图】先讨论问题1，即讨论两根与零的关系，逐步研究到两根与 k 的关系。从韦达定理法过渡到函数图像法。通过变式追问，使学生明确图像法的实质是零点存在性定理的应用及二次函数图像与方程的关系。

问题3：若一根在区间 $(0, 1)$ 内，另一根在区间 $(1, 4)$ 内，求 m 的范围。

变式1：若两根均在区间 $(0, 4)$ 内，求 m 的范围。

变式2：若两根分别在区间（0，4）外的左右两侧，求 m 的范围。

师生活动：教师通过引导学生画出函数的图像，学生分小组讨论，最后进行表述。

【设计意图】通过变式追问、举例，使学生进一步明确利用函数图像法从哪几个角度列出限制条件，何时需要判别式和对称轴。使学生进一步明确函数图像法考虑问题的几个方面，即区间端点函数值的正负；判别式的正负；对称轴与区间端点的大小比较。由浅入深地从韦达定理法过渡到函数图像法。

（三）知识应用

问题4：已知二次函数 $f(x)=(m+2)x^2-(2m+4)x+3m+3$ 与 x 轴有两个交点，一个大于1，一个小于1，求实数 m 的取值范围。

师生活动：学生自主练习交流，教师巡视，点评。

【设计意图】知识运用，强化理解。通过练习，学生学会用函数图像法解决一元二次方程根的分布问题。

（四）课堂小结

问题5：一元二次方程根的分布一般要考虑哪几点？

（1）一元二次函数的开口方向。

（2）一元二次函数方程的根的判别式。

（3）一元二次函数图像的对称轴与区间的关系。

（4）一元二次函数在区间端点处函数值的符号。

师生活动：引导学生总结一元二次方程根的分布一般要考虑哪几点。

【设计意图】总结知识和方法。

（五）作业设计

1. 完成一元二次方程 $ax^2+bx+c=0(a>0)$ 根分布总结的表格。

表一：两根与 0 的大小比较，即根的正负情况

情况分布	两根都小于 0 （$x_1<0$，$x_2<0$）	两根都大于 0 （$x_1>0$，$x_2>0$）	一个根小于 0，一个根大于 0 （$x_1<0<x_2$）
大致图像			
条件			

表二：两根与 k （$k \neq 0$）的大小比较

情况分布	两根都小于 k （$x_1 < k$，$x_2 < k$）	两根都大于 k （$x_1 > k$，$x_2 > k$）	一个根小于 k，一个根大于 k （$x_1 < k < x_2$）
大致图像			
条件			

表三：根在区间上的分布

情况分布	一根在 $(m，n)$ 内， 另一根在 $(p，q)$ 内	两根都在 $(m，n)$ 内	两根分别在 $(m，n)$ 左右 两侧
大致图像			
条件			

2. 已知关于 x 的二次方程 $x^2 + 2mx + 2m + 1 = 0$。

（1）若方程有两根，其中一根在区间 $(-1，0)$ 内，另一根在区间 $(1，2)$ 内，求 m 的范围。

（2）若方程两根均在区间 $(0，1)$ 内，求 m 的范围。

3. 已知方程 $2x^2 - (m+1)x + m = 0$ 有两个不等正实根，求实数 m 的取值范围。

第二部分 教学反思

1. 本节课需要学生掌握三个二次之间的关系、零点存在性定理等相关知识，为后面的探究奠定基础。学生由易到难、由浅入深，从利用韦达定理法到利用函数图像法解决问题，让学生体会到了函数图像法的优势。

2. 注重变革式教学。教师在课堂教学中加强对教材的研究，探究例题教学，并且注重变式教学，让学生理解本质，学会举一反三。本节课通过问题变式、层层追问，追问为什么用根的判别式和对称轴，什么情况下要用根的判别式，使得解决一元二次方程根的分布问题由韦达定理法自然过渡到函数图像法。在解题的思路较多的情况下，还可以引导学生对方法的优劣进行比较，让学生领悟选择方法的重要性。除了在课堂上教师给出的变式，还可以让学生想想其他的情况，并尝试解决，给学生更多的自主发现和解决的机会。

3. 教学中渗透数学思想，培养学生数学思维。在本节课中学生要能画出函数的大致图像，通过观察分析函数图像，解决问题，涉及数形结合、分类讨论等数学思想方法。所以课堂教学中还需要引导学生重视画函数的图像。

（来源：2022年"致远杯"课堂教学大赛）

英语组

Unit 4　Meeting the muse 基础知识回顾

谭宏叶

第一部分　教学设计

一、教材分析

本单元的主题语境是"人与社会"，涉及的主题语境内容是艺术的灵感。本单元通过个人故事、海报等多模态语篇介绍了不同领域的世界名人，如画家达·芬奇、毕加索，雕塑家奥古斯特·罗丹，诺贝尔文学奖获奖作家莫言，视觉艺术家弗洛伦泰因·霍夫曼，作曲家谭盾和舞蹈家杨丽萍等，讲述了这些名人的著名作品和他们获得灵感的来源，还介绍了这些名人的感悟；同时，本单元也探讨了科技和艺术之间的关系。本单元旨在通过"艺术"这一话题，引入相关词汇与语法结构，实现单元总目标，即引导学生在了解这些名人的成功事迹后，能勇于探索生活，创造和发现生活的美，发现自己的人生价值，用执着的精神去实现人生理想。

二、学情分析

本次授课对象为海口市第一中学 2022 届高三（4）班的学生，学生选科偏理。通过高中两年的学习和训练，学生已经掌握了一定的归纳概括能力，但对于一轮复习，尤其是新课标下基于主题意义的大单元整体复习没有什么概念，复习还存在机械化、碎片化的问题。因此，本节课旨在通过复习单元词汇、词块、句型及课文，并让学生基于单元主题用思维导图的形式归纳整合单元子话题，帮助学生进一步理解、概括单元主题意义以及单元语篇之间的内在逻辑，从而能够将本单元所学词汇和句型灵活地运用到口头和书面表达中去。

三、教学策略

大单元教学下如何进行高三一轮复习一直是我们思考的问题，《普通高中英语课程标准》明确提出：重视以学科大观念为核心，使课程内容结构化，以主题为引领，使课程内容情境化，促进学科核心素养的落实。因此，一轮复习务必做到基于主题、依托语篇，从而内化必备知识。本节课基于此理念，通过任务型教学法，帮助学生进一步理解、概括单元主题意义，并在主题意义下将大单元主题分成几个子主题，接着在子主题下梳理重点句型和表达，最后学会在不同子主题意义下运用这些句型和表达。

四、教学目标

通过本节课的学习，学生能够：

1. Sort out the theme and three sub-themes of the unit.

2. Comb the key sentence patterns and expressions covering three sub-themes.

3. Apply them to summarizing the three sub-themes.

4. Use the language learnt to conduct an interview.

五、教学流程

（一）Leading-in

Activity 1：Start the class with a quote and invite a student to talk about his/her understanding of the quote to arouse students' interest.

Activity 2：Students have reviewed the textbook, finished their homework of reviewing words and expressions of this unit，and finished the mind maps of the content and key sentence patterns of this unit before class.

（二）Sort out the theme and three sub-themes of the unit

Activity 3：Ask students to exchange their mind maps with their group members.

Activity 4：Invite one student to share his/her mind map on the screen.

Activity 5：Ask another student to comment on the mind map.

（三）Comb the key sentence patterns and expressions covering three sub-themes

Activity 6：Ss discuss in groups and sort out some key sentence patterns and expressions to show the theme and sub-themes.

Activity 7：Invite some group leaders to share their sentence patterns.

Activity 8：Summarize those sentence structures picked out by Ss and show more patterns for Ss' reference.

Activity 9：Ask Ss to study the handout and finish three translation exercises to consolidate their understandings and using of those patterns and expressions under different sub-themes.

Activity 10：Invite three students to share their answers and make comments on Ss' translation.

(四) Conduct an interview

Activity 11：Organize Ss to conduct an interview with Van Gogh，one student act Van Gogh，others are interviewers to ask questions.

Activity 12：Make some comments on student's performance.

(五) Assignment

Activity 13：Review the words and expressions learnt today and use some of them to write a short passage about "What might inspire you to create an artwork?"

第二部分　教学反思

　　作为一节一轮复习课，本节课的亮点在于思维导图的运用，将一个大单元整合为主题语境下的一个整体概括，同时设计了内容丰富、形式多样的学案来帮助学生更快地复习和巩固本单元基础知识。但课堂没有给学生充足的时间去内化，导致学生在后面的翻译环节过度依赖学案，在学案上找答案，且产出活动比较单一，只有三段翻译练习。另一个遗憾就是在单元子话题的概括上，教师的概括限制了学生的思维，没有看到学生更多有创造性的整合方式，每个人对于单元主题意义下各语篇之间的内在联系和逻辑理解是不一样的，教师应尝试引导、鼓励学生给出不同的思维导图和概括方式。

（来源：2021年"凤凰杯"课堂教学大赛）

Meeting the muse

吕亭云

第一部分　教学设计

一、教材分析

　　本单元的主题语境是"人与社会"，涉及的主题语境内容是艺术的灵感。本单元介绍了不同领域的世界名人，如画家达·芬奇、毕加索，雕塑家奥古斯特·罗丹，美学家朱光潜，视觉艺术家弗洛伦泰因·霍夫曼，作曲家谭盾和舞蹈家杨丽萍等，讲述了这些名人的著名作品和他们获得灵感的来源，还介绍了这些名人的感悟；同时，本单元也探讨了科技和艺术之间的关系。本单元旨在通过"艺术"这一话题，引入相关词汇与语法结构，实现单元总目标，即引导学生在了解这些名人的成功事迹后，能勇于探索生活，创造和发现生活的美，发现自己的人生价值，用执着的精神去实现人生理想。

二、学情分析

　　上课学生已经有一定的词汇积累，对七册上英语书的词汇已经进行过系统全面地记忆，写作这块基本上能够做到仔细审题，打开思路并按写作要求完成写作任务，但是对艺术方面的写作不论是词汇还是思路上都会遇到一些障碍，尤其是对某一绘画作品的描述，不知道如何欣赏画作，不知道从哪些方面描写。

三、教学策略

　　依托外研版必修三第三单元 Amazing art 以及选择性必修一第四单元 Meeting the muse，尤其是后者，系统梳理词汇、短语和句型后，学生通过阅读艺术作品介绍的相似文章，归纳描述艺术作品的维度以及常用词汇和句型等，最后在小组讨论后独立完成其中一幅绘画作品的描述和介绍。

四、教学目标

Upon finishing this period，students should be able to：

1. Brainstorm what they should write by focusing on the three aspects （artist，artwork and comment）—what to write.

2. Identify and underline some expressions and sentences in the sample writing and try to use them in their own writing—how to write.

3. Appreciate the given artwork in groups and write a description essay individually—get ready to write and practice writing.

4. Check whether they have followed the three aspects in their writing with each other—self-check and share.

五、教学流程

Activity 1 Review

Step 1 Ss review the words and expressions they summarized last period.

Step 2 Ss put the words and expressions into different groups：artist，artwork and comment.

Activity 2 Read and think

Step 1 Ss read the following writing requirements.

*The school English newspaper is having a writing competition about a well-known artist. Please write a **description essay** with about 80 words to introduce an artist and his/her artwork. Please include the following aspects：*

1. The artist.

2. His/her well known work.

3. Your comment on the work.

Step 2 Ss discuss the following questions.

1. How can you develop the above aspects into an essay with about 80 words?

2. What topics can you write related to the above three aspects?

Activity 3 Read and learn

Step 1 Ss read a sample writing and tell what each paragraph is about.

Pablo Picasso and Guernica

Pablo Picasso is a Spanish painter，who is most widely known for his paintings. He is regarded as one of the most influential figures of the 20th century，in terms of art，and art movements that occurred over this period.

Throughout his life，Picasso created numerous paintings，among which is his masterpiece—Guernica，probably his best-known painting of all time. In this painting we can see many images such as a bull, a horse, a light bulb and a dead or wounded man lying on the ground. They are all in great misery. What Picasso was trying to convey with these images has been interpreted differently. But one thing is for sure—this masterpiece perfectly illustrates the cruelty of the Second World War. Picasso's inspiration for this huge and breathtaking painting came from his protest against this war, during which the town Guernica in Spain was attacked by the Nazis. Witnessing people everywhere suffering from terrible pain, Picasso created this masterpiece to show his anger and people's fear towards any war.

What left me the deepest impression is the incredibly painful expressions shown in this painting, especially the frightened mother carrying her child in her arms. I think the message behind this work is quite obvious: it is peace not war that we all long for.

Step 2 Ss tell what each paragraph is about.

Para 1: the artist: Pablo Picasso.

Para 2: his artwork: Guernica.

Para 3: the writer's comment.

Step 3 Ss read the sample writing again and add more supporting details about what to write about the above three topics: the artist, the artwork and the comment.

Artist: who, nationality, major achievements.

Artwork: name, the image in the artwork and the inspiration of this work.

Comment: feelings, impression this work leaving on you and the message the artist intends to convey.

Step 4 Ss make a summary about how to describe an artwork by completing the following mind map.

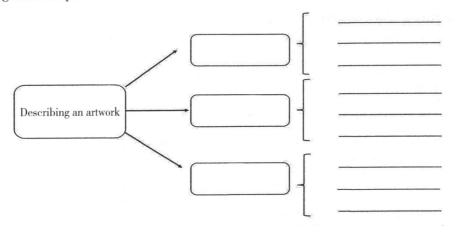

Step 5 Read the above passage again and try to underline some sentences about introducing the artist, describing an art work, making comment on that artwork.

Step 6 Complete the following passage with the help of the Chinese.

Pablo Picasso _____

（西班牙画家，因其绘画作品最广为人知。）_____

（他被认为是 20 世纪最有影响力的人物之一），in terms of art，and art movements that occurred over this period.

（毕加索一生创作了无数的艺术作品，代表作《格尔尼卡》就是其中之一），probably his best-known painting of all time. _____

（在这篇作品中我们可以看到很多）images such as a bull，a horse，a light bulb and a dead or wounded man lying on the ground. They are all in great misery. What Picasso was trying to convey with these images has been interpreted differently. But one thing is for sure—this masterpiece perfectly illustrates the cruelty of the Second World War. _____（毕加索创作这幅巨作的灵感来自）his protest against this war，during which the town Guernica in Spain was attacked by the Nazis. Witnessing people everywhere suffering from terrible pain，Picasso created this masterpiece to show his anger and people's fear towards any war.

（给我留下最深的印象的是）is the incredibly painful expressions shown in this painting，especially the frightened mother carrying her child in her arms. _____
_____（我认为这篇作品的信息是：我们渴望和平，而不是战争）.

Activity 4 Appreciate and write

Step 1 Ss work in groups to appreciate the artwork given to their groups （the art-works are the ones in this unit）.

Step 2 Ss can refer to some background info at the back of the artwork.

Step 3 Ss have a discussion in group on what to write.

Step 4 Ss write to complete the writing task individually.

Activity 5 Check and share

Step 1 Ss first check their writing based on the following writing criteria and score their writing.

Self-check list	Scores
1. Have I talked about the artist? （name，nationality，status）	20
2. Have I talked about his/her artwork? （name，images，colors and materials used，inspiration，the type of artwork…）	25
3. Have I made the comment on the work? （message，impression，feeling…）	20
4. Have I made any grammatical mistakes? （spelling，punctuation，capitalization）	15
5. Have I used any linking words or sentences to make my writing go smoothly? （from this painting，in my opinion，I think…）	15
6. Am I satisfied with my handwriting?	5

Step 2 Ss work in groups to check their wring for each other and recommend the

best one in their group.

Step 3 Ss share the best writing in front of the whole class.

Activity 6 Summary and homework

Step 1 Ss recall what has been learned in this period.

Step 2 Homework assignment.

第二部分　教学反思

一、教学亮点

授课教师上课思路清晰：呈现写作任务、分析写作要求、解读艺术品、完成写作、写作评价、总结反思。教学环节环环相扣、层层铺垫：通过呈现写作任务、弄清写作要点、分析要点拓展方向等逐渐推进；提供阅读写作平行文本，帮助学生拓展写作要点，引导学生总结写作"三点九面"——三大要点和九大方面；引导学生再次阅读平行文本，梳理与描写艺术作品相关的表达语和句型；小组合作从三大要点和九大方面分析艺术作品；独立完成写作和自评；小组互评和全班共享。

授课教师循循善诱，引导启发。每一个教学环节，授课教师都是通过问题链的方式，启发学生主动思考。授课教师及时有效地进行反馈，为下一步的教学做好铺垫。

学生表现可圈可点，首先他们高效地完成了思维导图，在介绍艺术作品方面打开了思路，同时通过再次阅读范文和完成翻译练习，巩固了写作的词汇和句型。此外，他们通过小组合作，快速选定了自己想要介绍的作品，并在规定的时间里下笔成文。最后，他们能够对自己的作文进行自评和他评，并推荐出了小组的优秀作文在课堂上展示。

二、改进之处

首先，教师教学用语方面还有待提升，建议使用短语、短句和简单用词，代替复杂单词和长难句表达，确保尽可能多的学生能够听懂；其次，在优秀作品全班同学分享环节，建议该同学的小组成员代表来点评和分享而不是授课教师点评；最后，在艺术作品的选择方面，建议授课教师增加国内的艺术家的作品占比，以培养学生把中国优秀的艺术品推向世界的能力。

（来源：2022 年"凤凰杯"课堂教学大赛）

Unit 3　Faster，higher，stronger

陈美玲

第一部分　教学设计

一、教材分析

（一）内容
新外研版高中英语选择性必修一 Unit 3 Faster，higher，stronger。

（二）内容解析

1. 单元主题
本单元主题语境是"人与社会"，涉及的主题语境内容是在运动竞技领域，每个人都可以通过自身的努力和强大的团队精神，实现"更快、更高、更强"的体育精神。本单元从不同的角度，介绍了不同国家的杰出运动员或运动团队，包括许海峰、Wayne Gretzky、Yelena Isinbayeva、Stephen Curry、中国女排等，讲述了他们是如何凭借永不放弃的信念、坚持不懈的努力、钢铁般的意志和团结一致的团队力量赢得比赛、超越自我、走向成功的。通过本单元的学习，学生能够对自我提出更高的要求，并通过自己的努力实现目标。

2. 单元内容

语篇	语篇类型	语篇内容	语篇主题
Starting out：Three important sport events	视频	简述了世界上三大体育赛事，分别是奥林匹克运动会、国际足联世界杯和世界一级方程式锦标赛的起源、发展和社会影响。	三大赛事为运动员们提供了共同竞技的舞台，其发展历程也体现了单元主题——不断追求更好的"自己"。
Starting out：Xu Haifeng, Wayne Gretzky, Yelena Isinbayeva	图文	概括了中国射击运动员许海峰、加拿大冰球运动员 Wayne Gretzky、俄罗斯撑杆跳运动员 Yelena Isinbayeva 的基本信息、国籍、身份及所取得的体育成就。	感知运动员身上体现的体育精神，初步思考给自己带来的启示和影响。

续表

语篇	语篇类型	语篇内容	语篇主题
Understanding ideas: The road to success	新闻报道	介绍库里的成功之路。	成功是与自信、努力和毅力等优秀个人品质紧密相连的。
Using language: Etenesh Diro	短文	Etenesh Diro 在一场比赛中如何应对意外情况，展现运动精神的真谛。	运动员在比赛中展现运动精神的真谛——无论输赢，面对困难、克服困难、坚持完赛也同样值得掌声。
Using language: sports role models	听力——语音留言、对话	老年运动俱乐部；介绍劳伦斯奖，对话讨论 Usain Bolt、Andy Murray、Lebron James 谁将获奖。	运动模范是指能体现真正的运动精神——更高、更快、更强，能影响世人的杰出运动员/团队。
Developing ideas: the return of the champions	新闻报道	介绍中国女排如何凭借坚韧不拔的毅力和奋斗精神以及团队精神战胜困难，赢得各类国际赛事，成为名副其实的世界冠军。	运动赛事中取得运动成就需要团队的共同努力。团队精神是运动精神的重要组成部分。
Writing a sporting moment	场景描写	一项 4×100 米接力赛的比赛场景。	运动赛事中取得运动成就需要团队共同努力。
Presenting ideas	辩论	参加比赛与赢得比赛，何者更为重要？	拼搏的过程比赢更重要。

3. 单元主题内容整合

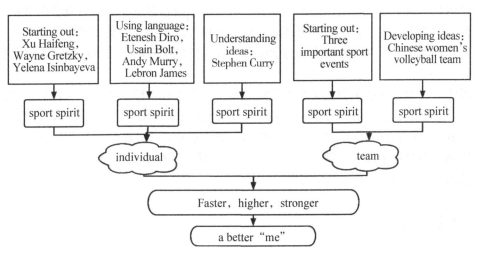

教学重点：Students can extract the theme from the contents of the unit and build up theme-based corpus.

二、学情分析

授课班级为高三（23）班及（26）班，普通班的学生层次处于中等偏上水平，单元新课的学习停留在各部分内容较为碎片化的理解，以及两大主语篇库里与中国女排的成功事迹与运动精神的表层理解。因此课前预习工作是让学生在大单元整体结构图的指引下，分组整合与提炼单元多模态语篇，感知各语篇在内容上对单元主题的呈现。

三、教学策略

本节课的设计理论基础源于英语学习活动观，大单元整体教学。

英语学习活动观是指学生在主题意义引领下，通过学习理解、应用实践、迁移创新等一系列体现综合性、关联性和实践性等特点的英语学习活动，基于已有知识，依托不同类型的语篇，在解决问题的过程中，运用学习策略，学习语言知识，发展语言技能，理解文化内涵，提升思维品质和价值判断。

单元整体教学是指教师基于课程标准，围绕特定主题，对教材等教学资源进行深入解读、分析、整合和重组后，结合学习主体的需求，搭建起的一个由单元大主题统领、各语篇次主题相互关联、逻辑清晰的完整教学单元，使教学能够围绕一个完整的主题设定单元目标，引导学生基于对各单独语篇小观念的学习和提炼，逐步建构基于该单元主题的大观念。

此外，在英语学科大观念中，学生既要建构语言大观念，即形成对语言和语言学习的基本认识与对相关策略和方法的概念提炼，为有效进行语言表达和解决问题做准备，更要建构和生成主题大观念，即围绕主题、结合所学内容形成深层认知与多角度认识和理解世界的能力，做出正确的价值判断，为立德树人、知行合一奠定基础。语言大观念和主题大观念的有机融合可以直接为学生解决真实情境中的问题提供思路、方法和行动指南。

因此，在本节聚焦主题意义的单元复习课中，学生以主题意义探究为目的，以语篇为载体，在理解和表达的语言实践活动中，融合知识学习和技能发展，通过感知、预测、获取、分析、概括、比较、评价、创新等思维活动，构建结构化知识，在分析问题和解决问题的过程中发展思维品质，形成文化理解，塑造学生正确的人生观和价值观，促进英语学科核心素养的形成和发展。

四、教学目标

By the end of this class, students will be able to:

1. Sort out the thematic structure and extract the theme of the unit.

2. Build up theme-based corpus of the unit.

3. Apply the theme-based corpus in real situation.

4. Be inspired to keep fighting for a better future when facing challenges.

教学难点：Students can apply what they have reviewed in real situation.

五、教学过程

教学目标	活动形式与步骤	活动意图	活动层次	时间
1. By the end of this class, students will be able to sort out the thematic structure and extract the theme of the unit.	**Activity 1 Lead in** Ss watch a video and answer questions：What sport event is mentioned? Do you know the motto of the event?	Ss can be led into today's topic and ready for the following activities.	感知与注意	3 mins
	Activity 2 Thematic structure of the unit Ss exchange their preview in groups. All groups present their mind maps of each part. Ss evaluate their works of preview. Ss read the expressions of sport spirit in individual and team together，and pay attention to their similarities. Ss summarize what do these sports role models experience on their road to success.	Ss can show their understanding of the contents and perception of the theme of the unit. Ss can practice their abilities of comparison and summarizing information. Ss can improve their understandings of the contents and the theme of the unit.	感知与注意 获取与整合	10 mins
2. By the end of this class, students will be able to build up theme-based corpus of the unit.	**Activity 3 Build theme-based corpus** Ss work in groups to collect the details reflecting challenges, efforts, progress in sports role models' road to success. (Group 1—3 go to the "individual" parts; Group 4—5 focus on "team" section) One group from each section（"individual" or "team"）presents, and the rest see if they have more to add.	Through purposely searching for the expressions of the theme, Ss can not only build up theme-based corpus, but also form a deeper understanding of the theme. Ss can be prepared to talk about other examples in real situations.	获取与整合 分析与判断	15 mins

续表

教学目标	活动形式与步骤	活动意图	活动层次	时间
3. By the end of this class, students will be able to apply the theme-based corpus in real situation.	**Activity 4 Application** Ss apply what they have learned to talk about at least one role model in the real situation： (1) Eileen Gu. (2) Student in grade 3. (3) China. Ss present，and the rest listen carefully to check if the presenter use the theme-based corpus.	Ss can enhance what they have reviewed in real situation.	内化与应用 迁移与创新	10 mins
4. By the end of the class, students will be able to be inspired to keep fighting for a better future when facing challenges.	**Activity 5 Summary** Ss understand deeper the theme of the unit and summarize the class.	Ss can be inspired to keep fighting for a better future when facing challenges.		2 mins

第二部分 教学反思

作为一轮复习课，在教学活动设计中，本节课指导学生在课前预习，通过思维导图引导学生自主学习。课上通过问题链引导学生梳理单元主题框架，加强学生对单元的深层次认知，从而构建英语学科观念中的主题大观念。随后，在思维导图与问题链的引导下，学生深入各个多模态语篇挖掘、建立主题语料库，形成语言大观念。两个活动为后续迁移创新活动提供了主题与语言支架，更加有助于在新的语境中分析、解决问题。之后，在应用实践活动中，选取了优秀的运动员让高三学生去应用所学。最后迁移创新到中华民族伟大复兴的中国梦，这是对单元主题进行迁移与创新的输出活动。以上三个语境都是学生认知里的真实语境，因此在前面活动的主题与语言支架下，学生生成新的认知，英语学科核心素养落地！

本次"凤凰杯"课堂教学大赛中我的教学感悟与收获满满。首先教学应以学生为主体。新课标下的英语课堂应更多地关注学生，以学生为中心。在备课前应对学情进行充分分析，了解学生当前已知的信息与未知的知识，及期待学习的内容。在备课时也应当心系学生的学情，由此设计出来的课堂才符合学生的认知水平，实现有效课堂。尤其是高三复习课，时间紧迫，只有充分了解学生，才能教授学生真正需要的知识，帮助学生高效备考。此外，教研时刻相结合。此次公开课让我感悟最深的还是一名优秀的老师不仅要扎根在课堂上，更要畅游在知识的海洋里，追寻理念之光。本节课的设计理念是将英语学习活动观与大单元教学设计相结合，因此这堂公开课的准备给了我一次充分学习的好机会。由于平时学校事务较多，所以久而久之不可避免地会出现教学方法方式的固化，甚至落后。因此，教学理念的学习能够指导老师运用于自己的教学中，帮助学生更加高效、有效地学习。通过公开课的准备，更是能敦促老师将所学切实用于实践之中，并且检测自己对理念的理解是否到位，从而不断提升个人的教学与教研水平！

我国最早的教育著作《学记》中说："学然后知不足，教然后知困。知不足，然后能自反也；知困，然后能自强也。"对于年轻老师而言，一次次的课堂诊断与课后反思都是一次次进步，珍惜每一次的成长，也感谢科组老师的帮助、学校的培养。

（来源：2022 年"凤凰杯"课堂教学大赛）

2022 年新高考海南卷读后续写 David's Run

郑茂怡

第一部分　教学设计

一、教材分析

1. 主题语境：人与自我。

2. 语篇类型结构：记叙文。原文清晰地呈现出故事发展的逻辑——开端—发展—高潮—解决—结局。

3. 语篇研读：该文本为 2022 年新高考读后续写原题，讲述了一次越野比赛中，由于教练的"好心"，脑部疾病引发腿部残疾的男孩 David 担心自己参加越野赛会被嘲笑，决定放弃比赛，作为他的老师"我"见证了 David 的毅力和为这次比赛所做出的努力，并为他的坚强意志而骄傲。老师走过去和 David 挨着坐下来，故事由此展开。通过原文与两个段首句可猜测在老师的鼓励下，David 改变主意，决定参加比赛。第二段续写David 勇敢完成比赛，"我"感到惊喜、感动、开心与自豪。

二、学情分析

授课班级为高三（25）班，学生英语学习基础较好，学习英语的热情高涨。学生在先前的学习中已了解记叙文的文体特点，有一定的写作词汇量和写作基础。但是，日常读后续写存在的问题主要有学生续写部分与原文的协同度不一致、逻辑性较差、词汇表达匮乏等。主要原因在于学生未能捕捉并且解读原文本中的重要信息，导致故事情节发展偏题、情景设计不流畅、语言风格不一致、细节描写不够细致、词汇表达简单晦涩等问题。

三、教学策略

《普通高中英语课程标准（2017 年版）》指出，完整的教学活动包括教、学、评三个方面。"教"是教师把握英语学科核心素养的培养方向，通过有效组织和实施课内外教与学的活动，达成学科育人的目标；"学"是学生在教师的指导下，通过主动参与各种语言实践活动，将学科知识与技能转化为自身的能力和素养；"评"是指教师依据教学目标确定评价内容和评价标准，通过组织和引导学生完成以评价为导向的多种评价活动，以此监控学生的学习过程，检测教与学的效果，实现以评促学、以评促教。"教—学—评"一体化是指将英语学科核心素养转化为具体的课堂教学目标和课堂实践活动，以教学目标为导向设计教学，在课堂教学活动中体现教学评价的动态性、发展性、综合性、形成性等特点，实现课堂教学与评价的融合统一。作为外研版高中英语选择性必修一 Unit 3 Faster，higher，stronger 大单元复习单元写作 writing a sporting moment 写作任务，本节课主要要求学生结合第一节课复习词汇和表达完成 2022 年新高考海南卷读后续写 David's Run 第二段的写作和评价。"教—学—评"一体化旨在将教师的教、学生的学与学习成效三者紧密关联起来，最终实现英语学科核心素养落地生根。

四、教学目标

1. Knowledge objectives

Make the students master the following expressions in the unit and apply them to the continuous writing.

Important expressions：Strain to run，give one's all to the fight，joy and pride，show a strong will and steeliest nerves，perseverance，perform beyond one's expectation，paint the most vivid portrait of the competitive spirit，be on one's feet，go wild，cheer/applaud/embrace，with tears of happiness in the eyes，be caught in the excitement，a huge wave of excitement，lungs would burst，break/burst into applause，atmosphere，electric，intense，etc.

2. Ability objective

Learn to read a passage for main idea and specific idea of a story. Predict and create a logical and reasonable ending of a story. Learn to find the theme of the given passage. Write a sporting moment and make assessments.

3. Affective objectives

Enable the students to develop a positive life outlook of struggling and never giving up.

五、教学流程

教学目标	活动形式与步骤	活动意图	活动层次	时间
Students will be aware of the topic of the class and prepared for the class.	**Task 1 Lead in** Ss watch a video about school sports meeting. Q：Do you like sports? How do you feel about these sporting moments?	激活学生已有的背景知识，激发学生对未知的兴趣，引入本单元大单元主题——运动精神。	感知与注意	1 min
Students will be able to predict and read to get the key information in the story.	**Task 2 Predict and read** Predict the title and read the passage for the main idea. T：What do you expect to learn from the title of a story? Who are the main characters? When did it happen? Where did it happen? What happened to David? Ss present their preview for main idea, characters, time, and place of the story. Ss skim the passage and realize the key information shown in the given story.	学生通过预测话题获知记叙文六要素，并通过扫读文本获取故事的基本信息，引出David 面临的挑战，引 出 Challenge—breakthrough—growth，学生感知人物成长。	感知与注意 获取与梳理 概括和整合	4 mins
Students will be able to get some detailed information by carefully reading and know how to infer from the given story, develop a positive life outlook of struggling and never giving up.	**Task 3 Read for the plot and emotion** Read the passage and finish the story line. T：give some questions to guide Ss. Q1：How does a story develop? Q2：What is emotion of David and I? Q3：Can we conclude the personality of David and the teacher? Ss are invited to give a presentation personally. Ss find the theme of the story—To be a better me.	通过思维导图和问题链引导学生进行基于信息获取的细节阅读，进行文本结构化梳理，帮助学生感知并理解语言所表达的意义和语篇所承载的文化价值取向。	获取与梳理 概括和整合 分析与判断	7 mins

续表

教学目标	活动形式与步骤	活动意图	活动层次	时间
Students will be able to infer from the passage, predict the plot and design the ending.	**Task 4　Predict and design the ending** Discuss in groups and fill in the chart. T：What will happen? Ss read the two given sentences and find out the key information. Work in groups to discuss with partners and predict the continuous part according to the key information and write down the plot. Some questions are given to guide. Q1：Why wouldn't David look at me? Q2：What did I do to help David? Q3：What was David's decision after the talk? Q4：How did he feel before the run? Q5：What were reactions from students and I to David's performance during the run? Q6：What was the result of the run? Ss are invited to present their predictions and other groups can raise their opinions.	通过小组活动，预测和设计合理的情节结尾，帮助学生发展合理推测故事情节的能力，设计符合故事逻辑的结尾。	描述与阐释 分析与判断 内化与运用	8 mins
Students will be able to revise the vocabulary learned in last period and prepare for the writing.	**Task 5　Writing guidelines（Revise and say）** Q：How can we make a sporting moment more vivid? T：Ask Ss to revise the vocabulary we've learned in last period and try to say the expressions as many as you can. Try to add more. Actions/Emotions/Psychology/Characters/Dialogues /Settings.	在帮助学生激活已有的相关词汇的同时，也在为学生提供新的输入，为写作做好准备。	描述与阐释 内化与应用	4 mins
	Task 6　Writing tips Writing tips are provided. Tip 1：Make sure that writing paragraph develop naturally and logically. Tip 2：Make sure that the theme is consistent with the original text. Tip 3：Sufficient and appropriate details make the description vivid. Tip 4：The writing is rich in abundant and diverse sentence patterns. Tip 5：Appropriate linking words make the paragraph coherent.	通过写作指导让学生了解写作标准，更好地把握写作要领。	描述与阐释 内化与应用	1 min

续表

教学目标	活动形式与步骤	活动意图	活动层次	时间
Students will be able to apply the writing guides to writing.	**Task 7　Writing** Ss write the 2nd paragraph on the learning sheet.	使学生利用目标词汇写作,依据写作指导进行写作。	内化与应用	10 mins
Students will be able to learn the writing criteria and make assessment.	**Task 8　Writing assessment** Ss exchange their writing with group members. Grade your writing in your group by the given writing assessment. Valuate student's example with the criteria given.	通过学生自评、小组评、师评等,使学生对写作评分标准有一定的认识,指导学生修改完善写作。	批判与评价想象和创造	5 mins
Students will consolidate the writing skills and enlarge your writing vocabulary.	**Task 9　Summary and homework** T：What have we've learned today? Ss summarize.（Learning objectives and content.） After class, Ss are asked to polish the paragraphs based on the writing assessment. Surf the net and explore more materials about the sporting moments. Recommended websites are provided as follows. https：//www. healthyman. com. au/greatest-sporting-moments-all-time/	课后作业的设计旨在帮助学生巩固和深化本节课的内容。拓展写作知识,优化写作水平。	批判与评价想象和创造	1 min

板书设计

Who/When/ Where/What/ How/Why

David

Challenge—Breakthrough—Growth—To be a better me

第二部分　教学反思

　　总体来说本节课基本完成了教学目标。结合学生学情,在本节课中,我加强写作思路的引导,帮助学生搭建写作框架,也让学生在心理上解除对读后续写的恐惧感,较好地完成了写作任务。但同时也存在评价时间不足的问题,给学生充分感知交流、润色修改的时间应更充足一些,会有更好的反馈。

（来源：2022 年"凤凰杯"课堂教学大赛）

Unit 1　The best medicine

黄晓妹

第一部分　教学设计

一、教材分析

本单元的主题语境是"人与社会"，涉及的主题语境内容是积极的生活态度。本单元语篇类型丰富，包括问卷、记叙文、对话、论说文、博客等多模态形式，从多角度诠释了与积极生活态度相关的话题。通过本单元的学习，旨在帮助学生更好地管理自己的情绪，始终保持愉悦的心情，以积极的心态去面对生活，树立正确的人生态度。

本文主要讲述一名小丑医生 Larry 通过变魔术等方式缓解病人 Lara 疼痛的故事。通过记叙小丑医生与病人的故事，介绍了小丑医生这个职业的特点。

作者通过讲述一名小丑医生用笑的良药来缓解病人身体上疼痛的故事，旨在培养学生积极乐观的生活态度，以及乐于助人的美好品质。

本文的体裁是记叙文，按照事件发展的顺序分成三部分，围绕"小丑医生帮助病人缓解疼痛"这一故事开展叙述。本文的第一自然段、第二自然段、第五自然段和第六自然段主要讲述小丑医生 Larry 与病人 Lara 之间的故事。然而，第三自然段和第四自然段以插叙的手法对故事的背景知识进行铺垫，解释说明了 Larry 成为小丑医生的主要原因，以及小丑医生的这一职业的日常工作职责和工作方法。

作者主要用第一人称叙述自己上班前、中、后的一天工作时间，有条不紊地向读者展开一天里所见、所做、所感、所闻，让读者跟着作者一步一步地了解小丑医生这个工作的职业特点以及小丑医生从心理上帮助病人缓解焦虑、紧张、恐惧的情绪，积极发挥笑的作用。学生在阅读中可以感受到笑的魔力，深刻理解到笑的确是最佳良药，从而体会到拥有"助人度己"的积极生活态度的重要性。

作者通过动作描述体现小丑医生和病人的情绪变化，比如：在接受治疗前，Lara 因为受伤进医院，一直都是痛苦地哭，因此可以得知她的内心是充满恐惧和害怕的情绪。但是，在经过小丑医生 Larry 展示魔术表演，从口袋里变出她的袜子的时候，她从微笑到大笑的变化，这可以看出 Lara 变开心了，心情有所缓解了。这样的心理状态变化也充分体现笑的作用：缓解身体上疼痛，缓解心理上紧张和恐惧，从而可以帮助 Lara 积极地面对和配合医生在身体上的检查和治疗。文本最后一段，通过 wear a big smile, remember 的动作体现小丑医生对工作的热爱以及帮助别人后内心得到的满足感和成就感。此外，再加上用 still, all, really 等词强调情感，充分体现"助人度己"的积极人生观。最后一句话是点睛之笔，与题目相呼应，自然结尾并道出文章的主题意义。另外，第一自然段在对医院环境进行描写中，作者通过小孩、大人的动作以及其情感描写来烘托出医院的无聊和紧张氛围，从而间接地体现小丑医生的重要性，那就是可以帮助病人和医院都变得更好。

最后，作者通过叙述小丑医生 Larry 具体一天的工作情况，来介绍这一特殊职业的特点，从特殊到一般，从具体到抽象，并结合笑给人们带来的作用共同体现主题意义。

二、学情分析

授课对象是高一学生，英语基础较好，有一定词汇积累，具备理解语篇所表达的主要意义、从语篇中获取信息的能力。学生对英语学习热情高，具有较强运用英语表达的愿望，并乐于通过小组活动完成相关任务的能力。学生已通过一个多学期的学习，熟悉教材的单元活动设计，在平时文本解读过程中，教师有意识地指导学生利用思维导图整理和梳理语篇中的关键信息，了解文本结构特点。在学习本节课前，学生已经对本篇课文进行了"预学"。

任务一：查相关的小丑医生职业特点、笑疗法作用的资料，对相关话题有一定的了解和熟悉。

任务二：学习思维导图的原理，并能对生活中简单的生活例子用思维导图进行分析。

任务三：学生通过预读课文，初步了解文本基本信息，其中包括文本的体裁和时态等特点。

通过课前的预学，初步对文本内容的解读有了初层次的理解；扫清课文中出现的生词和短语障碍，为后续深入解读语篇做了铺垫。

三、教学策略

本节课主要紧紧围绕主题意义，依托语篇，通过引导学生以自主学习、合作学习、探究式学习的方式，开展学习理解、应用实践、迁移创新三个层次的英语学习活动，让学生从基于语篇学习走向深入语篇和解决问题的过程，帮助学生培养批判思维和创新思维，实现从知识到能力、从能力到素养的提升，从而真正地将英语学科核心素养落实到学科育人的目标中。

四、教学目标

语言能力：通过完成思维导图的活动，学生获取小丑医生的职业特点以及具体治疗的案例。

思维品质：结合冰山图，学生能进一步分析出笑疗法是治疗疾病的最佳良药。

文化意识：通过学习语篇，加深学生对小丑医生职业的认识，并体会到该职业的意义。

学习能力：通过制定治疗方案的活动，学生迁移并运用所学知识到实际生活中解决问题。

五、教学流程

Stage 1：Lead-in.

Activity 1：Look and say.

Q1：Who is he?

Q2：How do you know?

活动层次：学习理解（感知与注意）；

设计意图：激活学生背景知识，吸引学生的兴趣。

Stage 2：Reading.

Step 1 Pre-reading：Check the preparation work.

活动层次：学习理解（获取与梳理，概括与整合）；设计意图：通过学生预读，核对答案，查找自己的对文本理解的预习情况。

Step 2 While-reading

Activity 2：Read for the main idea of each paragraph.（Individual work）

Fill in the blanks：

活动层次：学习理解（获取与梳理，概括与整合）；

设计意图：通过定位段落中的关键词和主题句，帮助学生获取段落大意以及了解课文的篇章结构。

Activity 3：Read for the key information.（Individual work）

Complete the mind map：

学生在规定 5 分钟内完成第一部分小丑医生这一职业特点的思维导图。学生做完后，先让学生分享答案，接着再进一步回归课文，解读思维导图里的重要信息。

学生在规定 3 分钟内完成第二部分典型案例的思维导图。学生做完后，先让学生分享答案，接着再进一步回归课文解读 Lara 的冰山思维导图的信息。

活动层次：学习理解（获取与梳理，概括与整合）；

设计意图：学生分两部分完成思维导图，帮助学生获取和梳理文本基本信息，了解小丑医生的职业特点以及典型案例具体情况。

Step 3 Post-reading：Make a treatment plan.（Group work）

Choose one of people to help.（Three people facing different physical and mental problems）

Make a treatment plan for him/her

活动层次：应用实践（内化与运用），迁移创新（想象与创造）；

设计意图：引导学生将笑的作用运用到具体情境中，利用冰山图的原理有效地帮助别人，从心理上缓解他人的消极情绪，从中感受到助人为乐的喜悦感。

Step 4 Presentation. (Group work)

Present your mind map and share your treatment plan.

Step 5 Summary.

Use the alphabets of "Laugh" to summarize the understanding of the saying "Laughter is the best medicine".

活动层次：学习理解（概括与整合）；

设计意图：引导学生理解文本的主题。

Stage 3：Reflection. (Individual work)

After learning this passage, I can rate my performance：

1 (in need of improvement)；2 (good)；3 (excellent).

活动层次：学习理解（获取与梳理，概括与整合）；

设计意图：引导学生对所学的知识进行梳理和总结，培养学生总结和思考的能力。

Stage 4：Homework. (Individual work)

Activity 1：Talk about your understanding of "Laughter is the best medicine".

Activity 2：Write a passage about your treatment plan for the "patient" you choose.

1. Analyze his/her problem by using iceberg map.

2. Try to use the skills we learned.

3. Obey the principle of treatment.

活动层次：迁移创新（想象与创造）；

设计意图：创设情境进行写作，巩固并运用所学知识，达到学以致用的目的。

板书设计

Unit 1 The best medicine

（Reading period）

Genre: narration   Tense: present

—magic medicine

Laughter

invisible parts

（positive outlook）

relieve/reward

Laughter is the best medicine.

第二部分　教学反思

首先，我想总结本节课从课堂设计到课堂实施过程存在的几个亮点，供今后教学沿用。第一，本节课能有效地引导学生进行课前的预读，再到课堂的寻读、细读和研读，将文本的信息进行重组并构建思维导图。思维导图清晰地将文本信息分为两大部分：小丑医生的职业特点和治疗案例的故事，从而避免知识的零散化和碎片化。第二，本节课将英语学科与心理学、医学进行融合。通过带领学生解读文本，找出医学中对症下药的治疗原则。引导学生通过利用心理学的冰山图原理深刻地解读了"笑是最佳良药"的真谛，使学生清晰地看到笑能直击我们内心不可见的部分，缓解我们的疼痛，反映我们积极的人生态度。第三，在保证充分的阅读时间的情况下，本节课对文本以及语言内容进行解读。主要体现在核对思维导图信息的时候，我带着学生回归到文本中，指导学生找到关键词和关键句，并且关注语言特点。第四，本节课结合本单元的主题语境"人与社会"——积极的生活态度，依托小丑医生治疗病人的故事，挖掘笑的作用和意义，探究主题意义，引导学生树立积极的人生观。第五，课堂教学目标明确，大部分学生有效地完成思维导图和问题解决的冰山图，并在读后活动中进行知识运用和迁移，尝试扮演生活中的"小丑医生"帮助生活中遇到困难的"病人"解决烦恼和痛苦。第六，在课堂中，我与（3）班的学生互动较好，学生能够积极配合，通过自主学习、小组合作学习、探究式学习的方式完成阅读活动。第七，与上个学期的过关课相比，我的教师语言精练许多。比如：发出阅读任务的指令用语较清晰明了。

其次，我反思本节课，发现存在几点不足之处，需要改进。第一，在语言解读的时候，可以将文本中出现的非限定定语从句在解读文本时呈现出来，并链接语法知识点，为下节课的语法课进行铺垫。第二，可以引导学生多关注语言的使用。比如：第一自然段作者在描写医院无聊和紧张的氛围时，分析作者是如何通过描写医院里人们的动作和情感侧面烘托出来的，并引导学生进行模仿写句子，鼓励运用到英语高考读后续写中。第三，在引出谚语"Laughter is the best medicine"时，可以先提问学生，进行小组讨论，给学生更多的机会发表自己的观点，从而培养学生的批判思维。第四，在读后活动——制定治疗方案部分，可以留出 1~2 分钟时间让小组之间先相互交流和分享治疗方案的思维导图，再邀请两组的代表分别到讲台上投屏分享。第五，在教学评中的评环节，可以就学生读后活动的表现制定一个多维的评价表，其他学生当场打分，选出最佳表现奖和最佳治疗方案奖。第六，平日里要加强课堂应变能力，课前要预设学生回答问题中会出现的各种答案，积极应对学生的突发情况。

最后，我想谈谈本节课的收获和体会。这次公开课，我要特别感谢师父李秀文老师和科组长郑晓芸老师、钟玉芳老师、李能老师、陈琳琳老师、孔冠姬老师给予我的帮助和支持。尤其是师父李秀文老师不厌其烦地一次一次地帮我打磨这堂课。从课堂设计到教师语言，师父都会严格地要求我。他深知，逆水行舟，不进则退。为了跟上"双新"步伐，我翻阅各种理论书籍，观看和学习名师精品课，反复研读文本，挖掘文本意义。在这个过程中，我发现我确实成长得很快，不仅教学理论有所增强，而且上课的时候多了份自信和从容。我学会了结合语境，依托语篇，整合大单元目标，引导学生以自主学习、合作学习、探究式学习的方式，开展学习理解、应用实践、迁移创新三个层次的英语学习活动。本节课我引导学生从基于语篇学习走向深入语篇和解决问题的过程，帮助学生实现从知识到能力、从能力到素养的提升，从而真正地将英语学科核心素养落实到学科育人的目标中。

这次公开课促使我快速成长。虽然过程很艰难，但是每一步都见证了自己的坚持和努力。正如我的教育理念：教育之路，道阻且长，心之所向，行则将至。我今后将会继续砥砺前行，在理论和实践中不断地精炼自己的本领。

（来源：2023 年"致远杯"课堂教学大赛）

物 理 组

电场强度、电场线

李小芳

第一部分 教学设计

一、教材分析

《电场强度、电场线》是高中新人教版（2019）必修三的内容，而本章的核心内容之一就是电场的概念、电场强度及电场线，为后续电路、磁场的学习做好铺垫。因此本节课具有承前启后的作用。纵观教材，不难发现本节课的教学有如下的特点：教学内容抽象，电场看不见、摸不着，学生对于场的感性认识少；学生的知识体系不完备，关于场没有完整的知识网络，在教学中必须重新构建；知识点多，如电场、电场强度、电场线、检验电荷、点电荷的电场、场源电荷、矢量运算等。

本节高三一轮复习课的知识点如下。

1. 知道什么是检验电荷和场源电荷。

2. 电场的定义及基本性质。

3. 电场强度（三个电场强度公式的适用条件以及应用）。

4. 电场强度的叠加问题，几种不同电场的电场线的理解与应用。

知识点	$E=\dfrac{F}{q}$	$E=\dfrac{kQ}{r^2}$	$E=\dfrac{U}{d}$
公式意义	电场强度定义式	真空中点电荷电场强度的决定式	匀强电场中 E 与 U 的关系式
适用条件	一切电场	①真空 ②点电荷	匀强电场
决定因素	由电场本身决定，与 q 无关	由场源电荷 Q 和场源电荷到该点的距离 r 共同决定	由电场本身决定，d 为沿电场方向的距离
相同点	矢量，遵守平行四边形定则 单位：N/C 或 V/m		

（一）教学重点

1. 电场强度（三个电场强度公式的适用条件以及应用）。
2. 电场强度的叠加问题。
3. 电场线模型的建立过程。
4. 利用电场线描述电场的性质。

（二）教学难点

1. 电场强度的叠加问题。
2. 几种不同电场的电场线的理解与应用。

二、学情分析

学生高二时已经经过新课教学，对本章电场的两大性质：能的性质和力的性质，已经形成了网络状知识体系。一轮复习进一步加深了对电场的认识，能够定量地描述电场力的性质，而电场的概念比较抽象，学生理解起来有难度，引入电场线可以化无形为有形，变抽象为形象。基于学生的空间想象能力还比较缺乏，因此需要通过实验、课件、视频等给学生一个直观的空间结构，让学生更好地理解电场的分布，从而建立电场线的模型。在这一点上，合理的板书设计也是达成教学目标的一个重要手段。

三、教学策略

1. 用磁场来类比，快速唤醒学生的记忆；用课件展示磁感线，并且展示了磁感线的空间分布，为建立电场线空间结构做好铺垫。
2. 实验引入，可以激发学生的兴趣，培养他们核心的素养。
3. 多媒体呈现，化无形为有形，课堂呈现更直观清晰，让学生能够快速理解电场线空间分布情况。提高课堂容量，提升课堂活力。
4. 小组合作，有利于发挥学生的主观能动性。在黑板上的板书过程，让师生思维同步，便于学生消化吸收。突出了学习重点，便于学生做课堂笔记。
5. 让学生跟随教师的画图过程去感受电场线的分布特征，帮助学生理解抽象的电场分布规律。通过提问的形式，进一步归纳了电场线的内在规律，从而使学生加深了对电场线的理解，培养了学生观察分析的能力。
6. 通过题型分类，突破重难点；再加以变式训练，加强对知识点的理解。

四、教学目标

（一）物理观念

1. 知道电场线的概念及特征，会用电场线描述电场的强弱和方向。
2. 掌握并能熟练画出五种典型电场线的分布。
3. 理解电场线的空间结构。

（二）科学思维

1. 理解五种典型电场的电场线建立过程。

2. 初步渗透实验模拟的方法。

3. 初步渗透用场线描述矢量场的思想。

（三）科学探究

通过演示实验，培养学生的科学思维。

（四）科学态度与责任

1. 通过小组合作，培养学生科学探究与合作交流精神。

2. 通过物理学史的介绍，培养学生的科学态度与责任。

五、教学过程

（一）课前双基

1. 知识点一：场源电荷和检验电荷

（1）场源电荷：电场是由某个带电体激发产生的，该电荷称为场源电荷或源电荷。

（2）检验电荷：

①定义：用来检验电场强弱分布情况的电荷。

②特点：

a. 检验电荷的电荷量要充分_____，不影响原电场的分布。

b. 体积要充分_____，可视为点电荷。

2. 知识点二：电场

（1）定义：存在于电荷周围，能传递电荷间相互作用的一种特殊_____。

（2）基本性质：对放入其中的电荷有_____，这个力叫电场力。

3. 知识点三：电场强度、点电荷的场强

（1）定义：放入电场中某点的电荷受到的电场力 F 与它的电荷量 q 的_____。

（2）定义式：$E=$_____，单位：N/C 或 V/m。

（3）条件：_____。

（4）方向：规定_____在电场中某点所受_____的方向为该点的电场强度方向。

（5）真空中静止点电荷的电场强度。

①公式：_____，且 $E \propto Q$，$E \propto \dfrac{1}{r^2}$。

②离点电荷越近，_____。

③以点电荷为球心一个球面，电场方向处处与球面_____，球面上场强大小_____，方向_____。

（6）电场强度的叠加：电场中某点的电场强度为各个点电荷单独在该点产生的电场强度的_____和，遵从_____定则。

公式	适用条件	说明
$E=\dfrac{F}{q}$		大小及方向与 q、F 无关
$E=\dfrac{kQ}{r^2}$		E 由_____决定
$E=\dfrac{U}{d}$		d 是_____

4. 知识点四：电场线

（1）定义：为了形象地描述电场中各点电场强度的_____及_____，在电场中画出一些曲线，曲线上每一点的_____都跟该点的电场强度方向一致，曲线的_____表示电场的强弱。是假想的曲线。

（2）几种常见电场的电场线画法。

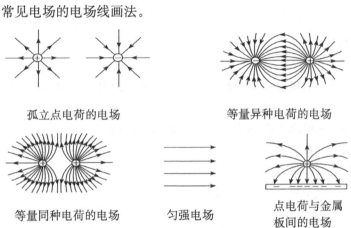

孤立点电荷的电场　　　　　　等量异种电荷的电场

等量同种电荷的电场　　匀强电场　　点电荷与金属板间的电场

比较项目	等量异种点电荷	等量同种点电荷
电场线的分布图		
连线中点 O 处的场强		
连线上的场强大小（从左到右）		
沿连线的中垂场线由 O 点向外强大小		
关于 O 点对称的 A 与 A'，B 与 B'，C 与 C' 的场强		

电场线的特点

(1) 不闭合：电场线起始于 _____（或无穷远处），终止于无穷远处（或负电荷）。

(2) 不相交：在电场中两条电场线 _____。

(3) 同一电场中，电场线密的地方 _____ 大。

(4) 电场线上某点的切线方向表示该点的 _____。

(5) 沿电场线方向电势 _____。

(6) 电场线和等势面在相交处 _____。

（二）课前自测

1. 思考判断

（1）电场中某点的场强方向与负电荷在该点所受的电场力的方向相反。（　　）

（2）电场强度 E 与试探电荷无关。（　　）

（3）法拉第首先提出用电场线形象生动地描绘电场。（　　）

（4）电场线是闭合的曲线。（　　）

（5）电场和电场线是客观存在的。（　　）

（6）电场线一定是粒子的运动轨迹。（　　）

2. 选择题

（1）在电场中 P 点放一个检验电荷 $-q$，它所受到的电场力为 F，则关于 P 点电场强度，正确的说法是（　　）。

A. $E=F/q$，方向与 F 方向相反

B. 若取走 $-q$，则 P 点的电场强度为 0

C. 若检验电荷电量为 $2q$，则 $E=F/(2q)$

D. 由 $E=F/q$ 可知，某电场的场强 E 与 q 成反比，与 F 成正比

（2）（多选）关于电场强度，下列说法中正确的是（　　）。

A. 由 $E=F/q$ 可知，电荷在电场中某处受到的电场力 F 与 q 成正比

B. 在点电荷形成的电场中，由 $E=kQ/r^2$ 知，E 与 Q 成正比，与 r^2 成反比

C. 在点电荷形成的电场中，由 $E=kQ/r^2$ 知，以点电荷 Q 为球心、以 r 为半径的球面上，各处场强均相同

D. 任何电场中某点场强方向就是该点所放电荷受到的电场力的方向

（三）课堂教学

1. 突破一　典型电场线分布及电场线应用

例 1. 如图 1 所示，在等量正电荷连线中垂线上有 A、B、C、D 四点，B、D 两点关于 O 点对称，则下列关于 A、B、C、D 四点电场强度大小的说法中正确的是

（   ）。

A. 一定有 $E_A > E_B$，$E_B = E_D$

B. 一定有 $E_A < E_B$，$E_A < E_C$

C. 可能有 $E_A < E_B < E_C$，$E_B = E_D$

D. 可能有 $E_A = E_C < E_B$，$E_B < E_D$

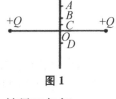

图 1

变式 1：如果是等量负电荷，结果如何？如果是等量异种电荷，结果又如何？

2. 突破二　点电荷电场强度的叠加与计算（思维方法：矢量叠加法）

例 2.（平衡法）如图 2 所示，在光滑绝缘的水平面上，三个带电小球 a、b 和 c 分别位于边长为 l 的正三角形的三个顶点上：a、b 带正电，电荷量均为 q，c 带负电。整个系统置于方向水平的匀强电场中。已知静电力常量为 k，若三个小球均处于静止状态，则匀强电场场强的大小为（   ）。

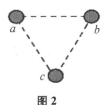

图 2

A. $\dfrac{\sqrt{3}kq}{3l^2}$

B. $\dfrac{\sqrt{3}kq}{l^2}$

C. $\dfrac{3kq}{l^2}$

D. $\dfrac{2\sqrt{3}kq}{l^2}$

变式 2. 如图 3 所示，M、N 和 P 是以 MN 为直径的半圆弧上的三点，O 点为半圆弧的圆心，$\angle MOP = 60°$。电荷量相等、电性相反的两个点电荷分别置于 M、N 两点，这时 O 点电场强度的大小为 E_1。若将 N 点处的点电荷移至 P 点，则 O 点的场强大小变为 E_2，E_1 与 E_2 之比为（   ）。

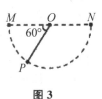

图 3

A. $2 : 1$　　　B. $1 : 2$　　　C. $2 : \sqrt{3}$　　　D. $4 : \sqrt{3}$

3. 突破三　非点电荷电场强度的叠加与计算

方法一　填补法：将有缺口的带电圆环补全为圆环，或将半球面补全为球面。

方法二　对称法：利用空间对称分布的电荷电场具有对称性的特点，使复杂电场的叠加简化。

方法三　等效法：在保证效果相同的条件下，将复杂的电场变换为简单的或熟悉的电场情景。

例 3.（填补法、对称法）均匀带电的球壳在球外空间产生的电场等效于电荷集中于球心处产生的电场。如图 4 所示，在半球面 AB 上均匀分布正电荷，总电荷量为 q，球面半径为 R，CD 为通过半球面顶点与球心 O 的轴线，在轴线上有 M、N 两点，$OM = ON = 2R$。已知 M 点的场强大小为 E，则 N 点的场强大小为（   ）。

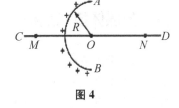

图 4

A. $\dfrac{kq}{2R^2} - E$　　B. $\dfrac{kq}{4R^2}$　　C. $\dfrac{kq}{4R^2} - E$　　D. $\dfrac{kq}{2R^2} + E$

第二部分　教学反思

依据《普通高中物理课程标准（2017 年版 2020 年修订）》，在充分挖掘教材知识、方法与德育内容的基础上，我执教了高三年级一轮复习：新人教版（2019）必修三第二章第三节《电场强度、电场线》的教学。课堂上通过为学生创设情境，组织学生展开讨论，引导学生亲身感受，呈现了一节以"多媒体和传统板书为辅助、学生合作探究"为主线的探究课。教学反思如下。

一、深入研究课程标准

本节课为高三一轮复习课，教学效果主要分为课前双基、课上评价和课后测评练习三个方面来体现。

本节课的课堂设计中，我设计了两个"小组讨论"环节，向学生提供充分从事物理探究活动的机会，帮助他们在自主探索和合作交流的过程中真正理解和掌握基本的物理知识和技能、物理思想和方法，获得广泛的物理活动经验，实现了学生从感知方法到经历研究过程，最后能独立解决问题的目标。

《普通高中物理课程标准（2017 版 2020 年修订）》指出，物理课堂要体现学科本质，培养核心素养。本节课以有趣的实验引入，点燃了学生的学习热情，激发了学生的好奇心，体现了物理学科的本质特点。

二、德育提升课堂品位

本节课我结合教学内容设计了多个自然的学科德育点。比如通过开展组间合作学习，培养学生合作交流的意识。通过对法拉第事迹的介绍，培养学生良好的价值观，让学生了解科学家追求真理的艰难过程，让学生树立正确的科学态度与责任观。纵观整堂课，德育渗透在教学中也没有占用过多的时间，而是将其完全渗透在知识教学之中。从教学效果上看，德育内容的充实使物理课堂更"厚实"，更符合新课程的理念。

三、多媒体技术加板书，使课堂呈现直观化，增加了课堂活力

本节课的教学重点之一是电场线模型的建立过程，把抽象的电场用有形的电场线画出来。本节课我充分利用了多媒体技术，如课件、微视频、实验演示等，使课堂教学情景化、直观化。多媒体的使用，能够直观地展现空间结构，展现动态过程，发挥了现代技术手段简洁直观、呈现形式多样、对学生吸引力强的优点。提高了课堂效率，提升了课堂活力。板书也是本节课的亮点之一，本节课充分发挥了板书对教学的支撑作用。板书内容是本节课的核心知识点，使学生看得明白，对学生的听讲、笔记和复习都有很好的作用。

四、不足之处

内容量大，进度快，基础薄弱的学生学习较吃力；语速有点平淡；给学生思考、讨论的时间不是很充分；内容的过渡不够自然。

综上所述，虽然整节课设计容量大了些，好在整堂课大部分学生思维活跃，积极参与，没有游离于课堂之外的现象发生，课堂问题设计较有吸引力和活力，符合新课程教学的理念。

（来源：2020年"凤凰杯"课堂教学大赛）

电场的性质

陈　瑜

第一部分　教学设计

一、教材分析

　　这一节课旨在帮助学生理解电场的本质和特点，掌握描述电场的物理量，以及了解电场对带电粒子的作用。教材从引入电场的基本概念开始逐步展开，使学生能够建立起对电场的整体认知。通过图示和实际例子，帮助学生更好地理解电场的特点、性质和应用。教材不仅介绍了电场的基本概念，还涵盖了电场强度、电势等物理量的计算方法，为学生提供了实际应用的基础。通过引入电场的实验方法和实验现象，强调实验与理论之间的联系，促使学生将理论应用到实际中。该章节内容全面覆盖了电场的基本概念、性质和相关物理量，通过图示、实例和计算等方式，帮助学生深入理解电场的本质和特点。教材特点突出，有助于学生在学习电学的过程中建立起扎实的基础。

二、学情分析

　　高三学生在进入电学部分的复习之前，已具备一定能力解决力学的三个因果关系：力和运动、功和能以及动量和冲量关系。学生在高二学习电场的过程中，涉及一些新概念，但因其抽象性和复杂性，学生对电学知识还处于零散的吸收状态，未形成知识网络。电场的复杂之处在于既要分析电场中带电粒子的力学行为，还要掌握描述电场本身性质的物理量，如电场强度、电势和电势差。学生还存在很多理不清的关系，如电场线和电场强度的关系，电荷受力方向和电场强度方向的关系，电场力和电场强度研究的主体分别是什么？电势能和电势的研究主体分别是什么？电势和电势差有什么关系？等等。电场是学生深入学习和理解电磁学规律的重要基础。

三、教学策略

从本章知识来看，所有的问题都围绕电场的本身性质——力的性质、能的性质展开，传统高三第一轮复习中，也是以这两个主线展开。为了使学生通过一轮复习真正理解场这种特殊物质的意义，笔者拟从全新的视角来复习。按照研究主体区分为描述场本身性质的物理量：电场强度和电势；另一类则是描述带电粒子在场中的力和能方面的行为（后续课程将达成该目标）。电场强度和电势是本单元的两个核心概念，在教学中强化学生对矢量和标量计算法则不同的意识，使学生对矢量和标量有更加深刻的理解。

（一）教学重点

1. 理解电场强度和电势是描述电场本身性质的物理量。

2. 空间中某点的电场强度遵循矢量叠加原则，电势遵循标量叠加原则。

（二）教学难点

在解决电场问题中逐渐形成寻找场源的意识。

四、教学目标

（一）物理观念

1. 知道电场是客观存在的一种特殊物质。

2. 树立"场"在空间上有分布的观念，培养学生的空间想象力。

3. 理解和掌握电场强度的概念。

4. 理解和掌握电势的概念。

（二）科学思维

1. 通过对电场概念的复习，让学生明确场的特点以及场的研究方法并在头脑中建立起场的模型和图像。

2. 进一步体会比值定义法在物理学中的应用。

3. 区分矢量叠加和标量叠加的方法。

4. 通过理论分析，培养学生的逻辑推理能力。

（三）科学探究

1. 会用不同的方法确定电场中电势的高低。

2. 通过对"场"这种特殊物质性质的研究，促进学生形成科学的物质观。

（四）科学态度与责任

1. 始终进行物理科学方法的渗透：在教学中强调科学的方法论，培养学生具备运用科学方法解决问题的意识和能力。

2. 培养学生的科学态度和科学精神：在教学中注重培养学生的好奇心、探究精神和对真实科学知识的追求。

五、教学过程

教师活动	学生活动
问题1：自然界中物质存在的形态有哪些？ 问题2：电场的基本性质是什么？ 展示导图： 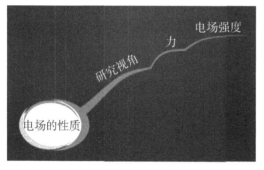 电场强度是从力的研究视角描述电场的，接下来我们一起来看情境1。	回答问题。 1. 体和场。 2. 电场对放入其中的电荷有力的作用。
情境1 如图所示，A、B 和 O 为真空中同一直线上的三点，O 点为 AB 的中点，AB 之间的距离为 $2d$。若在 A、B 点分别放电荷量为 $+2Q$、$-Q$（$Q>0$）的点电荷，已知静电力常量为 k，则 O 点处的电场强度大小为（　　）。 $+2Q$　　　　　　　　　$-Q$ •- - - - - - - - •- - - - - - - - • A　　　　O　　　　B A. $\dfrac{kQ}{d^2}$　　B. $\dfrac{3kQ}{d^2}$　　C. $\dfrac{3kQ}{2d^2}$　　D. $\dfrac{5kQ}{4d^2}$	请学生在智能屏幕上分享解决问题的思路和过程。 从中发现问题。 1. 学生是否能准确判断电场强度的方向？ 2. 学生是否能在规定正方向的前提下列出求合场强的表达式？ 3. 学生是否能正确表示电场强度的大小？
情境2 如图所示，A、B、C 三点是同一圆周上的三等分点，若在 B、C 两点放等量的正电荷，则 A 点的电场强度大小为 E。若将 C 点的电荷改为与 B 点所放电荷的电荷量大小相同的负电荷，则 A 点的电场强度大小应为（　　）。 A. E　　B. $2E$　　C. $\sqrt{3}E$　　D. $\dfrac{\sqrt{3}}{3}E$	请学生在智能屏幕上分享解决问题的思路和过程。 从中了解学生进行矢量合成时所使用的方法是否恰当。

续表

教师活动	学生活动
情境3 如图所示，空间中有水平方向的匀强电场，场强大小为 $2E$，将一可视为点电荷的电荷置于 O 点，虚线是以 O 为圆心、半径为 r 的圆周，ab 连线、cd 连线是相互垂直的两直径。若 a 点的场强为零，则关于四点处的场强情况，说法正确的是（ ）。 A. 电荷带负电 B. b 点的场强最大 C. c 点的场强大小为 $2\sqrt{2}E$ D. d 点的场强大小为 $4E$	请学生在智能屏幕上分享解决问题的思路和过程。 从中发现学生思维的瓶颈以及思维是否简洁。 1. 能否关注空间中同时存在匀强电场和点电荷电场——是否具有寻找多种形式场源的意识？ 2. 是否有思考 a 点场强为零的原因？ 3. 是否可以快速判定点电荷在 a 点产生的场强大小和方向？
挑战任务 如图所示，电荷量分别为 q 和 $-q$（$q>0$）的点电荷固定在正方体的两个顶点上，a、b 是正方体的另外两个顶点，则 a 点和 b 点的电场强度是否相同？ 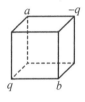	请学生在智能屏幕上分享解决问题的思路和过程。 关注学生能否从不同的角度思考情境所涉及的问题。 1. 可能进行场强的叠加。 2. 可能将立体情境转换成两个等量异种点电荷周围电场强度的分布（借助两个等量异种点电荷周围电场线来判断）。
展示导图： 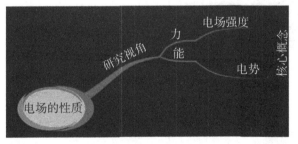 明确指出电场强度和电势是分别从力和能量的视角来描述电场本身性质的物理量，并且是该单元的两个重要的核心概念。	聆听、思考。

续表

教师活动	学生活动
情境4 如图所示，M、N 两点分别放置两个等量异种电荷，A 为它们连线的中点，B 为连线上靠近 N 的一点，C 为连线中垂线上处于 A 点上方的一点，在 A、B、C 三点中（　　）。  A. 场强最小的点是 A 点，电势最高的点是 B 点 B. 场强最小的点是 A 点，电势最高的点是 C 点 C. 场强最小的点是 C 点，电势最高的点是 B 点 D. 场强最小的点是 C 点，电势最高的点是 A 点	请学生在智能屏幕上分享解决问题的思路和过程。 学生极大可能以两个等量异种点电荷周围电场线分布为依据解决该问题。
使用 GGB 软件模拟空间中两个点电荷周围电势和等势面随电荷大小、电性及距离变化的动态情景。 图 1  图 2 图 3 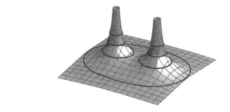  图 4 根据图 4 中的左图引出 $\varphi - x$ 图像。	观看。

续表

教师活动	学生活动
情境 5（多选）如图所示，x 轴上有两同种点电荷 Q_1 和 Q_2，Q_1 和 Q_2 的位置坐标分别为 x_1、x_2。Q_1 和 Q_2 之间各点对应的电势高低如图中曲线所示，电势最低处为 x_P 点，则（ ）。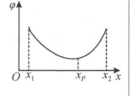 A. x_P 点电场强度为零 B. Q_1 和 Q_2 带电量相等 C. Q_1 和 Q_2 都是负电荷 D. x_P 点左侧和右侧电场强度方向相反	学生共同回答两个点电荷的电性、电量关系及电场强度的情况。
情境 6　如图所示，电荷量分别为 q 和 $-q$（$q>0$）的点电荷固定在正方体的两个顶点上，a、b 是正方体的另外两个顶点。试判断 a 点和 b 点的电势高低。	请学生分享判断该情境电势高低的方法。 1. 可能根据离正电荷越近电势越高的结论。 2. 可能根据两个等量异种点电荷周围电场线的分布来判断电势的高低。（需要较强的空间想象能力）
挑战任务　如图所示，四个带电荷量绝对值相等的点电荷分别固定在竖直平面内某一正方形的四个顶点上，A、B、C、D 四个点分别为对应的四条边的中点，试判断 A、B、C、D 四个点电势的高低。	作为课后思考题，请学生用电势的决定式判断电势的高低。

课堂小结：

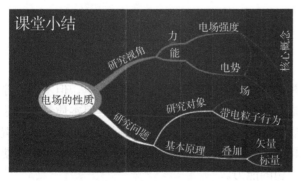

1. 本节课从不同的研究视角理解电场的性质。

2. 区分电场中的研究对象：场和带电粒子行为。

3. 在多场源环境中涉及电场强度的叠加（矢量的叠加）和电势的叠加（标量的叠加），进一步理解矢量和标量的区别。

第二部分　教学反思

　　高三一轮复习的主要任务是梳理核心知识框架，将学生头脑中零散的知识构建成知识网络。通过本次《电场的性质》复习授课的过程，总结教学体会和教学反思如下。

一、优点

（一）教学模式的变革

　　与传统的复习课不同，本节课通过学生展示和互动，使课堂更具参与性和活跃性。学生的思维得到更大的发挥空间。他们可以分享自己的思考和解决问题的思路，促进创造性思维的发展。

（二）复习框架的创新

　　以大单元视角重新整合静电场的一轮复习。打破传统复习顺序，重新整合静电场的复习内容，将电场的两个核心概念（电场强度和电势）作为主线，将描述电场本身性质和电场中带电粒子行为的物理量通过情境的选取区分开来，有助于学生更清晰地理解概念，避免概念混淆。从整体的视角重新规划复习顺序，让学生从不同角度去思考电场问题。

（三）信息技术的助力

　　课堂结合信息技术可以形象地展示抽象的物理概念。比如用 GGB 软件演示两个点电荷周围的电势分布，在电荷量大小和电性变化的条件下，可以动态地演示等势面变化的过程。由软件的演示自然过渡到 $\varphi - x$ 图像，学生能够容易地理解 x 轴代表电荷的位置，φ 轴对应的是电势的高低。通过 $\varphi - x$ 图像就可以表示出电荷的电性、大小及周围电场强度和电势的情况，这样的应用有助于学生更好地理解和记忆概念。

二、不足

（一）例题选取可更加精当

　　为了让学生在课堂上现场审题并当堂解决问题，选取的例题较简单。但不利于学生的思维提升，情境 1 至情境 4 虽然是从一维到平面再到立体的情境，但本质都是场强的叠加。场强叠加的情境较多，导致后面判断电势高低的情境在课堂上没有来得及解决。为了挑战学生的思维，可以选择更具深度和难度的例题，让学生在课堂上能够面对更复杂的情境，培养他们的分析和解决问题的能力。

（二）时间把控可更加精准

　　学生在分享情境 3 的过程中，对于点电荷在 a 点产生场强的判断方法，思维不够简洁，此时笔者没有直接给出正确答案，而是请了另外一名同学补充，但是仍然没有使用简洁的思维解决问题，导致这里消耗了课堂时间，略显遗憾。在学生分享解题思路时，要准确判断是否需要引导，避免浪费时间。确保每个情境的讨论在合理的时间内完成，这样才能使课堂进程更加顺畅。

（三）情境导入可更加多元化

在设计之初，笔者有想过使用情境导入，如实验导入或视频导入。但是自觉无论是实验还是视频都无法与本节课的两个核心概念（电场强度和电势）密切联系，所以基本上没有导入环节。这也使得课堂开始之时有些唐突，不利于快速吸引学生注意力。为了更快地吸引学生的注意力，可以考虑在课堂导入环节加入实验、视频等多元化的元素，使学生更快地进入学习状态。即使与核心概念直接关联不大，也可以通过引入一个有趣的实验现象来激发学生的兴趣。

三、创新

在例题选择上，应确保既有足够的挑战性，又能适应学生的水平。尽量做到电场强度的问题准备三个情境，电势的问题准备两个情境。在学生分享问题解决思路时，思维不够简洁的情况下，果断地对其进行引导，而不是把问题抛给其他同学。为了快速吸引学生的注意力，课堂导入环节可以加入与所复习内容密切相关的实验。如果用实验导入的话，整节课的教学思路也要做相应的整体的变化。比如以实验现象展开讨论，设计成开放式的复习课堂。当然，这样对教师把控课堂的能力提出了更高的要求。这也是笔者今后思考的方向。

综上所述，只有通过持续的反思和改进，才能进一步提升教学质量，使学生更好地理解电场概念，培养他们的创造性思维和问题解决能力。

（来源：2022 年"凤凰杯"课堂教学大赛）

相对论时空观与牛顿经典力学的局限性

王文鑫

第一部分　教学设计

一、教材分析

教材中的内容为相对论的时空观与牛顿力学的局限性。教材前几节讲述牛顿发现万有引力定律，到海王星、冥王星的发现，再到宇宙航行的物理学发展历程，介绍了万有引力理论的辉煌成就。此节内容目的在于让学生开阔视野，意识到经典力学的局限性。重点在让学生体会爱因斯坦科学的思想，结合教材讲解经典力学的困境、钟慢效应和尺缩效应、狭义相对论基本原理。

二、学情分析

学生自高中以来一直学习经典力学，已经形成了经典力学时空观相应的思维方式。对于相对性原理和光速不变原理的理解存在较大的障碍。对于不同坐标系变换的问题往往习惯用伽利略变换来解决。本节课需要一定的实验和事实依据让学生理解和接受狭义相对论基本原理，通过事实和应用让学生理解狭义相对论的时空观，并体会物理理论的发展历程和适用范围。

三、教学策略

演绎推理策略、合作学习策略、启发式教学策略。

四、教学目标

物理观念：知道爱因斯坦的两条假设，了解时间延缓效应、长度收缩效应。
科学思维：认识牛顿力学的成就与局限。

科学态度与责任：认识物理学中理论的相对稳定性，培养学生的科学探究和质疑精神。

五、教学过程

（一）新课导入

教师提问：你认为什么是时间？什么是空间？它们之间有联系吗？

引导学生思考生活中所认识的时间：时间是均匀流逝的，与物质及运动无关，是绝对的。空间是各向同性的，与物质和运动无关，是绝对的。

教师提问：设想人类可以利用飞船以 $0.2c$ 的速度进行星际航行。若飞船向正前方的某一星球发射一束激光，该星球上的观察者测量到的激光的速度是多少？

学生活动：自主讨论。

教师引导：事实真的是这样吗？播放视频迈克尔逊-莫雷实验。

学生活动：请学生阐述迈克尔逊-莫雷实验的原理和结论，讨论实验的零结果说明了什么问题。学生讨论实验问题，教师总结麦克斯韦方程组关于光速参考系的理论。

（二）新课讲授

1. 师生共研，梳理物理疑难

教师引导：其实实验和理论都提供了光速不变的证据。事实依据：超新星爆发的天文观察情景。超新星为临近死亡的恒星，爆发时发出的光强为平时的千万倍、万万倍，后形成蟹状星云。中国史书《宋会要辑稿》中记载，于 1054 年（宋仁宗至和元年）在天空中观察到一颗客星，在开始 23 天非常亮，白昼见其芒角四射，后渐暗，2 年后隐没。经现代天文学观察考证，此天文现象正是一颗超新星爆炸后的景观，现已形成蟹状星云，其与地球相距约 6300 光年，爆炸后向外膨胀的速度约为 1100 km/s。依据伽利略变换，在地球上可观察到超新星持续发光 23 年，但实际观察可见时间仅相当于其持续爆炸的时间。

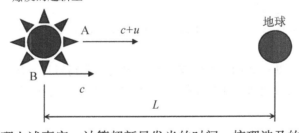

学生活动：梳理上述事实，计算超新星发光的时间。梳理涉及的物理理论、论据。

学生总结：上述事实、理论、实验共涉及如下论据：①依据麦克斯韦的电磁理论导出光在真空中的速率为 c。②所有物理规律相对任何惯性系成立——相对性原理。③绝对时空观及伽利略变换中速度相加法则。

教师引导：对于学生而言否定其中任何一条，都很难以接受。引导学生知道所有的物理理论都要经过实验的检验，新的问题出现时，我们需要对原有的理论进行审判。爱因斯坦认为电磁理论和相对性原理是为大量实验事实所证实，值得信赖。伽利略变换的基础实际上是牛顿的绝对空间。而绝对空间没有实证依据，是一种经验直觉。

2. 基本原理的提出，解读原理内涵

教师讲授：爱因斯坦以科学批判的眼光洞察出问题的本质所在，抛弃了牛顿的绝对时空观，舍弃伽利略变换，肯定伽利略相对性原理，并将其适用范围推广到普遍的物理学规律，并假设光速不变，形成两条形式简洁、内涵深刻的基本原理，于1905年建立了狭义相对论。

相对性原理：在不同的惯性参考系中，一切物理规律都是相同的。

光速不变原理：真空中的光速在不同的惯性参考系中都是相同的，光速与光源和观察者间的相对运动无关。

教师提问：光速不变原理否定了伽利略变换，该原理会带来什么变化？

教师引导：相对性原理特别强调"所有物理规律"对"所有惯性系"都"相同"；光速不变原理明确指出无论光源"运动与否"，其发出的光"沿一方向"相对于"任何惯性系"都"相同"。光速不变原理关于光在各个方向上速度相同的表述，相当于约定了空间各向同性；光速恒定的表述，意味着光速在任何时刻和任何空间点都相同，即约定了时间、空间的均匀性。光速不变原理是狭义相对论与牛顿时空观的根本区别所在，由此推论必然导出新的时空观。

3. 学生合作研讨

教师引导：光速不变具体会带来一些什么变化呢？假设一列火车沿平直轨道飞快地匀速行驶，车厢中央的光源发出了一个闪光，闪光到了车厢的前壁和后壁。车厢中央的人和车下的人会观察到什么情景呢？光是同时到达前壁和后壁的吗？请学生合作讨论。

学生合作讨论并阐述理由。

教师引导：光速不变在空间上又会产生什么影响呢？我们要测量一支标枪的长度。如何测量标枪静止时的长度？如何测量标枪飞行的距离？

学生合作讨论并阐述理由。

教师总结：在一个惯性系中运动的钟比静止的钟走得慢，时间延缓效应。物体沿运动的方向收缩比其固有长度短。

教师引导：但是日常生活中为什么没有看到人跑起来变窄、时钟变慢呢？

4. 总结提升

如果相对于地面以 v 运动的惯性参考系上的人观察到与其一起运动的物体完成某个动作的时间间隔为 $\Delta\tau$，地面上的人观察到该物体完成这个动作的时间间隔为 Δt，那么两者之间的关系是

$$\Delta t = \frac{\Delta\tau}{\sqrt{1-\left(\dfrac{v}{c}\right)^2}}$$

如果与杆相对静止的人测得杆长是 l_0，沿着杆的方向，以 v 相对杆运动的人测得的杆长是 l，那么两者之间的关系是

$$l = l_0\sqrt{1-\left(\frac{v}{c}\right)^2}$$

5. 思考讨论

请学生阅读课本并讨论思考：已知 μ 子低速运动时的平均寿命是 $3.0~\mu s$。高速运动的 μ 子寿命是多少？证明了什么？

（三）课堂总结

爱因斯坦提出两条简洁而又基本的原理。相对性原理：在不同的惯性参考系中，一切物理规律都是相同的。光速不变原理：真空中的光速在不同的惯性参考系中都是相同的，光速与光源和观察者间的相对运动无关。

狭义相对论时空观：尺缩、钟慢。

牛顿经典力学适用于宏观、低速、弱引力的领域。

第二部分 教学反思

本节课从学生已有知识伽利略变换出发，遵循学生的认知发展规律，讲述狭义相对论不仅仅从物理学理论发展的角度设置悬疑，更是补充了多个事实，并且利用影像资料帮助学生理解，使学生易于理解和掌握。

狭义相对论的内容与平时生活经验相距较远，学生难以想象、难以理解。如果仅仅是从理论上讲解学生难以接受，如果能结合现代科学技术的知识讲解相对论，学生的学习兴致会更浓，能够激发学生对物理学的兴趣。

（来源：2022 年"致远杯"课堂教学大赛）

液体的表面张力

伍增斌

第一部分　教学设计

一、教材分析

本节选自高中物理人教版选择性必修三第二章第五节"液体"中的"液体的表面张力"。本节是上一章节"分子场理论"的具体运用，从微观分子的角度走向宏观物质的物理现象，利用微观结构解释宏观现象，起着承上启下的作用。本节课通过对有趣的实验和生活现象进行研究，培养学生探究问题的方法和逻辑思维的能力。

二、学情分析

高二学生在进入液体表面张力的学习之前，已掌握分子场理论、液体的微观结构、物体间的相互作用力等知识，具备一定的逻辑思维和建模能力且能够准确地描述生活中的物理现象。但是对于液体的表面张力这一物理现象，学生仅局限于描述现象却不能利用分子场理论的知识进行解释。另外，表面张力的形成原因是液体表面层分子间的相互作用力，而浮力则是压强差导致的，学生对自然现象中的物理规律没有深刻的认知，也就容易将表面张力和浮力混淆。

三、教学策略

从本节内容的课程标准来看，需要学生观察表面张力现象和了解表面张力的形成原因，笔者拟从浮力的认知冲突入手，为学生引入新的知识——表面张力，并联系以往所学的知识进行分析，让学生通过分析、讨论、总结得出新的物理规律，加强对表面张力的认知。

（一）教学重点
液体表面张力的特点。

（二）教学难点

液体表面张力产生的原因。

四、教学目标

（一）物理观念

通过观察生活现象和实验，知道表面张力的特点。

（二）科学思维

通过观察生活中常见的现象，能够归纳出相关现象的特点；在分析表面张力产生的原因时，能够联想到分子场理论的知识并对此进行解释，掌握演绎推理和知识迁移的学习方法，以及质疑创新的能力。

（三）科学探究

在探究液体表面张力产生的原因时，从微观的角度出发，利用分子场理论解释表面张力。学生交流日常生活中常见的表面张力现象，并用物理知识解释这些现象。

（四）科学态度与责任

体验物理来源于生活的物理思想，培养学生知识的迁移能力，在实验中感受学习的乐趣，提高学生的综合能力，从太空授课中感受祖国科研力量的强大，培养民族自豪感。

五、教学过程

教师活动	学生活动
 邀请学生挑战趣味实验，能否将曲别针放置在水面上而不沉下。 询问学生：是什么力将曲别针托起来的呢？是不是浮力呢？请学生讨论并回答。 引出新课：根据学生的推导发现，使曲别针浮起来的力并不是我们之前学习过的浮力，而是一种我们没有学过的新的力，那么这种力有什么样的特点呢？让我们通过几个实验一起来探究一下。	仔细观察学生与教师的实验，思考趣味小实验背后的原理。 学生推测： ①该力为浮力。 由初中知识得知液体浮力能使物体浮在水面上。 ②该力不是浮力。 若是浮力，由 $F=\rho gV$，沉下去的曲别针所受的浮力更大，但它却沉下去了，与理论矛盾，所以该力不是浮力。

续表

教师活动	学生活动
  实验一：将带有细棉线的铁丝环浸入肥皂液里再拿出来，此时环上留下一层肥皂液的薄膜，用烧热的大头钉刺破某一侧的肥皂膜，观察细棉线的变化。	动手实验 实验现象：刺破某一侧肥皂膜，棉线往另一侧偏移。
  实验二：将牙签放在矩形铁环上并浸入肥皂液里再拿出来，此时环上留下一层肥皂液的薄膜，用烧热的大头钉刺破某一侧的肥皂膜，观察牙签的移动情况。	实验现象：刺破某一侧肥皂膜，牙签往另一侧移动。
  实验三：把一个棉线圈系在铁丝环上，使环上布满肥皂液的薄膜，用烧热的大头钉刺破棉线圈里的肥皂膜，观察棉线圈的变化。	实验现象：刺破中间的肥皂膜，棉线变成圆形。

续表

教师活动	学生活动
要求：动手实验并观察现象，得出结论。 教师总结并下定义：液体具有收缩趋势的力。 提问：肥皂膜为什么会有力的作用？请学生阅读课本后回答。 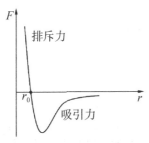 带领学生回顾分子动理论中的分子势能。 分析液体内部分子 A 和液体表面层分子 B 的受力情况。 提问：分子 A、B 的合外力会怎样？ 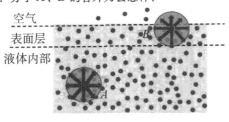 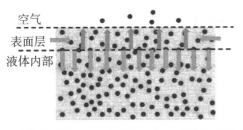 分析：液体内部分子 A 受到的来自四面八方的引力是对称的，合力为零。我们知道分子间作用力为斥力的作用距离比引力要小得多，所以 B 分子所受斥力可以看作是对称的，而引力则不同，靠近液体表面的分子 B 受到液体内部密集的液体分子对它的引力远大于上方稀疏的气体分子对它的引力，最终所受合力垂直于液面指液体内部。这样表面层分子在不平衡力作用下会自发地向液体内部移动，从而导致液体表面层分子比较稀疏，分子间距离较大。	思考并得出结论：肥皂膜对棉线（牙签）有力的作用。 学生回答：液体与气体接触的表面层分子比较稀疏，分子间距比液体内部更大。 1. 分子间平均距离 $R_0 < R < 10R_0$ 时，分子间的作用力表现为引力； 2. 分子间平均距离 $R < R_0$ 时，分子间的作用力表现为斥力。当 $R > 10R_0$，分子间作用力忽略不计。

续表

教师活动	学生活动
教师提问：当分子间距离较大时，分子间作用力呈现为什么力？ 分析：这样引力的作用就导致表面层在宏观上表现为一种收缩的力，使液体的表面积缩小。 液体表面张力：液体表面层分子间作用力表现为引力，宏观表现为液面上任意直线两侧存在一对与分界线垂直、大小相等、方向相反的力。这种力使液面绷紧，称为液体的表面张力——作用于液体表面，使液面具有收缩趋势的力。	学生回答：引力。 思考总结。
教师提问：为什么我们平时吹气泡的时候气泡会变成球形？	学生回答：液体表面具有向内收缩的性质，并且在体积相同时，球体的表面积最小，所以气泡呈球形。
教师提问：可不可能是因为吹气泡的口是圆形的呢？	学生回答：可能。 思考总结。
现象展示：用"V"形口的气泡管吹气泡，发现形成的气泡仍然是球形的，说明确实是因为表面张力的作用使气泡变成球形。 教师提问：为什么平时观察到的露珠是扁球形而不是标准球形？	学生回答：露珠受到重力的作用。
教师提问：有没有什么方法让液珠变成标准球形？	学生回答：放到太空，失重。
视频展示：太空授课。 情景解析：是什么力将曲别针托在水面上呢？ 引导学生画受力分析图。 	学生回答：表面张力。

续表

教师活动	学生活动
实验演示：玻璃和蜡面上的水珠。 教师提问：是什么原因导致玻璃上的水珠没有形成扁球形呢？	观察实验，找出区别。
带领学生回顾本节课所做实验和各个实验表现出来的物理现象，帮助学生建立起微观结构和宏观体现之间的联系。	回顾实验和知识点。
1. 液体表面张力产生的原因是（　　）。 A. 表面层的液体分子受到空气分子吸引 B. 液体表面层中的分子间距离比内部小，分子间相互作用表现为引力 C. 液体表面层中的分子间距离比内部大，分子间相互作用表现为引力 D. 液体表面层中的分子间距离比内部大，分子间相互作用表现为斥力 2. （多选）下列哪些现象是由液体表面张力造成的？（　　）。 A. 雨滴几乎成球形 B. 肥皂泡的形成 C. 毛笔蘸水后，笔头聚拢 D. 船舶能漂浮在水面上 3. 把锋利的玻璃块尖端放在火焰上烧熔，它的尖端就变钝了，请解释这一现象。	巩固练习。

第二部分　教学反思

本节课作为一节科学探究课，有一些亮点，也有一些不足，现对课堂教学进行如下反思。

一、可沿用之处

1. 本节课很好地达成了物理学科核心素养目标：从表面张力形成原因的探究过程，建立物理观念；分析表面张力产生的原因时，让学生联想到分子场理论的知识进行解释，掌握演绎推理和知识迁移的学习方法，以及质疑创新的能力，培养学生的科学思维；通过分组实验、观察现象、得出结论、探究步骤，培养学生的科学探究能力；利用太空授课，提高学生民族自豪感。

2. 本节课大量采用了教师演示实验、学生分组实验、微视频等，充分调动学生兴趣和积极性，使整节课始终在一种充满探索激情的氛围中进行。师生、生生之间都有充分的互动，让学生能充分展示实验成果和学习成果，给学生留下深刻的印象，取得了较好的教学效果。

3. 表面张力实验中的肥皂膜带动铁丝实验的器材相对粗糙，实验效果不明显；教师通过牙签代替铁丝的方法，改进实验方案，使实验效果更加明显，学生动手更加容易。本节课利用吹气泡玩具让学生真切体会是表面张力的作用使气泡变成球形，而不是因为气泡孔是圆形导致气泡是球形。此外，教师还添加了油珠悬浮于酒精溶液的演示实验，让学生更直观地感受抵消重力作用后液珠会形成标准的球体。

4. 设计红墨水分别滴在石蜡和玻璃板上，向学生展示不同的实验现象，为课堂留疑；同时也是为第二课时的教学做铺垫，很好地激起学生的学习兴趣。

二、需改进之处

1. 液体表面张力的产生原因比较复杂，表面层更是一个抽象的概念，只能通过课件动画演示的方法模拟表面层液体分子间距，但是对于基础薄弱的同学来说，理解表面张力的产生原因，仍有一定的难度。

2. 课标对本节课的要求为"通过实验观察液体表面张力现象，解释表面张力产生的原因，交流讨论日常生活中表面张力的实例"，本节课在交流讨论生活实例这一环节举的实例略少，且没配有相应的图片，学生一下子不容易进行联想，造成学生参与程度不高。

3. 理论解释"曲别针悬浮于水面"的课前实验时，应该让学生自己动手进行受力分析而不是教师代替学生做受力分析图，这样才能让学生更好地理解表面张力的方向，加强学生的受力分析能力，同时也能增强学生的信心，让学生明白每次的学习自己都能够学有所得。

总而言之，本节课给学生留下了深刻的印象，本人也收获良多。在今后的教学中，我会更加注重对学情的把握，深入挖掘学生的心理特点，让课堂更生动，学生更乐于接受。

（来源：2023年"致远杯"课堂教学大赛）

化学组

化学电源

林丽珠

第一部分　教学设计

一、教材分析

（一）内容
化学电源。

（二）内容解析
化学电源是高中教材中的一个重要知识点，本节内容包括化学电源工作原理，新型电源及绿色能源。学生对于抽象的原电池基础原理的学习难度较大，特别是在书写陌生电源电极方程式上存在很多问题。

二、学情分析

习得的知识、技能跟生活没有紧密联系起来，是学生在学习过程中感到枯燥和乏味的原因所在。若课堂从真实情境出发，引发认知冲突，能引导学生提出若干问题，并通过协作解决问题，就能使学生从被动的接受转换为主动的思考，这对提高学生分析和解决问题的能力具有重要意义。

作为高三的复习课程，学生已经有了一定的基础，大部分学生已经基本了解化学电源的工作原理，但是对于复杂的化学电源及新型化学电源，学生感觉难度颇大，亟待建立化学电源模型，从而掌握几种典型化学电源的电极方程式的书写。

三、教学策略

"任务驱动教学法"是一种建立在建构主义学习理论基础上的教学法。它以解决问题、完成任务为主的多维互动式教学为理念，将再现式教学转变为探究式学习，使学生处于积极的学习状态。每一名学生都能根据自己对当前问题的理解，运用已有的知识和自己特有的经验提出方案、解决问题。以多媒体辅助为媒介，以讲练结合、学生互评为主要形式，合作讨论。

四、教学目标

（一）育人目标

通过课堂教学，促使学生综合素质、核心素养、思维能力和实践能力的提升。从课堂出发，设置真实的情境，引发学生思考，以提高学生分析和解决问题的能力。

（二）知识目标

1. 通过对原电池基础知识的复习，链接化学电源的学习。
2. 通过对化学电源电极方程式的书写指导，掌握多种新型化学电源的电极方程式的书写方法，并形成书写电池电极反应式的一般思路。

课题	化学电源		课型	高三复习课
教材版本	人教版选修一		授课班级	高三（21）班
授课教师	林丽珠		时间	2020 年 11 月
教学目标	知识与技能	1. 了解常见化学电源的种类及其原理。 2. 掌握几种典型化学电池的电极方程式的书写。		
	过程与方法	1. 通过对原电池基础知识的复习，链接化学电源的学习。 2. 通过对化学电源电极方程式的书写指导，掌握多种新型化学电源的电极方程式的书写方法，并形成书写电池电极方程式的一般思路。		
	情感态度与价值观	通过讲练结合、学生互评等环节，培养学生模仿学习及合作学习的能力。		
学情分析	1. 普通班学生基础较差，知识掌握不牢固，学习自主性不够。 2. 学生对于抽象的原电池基础原理的学习难度较大，特别是在书写陌生电池电极方程式上存在很多问题。			
教学重点	新型电源电极方程式的书写。			
教学难点	新型电源电极方程式的书写。			
教学方法	以多媒体辅助为媒介，以讲练结合、学生互评为主要形式，合作讨论。			
教学环节	教师活动			学生活动

续表

环节一：回顾知识点	通过动画演示引导学生回忆原电池的工作原理，小结工作原理。 1. 原电池。 借助氧化还原反应，把化学能转化为电能的装置。 2. 电极反应。 负极：发生氧化反应　　$Zn-2e^-=Zn^{2+}$ 正极：发生还原　　$2H^++2e^-=H_2\uparrow$ （强调正负极反应，为后续书写电极方程式的第一步骤——找反应物、产物做铺垫。）	请学生回忆学过的铜锌原电池，并总结原电池的基本原理。
环节二：化学电源的分类	化学电源：化学电源的本质是氧化还原反应。 教师展示：各类电池的图片及实物。 	化学电池	一次电池	二次电池	燃料电池
---	---	---	---
定义	电池中的反应物质进行一次氧化还原反应并放电之后，就不能再次利用。	又称充电电池或蓄电池，在放电后经充电可使电池中的活性物质获得重生，恢复工作能力，可多次重复使用。	是一种连续地将燃料和氧化剂的化学能直接转化成电能的化学电源，又称连续电池。
例子	如：普通锌锰电池、碱性锌锰电池、锌银纽扣电池等。	铅蓄电池、镍镉电池、锂离子电池等。	氢气、甲醇、天然气、煤气与氧气组成燃料电池。		观看PPT。 学生听讲。
环节三：一次电池电极方程式书写方法的介绍	以锌银电池为例分析电极方程式的书写方法。 锌银电池。 负极：$Zn-2e^-+2OH^-=Zn(OH)_2$ 正极：$Ag_2O+2e^-+H_2O=2Ag+2OH^-$ 总反应：$Zn+Ag_2O+H_2O=Zn(OH)_2+2Ag$ 总结方法： 原则：遵循氧化还原反应型离子方程式书写的规则。 1. 找出反应物和生成物。 2. 电子守恒：计算电子转移数。 3. 电荷守恒：考虑反应环境即介质。 4. 原子守恒。 【即时练习】 锌锰干电池。 总反应式：$Zn+2MnO_2+2H_2O=2MnO(OH)+Zn(OH)_2$ 负极：$Zn-2e^-+2OH^-=Zn(OH)_2$ 正极：$2MnO_2+2H_2O+2e^-=2MnO(OH)+2OH^-$	学生听讲。 理解书写方法。 练习陌生电池电极方程式的书写。 即时巩固。

续表

环节四：二次电池电极方程式的练习	【即时练习】 铅蓄电池。 负极： $Pb+SO_4^{2-}-2e^-\!\!=\!\!=\!\!=\!\!PbSO_4$ 正极： $PbO_2+4H^++SO_4^{2-}+2e^-\!\!=\!\!=\!\!=\!\!PbSO_4+2H_2O$ 总反应： $Pb+PbO_2+2H_2SO_4\!\!=\!\!=\!\!=\!\!2PbSO_4+2H_2O$ 高考题练习 （2011 新课标全国）（节选） 铁镍蓄电池又称爱迪生电池，放电时的总反应为： $Fe+Ni_2O_3+3H_2O\underset{充电}{\overset{放电}{=\!=\!=\!=}}Fe(OH)_2+2Ni(OH)_2$ A. 电池的电解液为_____（填酸、碱）性溶液，正极为_____、负极为_____。 B. 电池放电时，负极反应为_____。	学生思考演练，课上消化。
环节五：燃料电池电极方程式的练习	（以 2012 年海南高考题过渡，引出甲烷燃料电池） 燃料电池。 以甲烷燃料电池为例： （1）酸性介质 总反应式：$CH_4+2O_2\!\!=\!\!=\!\!=\!\!CO_2+2H_2O$ 正极：$CH_4-8e^-+2H_2O\!\!=\!\!=\!\!=\!\!CO_2+8H^+$ 负极：$2O_2+8e^-+8H^+\!\!=\!\!=\!\!=\!\!4H_2O$ （2）碱性介质 总反应式：$CH_4+2O_2+2OH^-\!\!=\!\!=\!\!=\!\!CO_3^{2-}+3H_2O$ 正极：$CH_4-8e^-+10OH^-\!\!=\!\!=\!\!=\!\!CO_3^{2-}+7H_2O$ 负极：$2O_2+8e^-+4H_2O\!\!=\!\!=\!\!=\!\!8OH^-$ 高考题练习 （2012 年）（节选）肼-空气燃料电池是一种碱性电池，该电池放电时，正、负极的反应式分别为_____、_____。	学生分组讨论，并派出学生代表进行分析、讲解得出答案。
环节六：课堂小结	1. 建立电池的认知模型。 2. 归纳电极方程式书写的方法。	学生总结，谈谈课堂收获。

续表

板书设计
化学电源，锌银电池。 负极：$Zn-2e^-+2OH^-\!\!=\!\!=\!Zn(OH)_2$ 正极：$Ag_2O+2e^-+H_2O\!\!=\!\!=\!2Ag+2OH^-$ 总反应：$Zn+Ag_2O+H_2O\!\!=\!\!=\!Zn(OH)_2+2Ag$ 总结方法： 原则：遵循氧化还原反应型离子方程式书写的规则。 1. 找出反应物和生成物。 2. 电子守恒：计算电子转移数。 3. 电荷守恒：考虑反应环境即介质。 4. 原子守恒。 练习： ①锌锰干电池 ②铅蓄电池 ③燃料电池

第二部分　教学反思

　　本节课通过学生自我构建化学电源的模型，给予学生 20 分钟以上的自主探究、讨论、发言的时间，教师对学生的回答做出回应、点评，师生互动、生生互动，很好地实现了"学生为主体，教师为主导"的教学理念，在课堂上教师通过及时评价和引导，也实现了"教学评一体化"。课堂动静相宜，学生既有深度思考的空间，又有活跃表达的时刻，教学效果达到预期。

（来源：2020 年"凤凰杯"课堂教学大赛）

分子的空间结构

唐端亮

第一部分　教学设计

一、教材分析

（一）内容

分子的空间结构。

（二）内容解析

分子的空间结构是高中教材中的一个重要知识，本节内容包括分子的空间结构、价层电子对互斥模型和杂化轨道理论三部分。杂化轨道理论位于共价键和价层电子对互斥理论之后，对价键理论进行了完善和丰富，很好地解释了多原子分子的空间结构，并且形象地解释了原子之间的成键方法、有关物质的空间结构及其稳定性，还对后续配合物和晶胞的学习奠定了空间想象基础。

二、学情分析

作为高三的复习课程，学生已经有了一定的基础，大部分学生已经知道如何使用杂化轨道理论来解释已知分子的空间结构，但是为何采用此种杂化方式，基本上是不明白的，并且对于如何应用价层电子对互斥模型来预测陌生分子的空间结构要弱了好多。高三（25）班是一个化生政组合的班级，该班级学生没有选修物理学科，整体计算能力要弱一些。

三、教学策略

1. 借助模型探究分子空间结构，将抽象问题具体化。
2. 实物模型抽象化，建立认知模型。
3. 设置驱动问题，激发学生的学习动机。
4. 依据学生的认知规律，构造理论模型。具体思维模型就是分子是有空间结构的

→预测简单分子的空间结构→解释简单分子的空间结构。

四、教学目标

（一）育人目标

通过课堂设计，设置真实的情境，引发学生思考，促使学生综合素质、核心素养、思维能力和实践能力的提升，以提高学生分析和解决问题的能力。

（二）知识目标

1. 结合实例了解共价分子具有特定的空间结构，体会共价分子的多样性和复杂性，能借助实物、模型等建立对共价分子的空间结构的直观认识。

2. 能运用价层电子对互斥模型预测简单分子的空间结构，发展学生的模型认知能力。

3. 结合实例了解杂化轨道理论的基本内容、要点和类型（sp^3、sp^2 和 sp），在理解杂化轨道理论的基础上，对简单共价分子和离子的空间结构进行解释和预测。

（三）教学重点和难点

教学重点：应用价层电子对互斥模型预测简单分子的空间结构，应用杂化轨道理论解释分子的空间结构。

教学难点：中心原子上的孤电子对数的计算，用杂化轨道理论解释含有孤电子对的分子的空间结构。

五、教学过程

（一）基础扫描

1. 杂化轨道理论

（1）杂化轨道概念：在外界条件的影响下，原子内部能量相近的原子轨道重新组合的过程叫原子轨道的杂化，组合后形成的一组新的原子轨道，叫杂化原子轨道，简称杂化轨道。

（2）杂化轨道的类型与分子空间结构的关系。

2. 价层电子对互斥理论

（1）理论要点：①价层电子对在空间上彼此相距最远时，排斥力最小，体系的能量最低。

②孤对电子的排斥力较大，孤对电子越多，排斥力越大，成键键角越小。

（2）判断分子或离子空间结构"三步曲"：第一步，确定中心原子上的价层电子对数，中心原子的孤电子对数 $=\frac{1}{2}(a-xb)$，中心原子的价层电子对数 $=\sigma$ 键电子对数＋孤电子对数。a 为中心原子的价电子数，b 为与中心原子结合的原子最多能接受的电子数，x 为与中心原子结合的原子数。如 NH_3 的中心原子为 N，$a=5$，$b=1$，$x=3$，所以中心原子孤电子对数 $=\frac{1}{2}(a-xb)=\frac{1}{2}\times(5-3\times1)=1$。第二步，确定价层电子对的空间结构，由于价层电子对之间的相互排斥作用，它们趋向于尽可能的相互远离，已知价层电子对的数目，就可以确定价层电子对的空间结构。第三步，分子空间结构的确定，价层电子对有成键电子对和孤电子对之分，略去孤电子对，就可以确定相应的较稳定的分子空间结构。

（3）价层电子对互斥模型与中心原子杂化方式及分子空间结构的关系。

价电子对数	实例	成键对数	孤电子对数	VSEPR 模型名称	中心原子杂化方式	分子空间结构
2	$BeCl_2$			直线形		
3	BF_3			三角形		
	SO_2					
4	CH_4			四面体形		
	NH_3					
	H_2O					

（二）研读高考

例1.（2016年海南卷）$HClO_4$是酸性最强的含氧酸，该酸根离子的空间结构为_____。

例2.（2017年海南卷）$SiCl_4$分子的中心原子的价层电子对数为_____，分子的空间结构为_____。

例3.（2018年海南卷）H_2S分子的空间结构是_____，中心原子杂化类型为_____。

例4.（2019年海南卷）NH_3分子的空间结构为_____，其中N原子的杂化轨道类型为_____。

例5.（2020年海南卷）水分子中氧原子的杂化轨道类型为_____。

（三）归纳反思

$PO_4^{3-} \leftarrow SO_4^{2-} \leftarrow ClO_4^- \rightarrow BrO_4^- \rightarrow IO_4^-$

1. 同主族元素，作为中心原子或配位原子时，比如C和Si，N、P、As，O、S、Se，是否相似？

2. 作为配位原子时，H和Cl、Br、I等，—CH_3、—OH、—NH_2、—CN等基团连接在中心原子时，又该如何思考？

3. $NH_2^- \leftarrow NH_3 \rightarrow NH_4^+$ 有啥共同点和不同点？$SO_4^{2-} \rightarrow SO_3^{2-}$，$SO_3 \rightarrow SO_2$。

（四）巩固提高

例6.（2020年全国卷Ⅰ）磷酸根离子的空间结构为_____，其中P的价层电子对数为_____、杂化轨道类型为_____。

例7.（2019年全国卷Ⅰ）乙二胺（$H_2NCH_2CH_2NH_2$）是一种有机化合物，分子中氮、碳的杂化类型分别是_____、_____。

例8.（2018全国卷Ⅰ）$LiAlH_4$是有机合成中常用的还原剂，$LiAlH_4$中的阴离子空间结构是_____、中心原子的杂化形式为_____。

例9.（2020年全国卷Ⅱ）有机碱$CH_3NH_3^+$中，N原子的杂化轨道类型是_____。

例10.（2019年全国卷Ⅱ）元素As与N同族。预测As的氢化物分子的空间结构为_____。

例11.（2018全国卷Ⅱ）

①根据价层电子对互斥理论，H_2S、SO_2、SO_3的气态分子中，中心原子价层电子对数不同于其他分子的是_____。

②气态三氧化硫以单分子形式存在，其分子的空间结构为_____形，固体三氧化硫中存在如图所示的三聚分子，该分子中S原子的杂化轨道类型为_____。

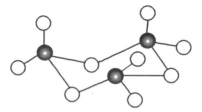

例12.（2018年全国卷Ⅲ）$ZnCO_3$中，阴离子空间结构为_____，C原子的杂化形式为_____。

（五）课后作业

《三维设计》第119页第2、3题。

第二部分　教学反思

本节课作为高三第一轮复习课，轨道杂化理论和价层电子对互斥模型都是解释或推测分子空间结构的知识，本节课合到一起复习，课堂容量较大。教学中贯彻以"学生为主体，教师为主导"的原则为前提，学生"主"，教师"导"，突出学生的主体地位，在知识点的学习上，教师大多以问题的形式，把思考的空间留给学生，让学生自己去构建知识模型，力图使学生变"被教"为"会学"。大量多媒体模拟引入等教学方式的运用，则是力图实现教学的多样化，将抽象枯燥的理论结合动画具体化，从而达到提高学生学习的兴趣、培养化学学科核心素养的目的。

本节课重难点突出，以学生复习价层电子对互斥模型预测简单分子空间结构时所遇到的困难，通过高考真题练习，自我归纳总结，提升对价层电子对互斥模型预测方法和杂化轨道理论在解释简单分子空间结构时的认知，在攻坚克难的同时，理顺了知识脉络，帮助学生建立了微观粒子的模型认知，学会了用杂化轨道理论解释简单分子的空间构型以及依据空间构型反推杂化类型的方法。利用了多媒体展示的方法，通过教师演示等活动明确了常见杂化轨道的构型，同时培养了证据推理与模型认知、科学探究与创新意识、宏观辨识与微观探析及科学精神与社会责任等化学学科核心素养。本节课教授的班级理科思维偏弱，计算能力欠缺，因是复习课，内容多，又主要是对理论的理解和认识，需要增加习题课进行加深理解和巩固。从学生课后的反馈情况来看，不少学生表示，对于知识仅仅机械地记住如何应用价层电子对互斥模型来预测简单分子的空间结构，但不理解其真正原因，这也提醒我们在新课授课时应更多注重理论产生的背景和由来，让学生理解科学家如何从发现问题、分析问题到解决问题的科学思维上来。

（来源：2021年"凤凰杯"课堂教学大赛）

原电池

朱 蕾

第一部分 教学设计

一、教材分析

本节内容选自高中化学人教版必修二第六单元以及选择性必修一《化学反应原理》第四章第一节的有关内容。本节课是学生在高三阶段对这一部分内容的一次综合性复习。原电池理论是电化学的基础，也是高中化学总复习的重点内容。"证据推理与模型认知"是化学学科核心素养的思维核心，本节内容帮助学生建立综合运用微粒观和氧化还原反应理论分析电化学的基本思路，既可以加深对氧化还原反应理论的认识，又可以自主构建电化学分析模型，又能以这个模型为载体用微观的、动态的、有序的思维分析生活生产中的常见应用，解释很多具体的化学问题，具有比较重要的理论意义和现实意义。原电池的原理及应用是中学化学教学的重点和难点之一，这部分内容理论性强，与实际联系紧密，是知识与能力、科学与人文的极佳结合点之一，也是高考的热点之一。

原电池考查的主要内容有：原电池原理、原电池的形成的条件、电极名称和电极反应，以及对一些新型电池的电极反应的书写。电化学反应的实质就是氧化还原反应，还涉及电解质溶液等知识，因此有比较宽的命题背景。

二、学情分析

（一）学生已有知识与能力

电化学内容属于化学基本概念和原理内容，是氧化还原反应理论的延伸和具体应用。学生在知识上已经复习了金属的性质、电解质溶液及氧化还原反应的有关知识，在能力上学生也具备了一定的观察能力、思维能力和归纳总结能力。微粒观可以帮助学生关注微粒的存在形式和发生电极反应的具体微粒，再和氧化还原理论结合可以帮助学生理解电极反应的书写方式。

（二）学生学习障碍点

由于原电池所涉及的多是微观世界的有关知识，比较抽象，因此也给部分学生造成了一定的学习难度。虽然对原电池装置和原理有一定的认识，但没有形成认知模型，且原电池的类型比较多，容易混淆，特别是对双液原电池中"氧化剂和还原剂不接触就能自发反应"存在困惑，对陌生的原电池装置不能找到自发的氧化还原反应，不能准确地找出发生电极反应的微粒。通过访谈调查，学生普遍认为原电池的题目情境新颖、信息量偏大，面对新型复杂电池装置，存在恐惧心理，无从下手，思路不够清晰。学生的其他模块知识的综合应用和分析能力有待提高。

三、教学策略

以电池的发展史为复习主线，创设问题情境，以问题为导向，启发学生思考、讨论并发现新问题。借助数字化实验的科学数据分析和动画模拟过程，通过对比新旧电池的变化，让学生自主形成并理解原电池的理论模型。在掌握原电池模型的基础上，分组讨论并总结电极反应方程式书写的方法。

四、教学目标

（一）育人目标

通过课堂设计，促使学生综合素质、核心素养、思维能力和实践能力的提升。从课堂出发，设置真实的情境，引发学生思考，以提高学生分析和解决问题的能力。

（二）知识目标

1. 沿着电池的发展史，通过分析单液、双液和隔膜电池，建构原电池的一般思维模型。

2. 通过一般模型的构建，要求学生能运用原电池思维模型分析其工作原理，掌握常见电池的电池反应和电极反应方程式的书写方法，体会变化与守恒的思想。

3. 通过对原电池的综合分析过程，进一步学习科学探究的基本方法，提高分析、推理和综合归纳的能力。

教学重点：通过原电池模型的构建，理解原电池原理及原电池的形成条件。

教学难点：新型电池装置的原理分析及电极方程式的书写。

五、教学过程

教学环节一：原电池思维模型建立

【视频】播放我国自主研发潜水器的磷酸铁锂电池相关视频。

【教师】出示课题，并请学生思考形成原电池的条件。

【学生活动】回忆原电池的形成的条件。

【教师】画出最简单的铜锌原电池装置模型，请学生根据模型分析工作原理。

【学生活动】分析工作原理。

【教师】评价学生的回答并结合装置图小结原电池工作原理。

【启发】根据原电池的形成条件，原电池是否有其他模型？

【学生活动】学生交流、讨论、回答。

【教师】盐桥的作用是什么？

【学生活动】平衡电荷，形成离子通道。

【教师】分析单液原电池、双液原电池到改良成隔膜电池，改良的依据是什么？工作原理是否一样？

【学生活动】学生交流、讨论、回答。

【小结】原电池的构成要素及工作原理。

教学环节二：电极方程式的书写

【教师】通过分析原电池的工作原理，我们对正负极的判断就不能只局限于电极的活泼性，而应根据模型中内外电路中离子的流向、氧化还原反应的外在特征、化合价的升降来判断。

【过渡】电池的发展史上创造了各种各样的新型电池，但是万变不离其宗，工作原理均一样，电极反应的书写遵循陌生氧化还原反应方程式的书写原则。请大家沿着化学电源的发展轨迹写出典型的一次电池、二次电池、新型燃料电池的电极反应方程式。

【学生活动】分组讨论、书写。

【教师】适当提示：也可以首先书写较易写出的电极反应式，然后用总反应式减去该电极反应式即得到另一电极反应式。（教师巡视并适当参加学习困难小组的讨论）

【点评】结合学生书写讲解，并点评学生典型错误。

【教师】若将氢氧燃料电池装置改装为质子交换膜，电极反应方程式如何书写？若将电解质换为固体氧化物（高温下传导 O^{2-}），电极反应方程式又如何书写？

【学生活动】思考、回答。

【归纳总结】原电池电极反应式的书写方法。

1. 找物质，确定两极的反应物和直接反应产物。

2. 根据介质环境和共存原则确定最终产物。

3. 配平（电荷、得失电子守恒）。

教学环节三：体验高考原题

1. 某燃料电池主要构成要素如图所示，下列说法正确的是（　　）。

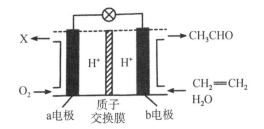

A. 电池可用于乙醛的制备

B. b 电极为正极

C. 电池工作时，a 电极附近 pH 值降低

D. a 电极的反应式为 $O_2+4e^-+4H^+$ $==2H_2O$

2. 一种高性能的碱性硼化钒（VB_2）-空气电池如右图所示，其中在 VB_2 电极发生反应：$VB_2+16OH^--11e^-=VO_4^{3-}+2B(OH)_4^-+4H_2O$，该电池工作时，下列说法错误的是（　　）。

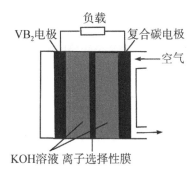

A. 负载通过 0.04 mol 电子时，有 0.224 L（标准状况）O_2 参与反应

B. 正极区溶液的 pH 降低、负极区溶液的 pH

升高

C. 电池总反应为 $4VB_2 + 11O_2 + 20OH^- + 6H_2O = 8B(OH)_4^- + 4VO_4^{3-}$

D. 电流由复合碳电极经负载、VB_2 电极、KOH 溶液回到复合碳电极

教学环节四：归纳小结　感受国家科技的发展

【教师】原电池工作原理小结。介绍国家在新型电池的最新研究，每一种新电池的研发都不是终点而是一个过程，激励学生为国家的科技进步做贡献。

第二部分　教学反思

本节课的设计将科学史融入高三复习，多媒体辅助教学，不仅可以展示知识发生的动态过程，还能把科学家探究过程运用的观察与实验、推理与建模等研究方法展示出来，突出重点和突破难点，较好地达成了教学目标。学生通过电池模型的改进讨论、电极方程式书写的总结和典型例题的分析，设置的问题具有一定的针对性和指向性，及时反馈，对学生进行全方位、多角度的启发和指导，引导学生将知识条理化、系统化、规律化，构建模型并内化，培养学生获取信息、分析解决问题的能力。虽然课堂容量大，但是由于学生基础较好，思维活跃，大部分学生参与度较高。

依然有缺憾的地方，主要有两点：

1. 为了本节课的内容完整性，课堂容量大，这一点既是优点又是缺点，学生有一定的基础，在高容量的课堂上激发了求知欲，积极讨论发言，但由于时间的关系，老师的鼓励、评价及总结并不完整，有些知识点的总结用 PPT 一带而过，忽略了少部分基础不好的学生。

2. 试题讲解后，没有留时间给学生对要点进行自我梳理，缺"内化"。

（来源：2021 年"凤凰杯"课堂教学大赛）

共价键

符尧文

第一部分　教学设计

一、教材分析

《普通高中化学课程标准（2017 年版 2020 年修订）》对必修课程中"化学键"的内容要求是：认识构成物质的微粒之间存在相互作用，结合典型实例认识离子键和共价键的形成，建立化学键概念。模块 2"物质结构与性质"中对该部分内容的要求：根据微粒的种类及微粒之间的相互作用，认识物质的性质与微观结构的关系。理解共价键的本质和特征。高考对这部分内容的考查有：电子式书写、共价键的分类、键参数、反应热的计算，比较物质熔沸点的大小、辨析物质的性质与物质微观结构的关系等。结合课标要求，"化学键"的复习安排两个课时，"共价键"为第一课时。通过复习，使学生建立规范书写电子式的认知模型，能够理解物质宏观性质与微观结构的关系，强化模型：微粒→微粒之间的相互作用→晶体模型→晶体的性质，并能应用该模型分析问题，理解微粒间相互作用与性质的内在联系。

二、学情分析

学生在必修一的学习中以 NaCl 和 HCl 的形成过程，认识了离子键和共价键的形成，构建化学键的概念，在"物质结构与性质"中进一步学习了共价键模型、分子的空间结构、配位键、分子间作用力，以及晶体结构等知识，提高了学生对物质宏观性质和微观结构之间联系的认知水平。但因为学生对之前建立的模型的遗忘以及知识点间的混淆，常将分子稳定性的影响因素与物质熔沸点影响因素混淆了，不能很好地分析微粒的相互作用对物质性质的影响。

三、教学策略

课前了解学生的前置概念，关注学生的认识偏差。课堂上设置适当的学习任务和学习活动，帮助学生理解概念。课堂中设置多个有效性提问，引发学生思考，通过对比归类，帮助学生纠正原有的错误认知。

四、教学目标

（一）育人目标

通过课堂设计，促使学生综合素质、核心素养、思维能力和实践能力的提升。从课堂出发，设置真实的情境，引发学生思考，以提高学生分析和解决问题的能力。

（二）知识目标

1. 通过电子式的书写训练，形成正确书写电子式的方法，提高学生符号表征能力。

2. 通过复习，形成基于构成物质的微粒种类来判断化学键类型的认知模型，增强"分类"意识。

3. 通过对物质结构决定性质的讨论，建立基于结构决定性质的认知模型，发展"宏观辨识与微观探析"的学科核心素养。

五、教学过程

教学环节	驱动问题与任务	师生活动	设计及评价意图
引入课题	$NaCl$、金刚石、CO_2、金属 Cu 的晶体中分别存在什么类型的化学键？各类化学键的成键元素有何特点？各类化学键的成键本质相同吗？	【学生活动】回忆、讨论、回答问题。【教师活动】评价学生回答问题的表现。归纳化学键的分类、成键元素、成键微粒间的相互作用。	检测学生对化学键的掌握情况，组织学生讨论，对化学键的相关内容进行补充和修正。
构建电子式书写模型	本节课重点复习共价键。请写出 $MgCl_2$、H_2O、CO_2、N_2 的电子式。	【学生活动】书写电子式，评价同学的书写。【教师活动】组织讨论。	规范电子式的书写，明确电子式书写模型：分类→成键微粒→确定位置→书写。通过共价化合物电子式的书写，体会分类思想及八隅律原则。

续表

教学环节	驱动问题与任务	师生活动	设计及评价意图
探讨晶体结构与性质的关系	1. 根据上述物质电子式的书写，我们可以从哪些角度对共价键进行分类？ 2. 可以用哪些物理量来描述共价键的性质？ 3. 哪些键参数描述共价键的强弱？根据资料中的数据你能得出什么结论？ 4. 哪类晶体中含有共价键？ 5. 共价键的强弱会影响共价晶体和分子晶体的什么性质？如何影响？ 6. 比较物质性质的步骤是什么？	【学生活动】 讨论、回答问题。 【教师活动】 组织讨论，补充，板书。 随堂诊断： 下列说法正确的是（　　）。 A. 所有的物质中都存在化学键 B. 离子化合物中只含离子键 C. π键不能单独存在 D. 碳碳双键的键能是碳碳单键的键能的两倍 【教师活动】提供资料。 【学生活动】通过分析资料数据，得出结论：分子中，原子间共价键键长越短，键能越大，共价键越稳定。共价键影响分子的化学性质。 【学生活动】 通过讨论明确： 1. 原子通过共价键形成共价晶体或分子，分子通过分子间作用力形成分子晶体。共价晶体和分子晶体中存在共价键。 2. 共价键强弱影响共价晶体的物理性质和化学性质，却只影响分子晶体的化学性质。 3. 结构相似的共价晶体，原子间共价键键长越短，键能越大、熔点越高、硬度越大。	根据学生书写的电子式从不同角度对共价键进行分类，回忆 σ 键、π 键的特点，以及键参数的应用，并通过随堂练习检测学生的掌握情况。 学生能基于证据，通过分析推理得出结论，培养学生的证据意识。 通过讨论，使学生区分共价晶体性质比较与分子晶体性质比较的关注点不同，建构比较物质性质的认知模型：明确要比较的性质→明确晶体类型→明确构成晶体的微粒种类→明确微粒间的相互作用→比较性质。
课堂小结	1. 通过本节课的学习，你对共价键的内容有哪些新的认识？ 2. 比较物质性质的分析思路是什么？	【学生活动】分享收获。	通过分享，促使学生修正原来的知识结构。建构比较物质性质的一般思路。

第二部分　教学反思

　　本节课属于概念教学，概念教学是相对枯燥的。因此教学过程中主要以问题驱动、问题解决的方式推进，通过对学习问题的讨论，将教学内容进行分解。在问题解决的过程中规范和深化学生的认知，最终完成教学目标。

根据学生作业的反馈，学生书写电子式时易把共价键的电子式写成离子键的表达方式，并且书写共价化合物电子式时因为没有理解八隅律，导致书写错误。本节课中，通过复习再一次规范了学生的书写。结构与性质之间的关系这个知识点上，学生常常误认为共价键的强弱会影响分子晶体的熔沸点。为了突破这个难点，本节课中给学生提供了金刚石和 CO_2 的晶体模型，通过对问题的探讨，建构以下认知模型。

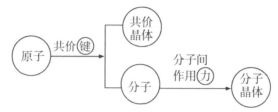

使学生清晰认识共价键只影响分子化学性质，而分子晶体的熔沸点则只与分子间作用力有关。通过谈论，明确比较物质性质的步骤：明确要比较的性质→明确晶体类型→明确构成晶体的微粒种类→明确微粒间的相互作用→比较性质。随后的随堂检测也反馈出建模后学生能清晰地分析物质性质与结构的关系。

本节课，以问题驱动为明线，通过多个有效性提问启发学生思考，体现了"学生为主体，教师为主导"的课堂模式，促进"宏观辨识与微观探析""证据推理与模型认知"的学科核心素养的发展，但是在设问上语言还不够精准，造成学生的回答方向有偏差，耗时较长，而习题的选择上综合性强，难度较大，影响了课堂的容量。

（来源：2021 年"凤凰杯"课堂教学大赛）

工业条件的选择与化学平衡

吴 敏

第一部分 教学设计

一、教材分析

合成氨工业对化学工业、我国实现农业现代化具有重要意义，是重要的化学工业之一。同时，氮气、氢气合成氨反应也是一个学生熟悉的、典型的平衡体系。本节课以此为研究对象有利于学生应用化学平衡理论和化学反应速率理论并尝试综合选择化工生产的适宜条件，从而体会化学热力学理论和化学动力学理论对生产实践的指导作用。

教材为学生提供了关于合成氨反应的热力学、动力学实验数据，使他们能够利用这些资料展开讨论，初步尝试利用理论分析化工生产中的实际问题，选择工业合成氨的适宜条件。

二、学情分析

学生已经复习过化学反应速率以及平衡的相关内容，但是对于如何综合考量两者的相关因素并解释工业条件的选择方面还需进一步加强，所以本节课有利于学生应用化学平衡理论和化学反应速率理论综合分析化工生产的适宜条件。学生已有一定的分析数据能力，因此可以从相关数据中体会化学热力学及动力学对生产实践的指导作用。

三、教学策略

新课程理念倡导学生能够从问题和任务出发，积极主动地通过自主学习、交流研讨、合作探究等活动，以获取知识和技能、发展能力、培养情感体验为目的的学习方式，本节课是以此为指导思想展开的。本节课的重点是应用化学反应速率和化学平衡原理选择合成氨的适宜条件，教学主旨是使学生了解应用化学反应原理选择化工生产条件的思路和方法，初步形成从多方面综合思考问题的意识。

在本节课的各教学环节中，力争做到：

1. 联系生活实际，合理创设情境，激发学生学习兴趣。
2. 强化学生主体地位，引导学生积极参与。
3. 采用自主、合作、探究的方式，并对学生进行全方位、多角度的启发和指导，让学生真正成为学习的主人。

四、教学目标

（一）育人目标

通过相关数据，应用勒夏特列原理分析合成氨的适宜条件的选择原因，体现"变化观念与平衡思想"的化学核心素养。设置真实的情境，引发学生思考，以提高学生分析和解决生产中实际问题的能力，体验实际生产条件的选择与理论分析的差异，发展"科学精神与社会责任"的核心素养。

（二）知识目标

1. 通过自主学习，应用化学反应速率和化学平衡原理选择合成氨的适宜条件。
2. 交流研讨，引导学生应用化学反应原理选择符合化工生产条件的思路和方法。
3. 达标练习，学以致用，了解化学理论在实际生产中的应用。

五、教学过程

环节一：袁隆平为杂交水稻引入工业合成氨

【教师引入】众所周知，民以食为天，粮食问题是关乎一个国家人民基本生存的需求，袁隆平的出现，为粮食问题的解决做出了巨大的贡献。袁老在世时曾经说过自己的两个梦想，一个是禾下乘凉梦，一个是杂交水稻覆盖梦，在梦里，水稻长得跟高粱一样高，穗子像扫把那么长，籽粒有花生米那么大。这是他对杂交水稻高产的一个理想追求。然而要想实现水稻的高产需要大量的氮素营养，可是植物不能直接利用空气中大量存在的氮气，需要将氮元素从游离态转化成化合态才能被利用，因此人们将目光转向了合成氨工业，实现了利用空气制造氮肥。

【教师】那么合成氨是如何利用空气制造氮肥，利用哪种化学反应？

【学生】氮气与氢气的反应。

【教师】为什么不选择氮气与氧气反应来实现氮的固定？请同学们分析数据来说明。

化学反应（$T=298$ K）	焓变	熵变
$N_2(g)+O_2(g)\Longrightarrow 2NO(g)$	$\Delta H=+90.25$ kJ·mol^{-1}	$\Delta S=+124$ J·mol^{-1}·K^{-1}
$N_2(g)+3H_2(g)\Longrightarrow 2NH_3(g)$	$\Delta H=-92.2$ kJ·mol^{-1}	$\Delta S=-198.2$ J·mol^{-1}·K^{-1}

化学反应	化学反应温度/℃	平衡常数
$N_2(g)+O_2(g)\Longrightarrow 2NO(g)$	25	$K=3.8\times10^{-31}$
$N_2(g)+3H_2(g)\Longrightarrow 2NH_3(g)$	25	$K=5\times10^8$

【学生】从化学平衡的视角分析，通过计算 $\Delta H-T\Delta S<0$，在298 K时合成氨反应可以自发进行，且 K 值较大，反应程度大，所以可用氮气和氢气反应生成氨气来实现向空气要氮肥。

【教师】说明利用氮气和氢气进行固氮的可操控性远远大于氮气与氧气反应。

环节二：合成氨工业条件选择原因

【过渡】我们通过上述数据得出在常温下合成氨存在自发的可能性，那是不是说明常温下可以用于工业生产？若不是，那么合成氨的工业条件是什么？为什么选择这样的条件？请同学们相互讨论，试着通过自己所学知识分析一下。

【教师】在回答合成氨的工业条件前，请同学们回顾一下什么是平衡移动原理？哪些条件可能会影响到平衡移动？

【学生】浓度、温度、压强。

【教师】能否具体阐述一下这三种条件是如何影响平衡移动的？

【学生】反应物浓度、生成物浓度、压强、温度。

【教师】这位同学带领了大家复习了一下勒夏特列原理（教师展示原理的定义）。

那么请从这个原理的角度具体分析一下合成氨条件的选择。

1. 浓度角度

问题1：原料来源。

问题2：首先如何投料？请同学们分析下图，通过下图你可以得出什么结论？

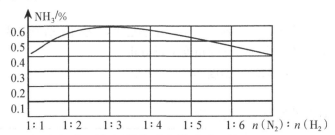

问题3：考虑成本因素时，增大哪种反应物浓度更好？

【学生】投料比1：3时，氨气含量最大。

【教师】而实际工业生产中为1：2.8，相当于适当增加了氮气的含量，原因是什么？

【学生】氢气昂贵，从成本角度考虑，增加氮气含量。

问题4：是否能从反应物的角度提高氨气的产量？从绿色化学的角度，如何合理处理尾气？

2. 压强、温度角度

【教师】分析下列图表，得出结论。

温度/℃	氨的含量/%					
	0.1 MPa	10 MPa	20 MPa	30 MPa	60 MPa	100 MPa
200	15.3	81.5	86.4	89.9	95.4	98.8

续表

温度/℃	氨的含量/%					
	0.1 MPa	10 MPa	20 MPa	30 MPa	60 MPa	100 MPa
300	2.20	52.0	64.2	71.0	84.2	92.6
400	0.40	25.1	38.2	47.0	65.2	79.8
500	0.10	10.6	19.1	26.4	42.4	57.5
600	0.05	4.50	9.10	13.8	23.1	31.4

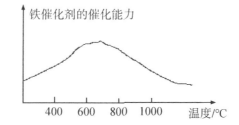

【学生】高压低温。

【教师】选择的压强能否过高？温度能否过低？

【学生】压强越大，对设备的要求越高，压缩 H_2 和 N_2 所需要的动力越大，因此选择压强。

应符合实际科学技术；温度越低，反应速率越小，达到平衡所需要的时间越长，因此温度也不宜太低；从催化剂活性的角度进行分析。

【教师】压强 10—30 MPa；温度 400—500 ℃。

【小结】

化工生产适宜条件选择的一般原则。

条件	原则
从化学反应速率分析	既不能过快，又不能太慢
从化学平衡移动分析	既要注意外界条件对速率和平衡影响的一致性，又要注意二者影响的矛盾性
从原料的利用率分析	增加易得廉价原料，提高难得高价原料的利用率，从而降低生产成本
从实际生产能力分析	如设备承受高温、高压能力等
从催化剂的使用活性分析	注意催化剂的活性对温度的限制

环节三：科技发展改变生活

通过构筑 H_2/N_2 生物燃料电池，以氮气和氢气为原料，在合成氨的同时还能获得电能。

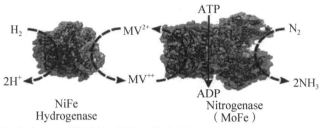

NiFe
Hydrogenase

Nitrogenase
（MoFe）

环节四：聚焦高考——勒夏特列原理的应用

NO 与 CO 是燃油汽车尾气中的两种有害气体，常温常压下它们之间的反应：
$2CO(g)+2NO(g)\rightleftharpoons 2CO_2(g)+N_2(g)$，$\Delta H=-374.3\ kJ\cdot mol^{-1}$，$K=2.5\times10^{60}$，反应速率较小。有关该反应的说法正确的是（　　）。

A. K 很大，NO 与 CO 在排入大气之前就已反应完全

B. 增大压强，平衡将向右移动，$K>2.5\times10^{60}$

C. 升高温度，既增大反应速率又增大 K

D. 选用适宜催化剂可达到尾气排放标准

第二部分　教学反思

这节课为第一轮复习《化学平衡的应用》，化学平衡是高中化学中难点知识点之一，主要的原因是内容较抽象，涉及动态过程，于是我以学生熟悉的案例出发，从综合角度对此内容进行了数据化调整。总体来讲，本节课达到了一定的教学效果，但还有很多值得提高和总结的地方，下面简单地回顾一下。

1. 由于本节课是一节 45 分钟的复习课，学生有一定的基础，基本知道平衡是一个动态的过程，不是静态的，所以说基本达到了引入的目的，但感觉还是有些牵强和草率，学生不能完全按照原来设计的思路进行。

2. 在讲课的过程中总是担心学生说不出自己想要的答案，所以感觉自己讲的东西过多了点，而留给学生思考、分析的时间稍微少了点。在学生分析练习时，应做到倾听，而不应有过多的讲解，这也需要在后面的讲课中改正。

3. 课堂上要及时对学生的学习行为进行评价，我自认为这节课我做得还是比较好的。在每个学生回答问题以后，我及时反馈，从而让学生在一种快乐而轻松的环境下完成学习。

4. 本节课的重点、难点知识还是需要进一步突破，是通过深入讲解呢？还是通过练习得以突破？我想应以学情为主，再附加适当的讲解，并添加对应题目进行强化，我想效果会更好一点。我将在第二轮复习的过程中，以学生的听为主，辅以适当的讲解，我相信这节课的内容学生将得到较大程度的理解和消化，达到一个比较理想的效果。

（来源：2022 年"凤凰杯"课堂教学大赛）

生物组

细胞器的分工与合作

于春丽

第一部分　教学设计

一、教材分析

本节课包括"细胞器之间的协调配合""细胞的生物膜系统",是学生认识细胞整体结构的重要组成部分,在本章中占有重要地位。本节课是第二课时,主要内容是分泌蛋白的合成和运输,并且在结构和功能两方面认识到细胞的生物膜系统是互相联系的。本节课的内容同时也为后面学习植物细胞吸水和失水、细胞呼吸、光合作用、有丝分裂等内容打下基础,在整本教材中也有着重要的意义。

二、学情分析

学生在初中生物课中已学习过细胞基本结构和光合作用的有关知识,对叶绿体等部分细胞器有了初步的认识,但是,对细胞器的种类和名称认识不全,第一课时主要是学习各种细胞器,认识细胞器的结构和功能,学生在此基础上可能会认为各个细胞器是相互独立、没有任何联系的,通过学习分泌蛋白的合成和运输能理解各个细胞器之间的协调配合,进而理解细胞的生物膜系统。通过本节课内容的学习,可以在这些经验的基础上构建新概念,发展学科核心素养。

三、教学策略

本节课通过几幅细胞的图片,回顾其功能,导入新课的学习,充分锻炼了学生的识图能力和语言表达能力;分析分泌蛋白合成与运输的过程;引导学生在自主学习的基础上,借助图形、数据分析等归纳比较、交流疑惑、发表见解、归纳总结。根据学生模型构建过程中出现的问题,进一步进行精讲,答疑解惑,补充拓展。阐明内质网膜、高尔基体膜及细胞膜等生物膜系统在结构与组成成分方面的联系;还通过人工透析分析,进一步认识生物膜系统的应用。最后呼吁学生在生活学习中要注重协作，以求共同进步，发展学科核心素养，培养良好的学习习惯。

四、教学目标

1. 通过学习分泌蛋白的合成和运输，简述细胞器之间是协调配合的，进而认识到生物膜是一个系统，阐明生物体的结构与功能是相适应的。（生命观念）

2. 通过学习同位素标记法在分泌蛋白合成中的应用，学会观察并且能够推理得出分泌蛋白合成所需的细胞器结构，形成科学思维和掌握科学探究能力。（科学思维和科学探究）

3. 通过本节课的学习，认识到细胞器之间需协调配合才能高效运作，说明人与人之间也是需要合作才能事半功倍的。（社会责任）

五、教学过程

学习阶段	教师活动	学生活动	设计意图
创设情境，导入新课。	复习式导入：通过展示四幅细胞器的图片，回顾功能，观察功能间的共性，引导学生思考这些细胞器之间是不是存在某种协作呢？导入新课。	学生观看图片，回顾旧知。	回顾旧知，引发思考，培养学生的科学思维和科学探究，激发学生的学习兴趣，引入新课。
一、细胞器之间的协调配合。	教师给出过渡语，展示分泌蛋白的概念。 边学边练： 判断下列化合物是否为分泌蛋白（是的打√，不是的打×）：唾液淀粉酶、呼吸酶、胰岛素、性激素、免疫球蛋白，让学生进一步区分分泌蛋白与胞内蛋白。 教师引导学生通过阅读课本同位素标记法材料及图解，分析和放射性标记的物质先后出现的顺序曲线，引导学生思考并完成以下问题： 1. 分泌蛋白合成和分泌的研究采用了什么科学方法？ 2. 分泌蛋白合成和分泌依次经过哪些细胞器？ 3. 分泌蛋白合成和分泌依次经过哪些细胞结构？	学生思考并回答问题。 学生通过观察思考，阐述同位素标记法的原理。 通过分析分泌蛋白从合成至分泌到细胞外依次经过哪些细胞器或细胞结构。归纳分泌蛋白从合成至分泌到细胞外有哪些细胞器或细胞结构参与。	培养学生分析、归纳、总结能力。

续表

学习阶段	教师活动	学生活动	设计意图
二、细胞器之间的协调配合。	引导学生观看视频及角色扮演，让学生尝试描述分泌蛋白合成与运输的过程。进一步思考并回答问题。 问题1：此过程中内质网、高尔基体、细胞膜的面积如何变化？ 问题2：此路径能否运输细胞膜上的蛋白质？ 问题3：在囊泡形成和运输过程中有无信息的识别或传递？ 通过引导学生对图形及材料的分析，归纳各种生物膜之间结构和成分的联系。 提出问题： 1. 与内质网直接相连的膜结构有哪些？哪些膜结构间存在着间接联系？ 2. 各种膜结构在组成成分上有什么联系？	学生观看视频及角色扮演，尝试描述分泌蛋白合成与运输的过程并构建相应的模型，阐明分泌蛋白合成与运输的过程，并对过程中易错知识进行进一步思考。 学生结合图形分析得出内质网向内与核膜直接连接，向外与细胞膜直接连接。同时高尔基体膜与内质网膜和细胞膜之间又通过囊泡间接相连。因此结构上相似。 比较各种膜结构的组成成分的数据，分析归纳出各种膜结构在组成成分中种类相似，含量有差异。	培养学生联系已有的知识，进而发现问题、提出问题、归纳得出结论的能力。 通过对模型的构建，归纳分泌蛋白合成与运输的过程，培养学生分析、归纳、总结的能力。 进一步认同细胞器之间的协调配合。
归纳总结。	引导学生构建本节课的知识网络。	整理本节课的内容并构建知识网络。	培养学生归纳、总结的能力。发展学生的科学思维，培养学生良好的学习习惯。
课后任务：制作本节思维导图。	布置任务：制作本节课的思维导图。	制作思维导图。	有助于提升学生的学习体验和分析能力。

第二部分　教学反思

一、优点

　　本节课是学习了细胞器的结构和功能，即细胞器分工不同之后，进一步探讨细胞器之间的协调配合，在于培养学生新旧知识联系的习惯，学会推陈出新，引入本节课的探究。探讨的相关问题与学生的日常经验联系较多，特别是同位素是化学知识，各种酶等物质都是大家初中就学习了的。

二、不足

　　边学边练环节分泌蛋白与结构蛋白应该降低难度或者果断删掉，为后面总结部分节省出时间；在构建模型环节可以多设学习小组，让大家尽可能地都锻炼动手能力；前面模型构建花的时间有点多，最后小结得有点仓促。

（来源：2021 年"凤凰杯"课堂教学大赛）

免疫调节

程海鹏

第一部分　教学设计

一、课标要求

大概念：生命个体的结构和功能相适应，各结构协调统一完成复杂的生命活动，并通过调节机制保持稳态。

重要概念：免疫系统能抵御病原体的侵袭，识别并清除机体内的衰老、死亡或异常的细胞，实现机体稳态。

次位概念：

1. 免疫细胞、免疫器官和免疫活性物质是免疫调节的结构与物质基础。

2. 概述人体的免疫包括生来就有的非特异性免疫和后天获得的特异性免疫。

3. 阐明特异性免疫是通过体液免疫和细胞免疫两种方式，针对特定的病原体发生的免疫应答。

4. 举例说明免疫功能异常可能引发的疾病，如过敏反应、自身免疫病、艾滋病和先天性免疫缺陷病等。

二、教材分析

本节课为选择性必修 1 稳态与调节模块第 4 章一轮复习第二课时，免疫调节在高考考纲中要求为 Ⅱ 类，是高考考查的重点和热点。

《普通高中生物课程标准》在"课程设计思路"中明确指出"稳态与调节"模块重在引导学生"认识生命系统结构和功能的整体性"。在具体内容标准中，把"概述人体免疫系统在维持稳态中的作用"安排在"动物和人体生命活动的调节"这一主题下，可见，新课标是将免疫视为人体生命活动调节的一种方式，突出免疫系统对于机体稳态维持的作用，意在从更深层次上揭示生命活动的整体性。另外，免疫学知识与学生的实际生活联系较多，特别是在当下疫情时有发生的背景下，该模块对于学生"形成积极健康的生活方式"是不可或缺的。前面两节课已经学习了维持内环境稳态的两种调节方式，学生对内环境稳态的认识和调节方式已经掌握得比较好，本节课既是在以前新课已经讲解的基础上进行回顾、联系和应用训练，也是对人体和动物内环境稳态调节方式的总结。

本节知识内容要揭示的是免疫调节的三大防线及每道防线的具体组成和作用过程，通过学习，学生能认识到内环境稳态不仅需要神经调节和体液调节，还需要免疫系统的防御、监测和自稳功能，也能对内环境稳态的认识更完整和更全面。

三、学情分析

知识基础：学生在初中已学过免疫学的基础知识，又经过了新课程的知识学习，对人体的三道防线，对免疫的组成和功能以及特异性免疫等都有一定的认知基础。但对于非特异性免疫和特异性免疫的相关知识有一些遗忘，对两者之间的联系等缺乏深入系统的认识和理解。

通过第一课时的复习，学生已经掌握了免疫系统的组成和功能的相关知识，在此基础上，本节课重点针对特异性免疫过程进行复习和应用的训练。

情感基础：免疫学知识与生活联系紧密，与每个人的健康息息相关，特别是本轮新冠疫情持续时间长、影响大而广，受到社会普遍重视和关注，教师正好抓住这一契机，激发学生对免疫知识学习的渴望。

能力基础：高中学生对科学探究有了一定的认识，具备一定的资料分析能力以及归纳总结能力。

四、教学目标

（一）生命观念

1. 通过免疫系统各组成、器官之间的紧密联系和协调配合，突出系统观。

2. 免疫系统的结构、层次、组成和功能体现结构和功能观。

3. 身份标签、信息分子及其识别等相互作用体现信息观。

4. 再通过各种调节共同作用，共同维持内环境相对稳定即稳态，体现了稳态和平衡观。

（二）科学思维

本节课通过利用新冠疫情具体案例来进行情境创设，需要逻辑分析，讨论并相互质疑，体现了科学思维中的批判性思维，在案例分析中通过原因分析过程又能训练学生的辩证性思维和创新意识。

（三）科学探究

通过全新的热点案例创设出情境，通过问题串来引发思考、讨论、联系与应用生活实际问题和社会热点问题，对于培养学生分析、探索和解决问题的能力具有重要的价值。

（四）社会责任

从案例中体现对中国政策的认同，从中国医护工作者和志愿者的默默付出中体会到奉献精神和社会关爱，从中国疫苗走出国门公平发放体会到科技自信、民族和文化自信，从我能为疫情做些什么、从反面案例中体会到面对疫情人人有责的社会责任感。

五、教学重难点

1. 教学重点：体液免疫和细胞免疫的过程。
2. 教学难点：体液免疫和细胞免疫的相互配合、差异和应用。

六、"教－学－评"一体化设计

教			学	评	
教学目标	核心问题	创设情境	主要任务	表现标准	评估任务
加深对次位概念的理解。	问题1：有的感染者为什么没有症状？ 问题2：疫苗是什么？根据什么原理制作出来？	通过当下最关注的疫情传播状况，利用学生关注的焦点引入到本节课知识即免疫调节的理论知识学习中来。并通过疫苗制作的的任务驱动，让学生以小组活动的形式思考进而内化免疫调节过程。	请设计一种新冠病毒疫苗制作流程。	学生回答问题后，生生之间的相互评价；在活动相互探讨过程的一些碰撞本身就是评价的一种体现形式；学生展示活动成果后，其他同学提出的质疑、指出问题或修正等过程，教师对学生及时做出的评价。	在活动中相互探讨，在他人回答或展示时评价修正等，教师的综合评价和补充性评价。
深入理解次位概念。	问题1：疫苗是如何在人体中发挥作用的？疫苗有几种类型？ 问题2：完成针对性训练题。	进入高三面对高考的应试情境中。	完成针对性练习题，有困难的问题课小组讨论解决。	完成练习后的回答和展示，其他同学的评价和修正完善，或者有相反的观点表达，甚至表达后产生碰撞等，教师的评价和修正完善。	学生互评。教师评价。

续表

教			学	评	
通过注射疫苗的实际过程案例，分析问题以加深对次位概念的理解认识，并通过问题让学生认识到自身的社会责任，以提高学科的核心素养。	问题1：再次注射疫苗时为何要留观？两次疫苗注射为何要间隔一段时间？ 问题2：扬州老太不遵守防疫规定有何启示？	利用每个人都有的注射疫苗的实际经历设问，让问题更贴近学生本身，思考问题的积极性更好，并通过启示明确每个人作为公民的社会责任不可或缺。	通过问题串进行任务驱动，一人回答，后续补充，创设问题情境，活跃思维和引发后续的思考。	学生回答，后续不断补充丰富答案（建立在倾听和思考上）。 教师的评价和完善。	学生互评。 教师评价。

七、教学实施的程序

（一）设计思路

鉴于本节课的知识相对比较抽象，因此在教学中应以新冠疫情和新冠病毒入侵人体创设的情境贯穿始终，针对情境模型来构建教学环节，通过层层设疑，逐次递进并环环相扣，促进学生的探究能力和科学思维，加深对体液免疫和细胞免疫相关概念、知识的理解。通过情境中实际问题的思考分析帮助学生深刻理解特异性免疫的过程及其相互配合的意义，并渗透结构和功能观、稳态和平衡观以及信息观等生命观念。在科学思维的引领下充分发挥生物学课程的学科特点和育人价值。本课时的教学流程如下图所示。

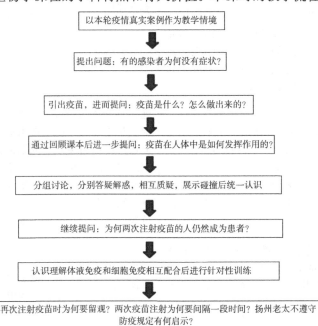

（二）实施过程

学习阶段	教师活动	学生活动	设计意图
创设第一个问题情境，导入本节课。	通过刚刚在厦门暴发的新冠病毒案例情况作为情境。	让学生看照片，了解疫情的统计情况，吸引学生的注意力。	创设与教学主题和学生密切相关的案例情境，达到导入和营造与本节课相关的学习氛围的目的，并快速抓住学生的注意力。
先回顾免疫调节相关的基础知识。	提问：为什么C个体感染了病毒但未患病？通过简单问题，引导学生回顾免疫调节的基础知识。	学生看图解，说出问题的答案。	通过回顾已学的相关知识，为本节课的后续复习做铺垫。
学生活动1：设计制作疫苗的思路或方案。	考虑到这个活动有一定难度，应该先引导学生思考，科学家从患者体内提取到了新冠病毒毒株，首先要对该病毒做哪些方面的研究？引导学生思考回顾病毒结构的相关知识内容，再结合上节课所学的基础知识：抗原的身份标签。使学生能分析推断出科学家接下来应该研究病毒的类型，特别是遗传物质的类型，及其身份标签等。然后安排任务1：如何制作疫苗？提示：先阅读课本回顾了解疫苗的相关知识。之后分组讨论，统一小组思路后再进行展示、讨论、相互评价等。	学生进行分析、思考、推理。学生在教师的引导下进一步思考、推理并回答问题。引导学生分组讨论问题，统一小组思路再展示、讨论、相互评价等。	用设置"递进式问题串"的方式逐步引导学生展开思考讨论，尝试找出自己答案的理论依据，同时也以批判的思维审视其他同学的观点。在学习的过程中学生不仅加深了对知识的理解，还培养了敢于质疑的批判精神和科学的思维方法。
创设第二个情境，通过情境继续理解免疫的知识，并运用其解释身边问题。	创设注射疫苗的经历，在经历中的一些操作要求的目的和意义是什么。例如，提问：为什么注射疫苗后要留观半小时？注射了疫苗一定能防止患病吗？为什么？	通过问题的引导，促进学生思考，反复运用免疫相关知识来解释回答相关问题，并可以相互评价、质疑评价等。	问题引导，促进学生思考，在用免疫相关知识来解释问题的过程中，加深学生对知识的理解，并把知识运用到实际生活现象的解释中，让抽象的知识变得直观生动。
完成专项练习。	通过针对性练习来训练和评价学生的学习效果，在训练中也能暴露问题，起到针对性解决重难点的作用。	学生思考回答，相互评价。	培养学生的思维能力，加深学生对知识之间的联系和运用。

续表

学习阶段	教师活动	学生活动	设计意图
活动2：扬州老太的启示。	创设情境后提出问题：若已经意识到自身可能感染，但担心被隔离而不遵守防疫要求，还经常出入娱乐场所或公共场所，会带来什么后果？我们能为抗疫做哪些工作？	学生思考、分析社会现象，回答问题并得出启示，也能明确抗疫人人有责。	学生思考分析社会现象，从中得出启示，充分认识到这种事情的错误，就能很好地规范自己的行为。通过思考个人的社会责任来渗透核心素养。
归纳总结。	根据之前的引导，得出体液免疫和细胞免疫的相互配合，相辅相成，正是通过三种调节方式来共同维持人体的稳态。	学生根据教师的归纳总结，构建免疫调节的知识框架。	使学生对所学知识系统化、条理化。
小结。	对本节内容进行小结。		

八、教学板书

免疫调节（二）

1. 体液免疫和细胞免疫过程。
2. 体液免疫和细胞免疫的关系。
3. 疫苗。

【案例解析】课标要求	教			学	评		达成素养
	教学目标	核心问题	创设情境	对应活动	评价要点	评估任务	
免疫调节是维持内环境稳态的重要调节方式之一。	目标一：描述疫苗的类型，举例比较不同类型之间的差异，简述细胞免疫和体液免疫的调节过程。	1.体液免疫和细胞免疫调节的过程，及其二者之间的联系。	情境一：9月刚刚发生的厦门疫情关键案例分析，并探讨如何制作新冠病毒疫苗？	活动一：制作疫苗的思路和方案。	1.学生互评，给出依据证明观点正确。2.教师评价修正完善。3.针对性练习题完成后进行评价。	思考和回答问题，同时要认真倾听其他人的观点，判断后评价质疑等；完成习题任务后自我评价。	以情境创设为平台，问题为导向，任务活动为解决问题的途径，通过针对性专项训练来深化知识的理解和运用。以此达到培养和发展学生形成信息观、结构和功能观、平衡观等生命观念；训练学生的辩证性和批判性思维；还能通过抗疫人人有责的认识，来提升其社会责任感。

续表

【案例解析】课标要求	教			学	评		达成素养
	教学目标	核心问题	创设情境	对应活动	评价要点	评估任务	
免疫调节是维持内环境稳态的重要调节方式之一。	目标二：运用免疫调节的知识解释身边发生的事件和现象，说出其中的知识和内涵。	2. 如何解释注射疫苗不会患病和还会患病的现象？如何制作新冠病毒疫苗？	情境二：注射疫苗的亲身经历中的一些要求和现象分析。	活动二：扬州老太事件的启示有哪些？	1. 学生回答问题，其他同学倾听后补充完善。2. 教师总结归纳。	理论联系实际，通过知识的有效运用、科学思维来突破难点。并实现教学评一体化。	培养和发展学生形成信息观、结构和功能观、平衡观等生命观念；训练学生的辩证性和批判性思维；还能通过抗疫人人有责的认识，来提升其社会责任感等核心素养。

第二部分　教学反思

一、教学反思

本次"凤凰杯"活动和以往同课异构不同，进行了连续两节的单元课堂教学设计和教学展示，不仅展示出大单元教学，还结合当下的真实社会背景来创设了教学情境，并且两节课统一备课，利用了一个大的情境来贯穿两课时的教学，即新冠病毒的感染和预防过程。利用情境创设和探索来设计问题，形成任务链和问题串来充分调动和引导学生对情境进行深入探究，达到复习回顾知识，记忆理解知识，利用所学知识来解决实际问题，在实际问题的选择上多从学生的亲身经历的场景入手来提问，能够让学生更快融入和产生共鸣，我觉得这样的教学设计让这堂课充分体现了"教—学—评"一体化的教学设计思想，比较全面地体现了新课标的思想。从学生那里反馈到的信息是他们也觉得这堂课收获满满，课堂中自己很专注，思维很活跃，有很大收获。

不足之处在于因全国直播，部分学生有些紧张，对自己的发挥和表现不满意，部分问题因受限于整节课的教学进度，探讨得不够深入。

二、案例评析

【案例】"免疫调节"核心素养的培养"教—学—评"一体化解析

鉴于本节课的知识相对比较抽象，因此在教学中应以新冠疫情和新冠病毒入侵创设的情境贯穿始终，针对情境模型来构建教学环节，通过层层设疑，逐次递进并环环相扣，促进学生的探究能力和科学思维，加深对体液免疫和细胞免疫相关概念、知识的理解。通过贴近生活的创设的情境中实际问题的思考分析帮助学生深刻理解特异性免疫的过程及其相互配合的意义，并渗透结构和功能观、稳态和平衡观以及信息观等生命观念。在科学思维的引领下充分发挥生物学课程的学科特点和育人价值。

（来源：2021年"凤凰杯"课堂教学大赛）

神经调节

李　钟

第一部分　教学设计

一、教材分析

神经调节这个部分，从离子分布情况，到膜电位形成，再到神经元兴奋的传导与传递，最后到神经系统，联系生活实践。知识结构由小到大，从结构与功能相适应的角度出发，从神经调节的结构基础到神经调节基本方式，围绕反射弧的组成结构逐级突破。第二课时选择了三个角度：兴奋传导的速度快慢分析、膜电位的测定分析、验证突触前膜钙离子通道。三个切入点都有一定的历史背景，同时又对课本内容有一定的扩展，在基础知识掌握的前提下，利用已学知识通过分析和讨论，解决一系列贴近生活的实际问题。通过解决问题的过程来提高学生对知识的理解，加强学生对重要概念的认知。

二、学情分析

作为高三的学生，对于基础知识已经有一定程度的掌握。但是从平时作业情况以及测验结果来看，对于知识点的细节掌握不准确。如神经调节部分概念较多，学生虽然知道概念，但对于各重要概念之间的关系并不清晰。同时对于重难点部分的理解存在偏差，知识迁移进行考查时错误率较高。针对这种情况，在强化基础的前提下，课堂应设置一些扩展的内容，通过提问和引导，让学生尝试用已学知识解决新问题。加强学生对生物学科知识的理解，培养学生的生物学科素养。

三、教学理念

对于生物学知识，学生不应该只局限在记忆，而应该是理解和掌握。但是不同的学生会有不同的理解程度，为了加深学生的理解，在课程设置上可以适当增加一些内容，提高难度。扩展的内容应该为基本概念服务，应该在扩展学生视野、锻炼学生思维的同时，始终围绕基础知识。在设计教学过程中，我采用问题引导的方式，将大问题分解成多个小问题，通过牵线搭桥的方式，把高难度的问题逐渐回归到基础上来。这个过程中，每个设问都应该基于学生已掌握的知识或者基本常识，甚至可以跨学科。问题的设计就是教师备课的一个重要内容，既不能过于简单，让学生没有思考的空间；也不能过于复杂，导致学生无从下手。同时关键问题的节点应该关联学科知识，锻炼学生逻辑思维能力。

四、教学目标

（一）与本课时相关的概念

重要概念：神经系统能够及时感知机体内、外环境的变化，并做出反应，调控各器官、系统的活动，实现机体稳态。

次位概念1：阐明神经细胞膜内外在静息状态具有电位差，受到外界刺激后形成动作电位，并沿神经纤维传导。

次位概念2：阐明神经冲动在突触处的传递通常通过化学传递方式完成。

（二）教学目标分析

1. 学生对于局部电流的传导容易对标物理学的电流传导，但是两者有非常明显的区别。所以本节课的切入点就是两者的传导时间不同。要解决这个问题，就需要理解神经元膜结构的特点以及局部电流形成和消失的原理，理解结构与功能相适应，强化学生的生命观念和理性思维。

2. 膜电位测量的设计是还原了1963年诺贝尔生理学或医学奖获得者赫胥黎、霍奇金的传奇经历，一方面让学生认识到细胞层面的膜电位测量与常规的电路电流测量的不同，另一方面也体会到科学之路的艰辛。培养学生的科学探究、社会责任等素养。

3. 最后的实验设计是基于突触前膜电信号是如何转化为化学信号的疑问，在突触前膜，电信号转化为化学信号依靠膜上相应的门控通道，体现了生物学的功能总有其结构基础。通过看似简单的实验设计，来发现学生思维的漏洞。培养学生的生命观念、理性思维、科学探究能力。

五、教学过程

教			学		评
教学目标	核心问题	创设情境	主要任务	表现标准	评估任务
目标1：通过对传导速度的讨论和分析，加强学生对于"兴奋以电信号的形式在神经纤维上进行传导"的理解。	问题1：为什么电信号的传导速度没有达到光速，是什么过程限制了其传导速度？ 问题2：为什么神经纤维直径越大，传导速度越快？ 问题3：为什么髓鞘可以加快传导速度？	展示运动员抢跑图片，从0.1秒的规定入手；展示兴奋传导的模式图，结合局部电流产生的过程引导学生分析。 展示各种神经纤维的传导速度，引导学生发现并总结规律。 展示有髓鞘和无髓鞘的神经纤维的结构简图。	活动1：结合反射弧，分析0.1秒的时间消耗。学生可以简单说明该反射活动中主要消耗时间的两个过程。明确传导过程中钠离子内流耗时。 活动2：通过表面积增大的提示，膜面积与通道的关系，简述结论。 问题引导：细胞膜是否绝缘？从静息电位维持角度分析，可以得出绝缘的结论。	能够表述出中枢处理和传递两个过程耗时最多。能够通用分析局部电流产生的过程，明确动作电位的建立耗时较多。 表面积大，通道相对多，单位时间内离子内流量大，建立动作电位滞后时间相对较短。 细胞膜绝缘，髓鞘包裹的部分没有电荷分布，局部电流跳跃式传导，减少了建立兴奋点位的次数，减少了传导时间。	通过描述反射弧的过程，强化重点知识关联复习。 通过膜电位分析，深刻理解电位形成的机制。 结构与功能相适应。 通过分析，强化理解电信号是局部电流。兴奋传导依靠的是兴奋部位的改变，而不是电流持续传播。
目标2：通过分析微电流计测量不同情况下指针偏转的情况，加强对"神经细胞膜内外在静息状态具有电位差，受到外界刺激后形成动作电位，并沿	问题4：当微电流的电极在膜两侧时，指针是否有读数？ 问题5：当兴奋到达电极处时，指针会有什么变化？ 问题6：当微电流的电极在膜同侧时，指针如何偏转？	展示霍奇金、赫胥黎获得诺贝尔奖的相关资料和图片。观察分析产生动作电位的图像。 以两道高考题目作为考查点，分析题干。	枪乌贼作为很好的研究材料，其神经纤维很粗，但传导速度远低于人类，是不是进化的失败？ 活动3：分析微电流计测得动作电位的图像完	阐述进化的观念，并非越快越好。 能够明确静息电位，能够提出正负的思考。明确出现动作电位时曲线的变化情况。	适应的普遍性和相对性。

续表

教			学		评
教学目标	核心问题	创设情境	主要任务	表现标准	评估任务
神经纤维传导"的理解，清楚动作电位和静息电位的差别。	问题7：当微电流的电极在膜两侧，但距离较远时，指针如何偏转？	在题目基础上改变条件，增加难度。	完成两道高考题目，分析膜电位变化的正负值的判定。在前面两道题目的基础上，独立分析第三种情况。	能够做出正确的选项，并且对比两道题目的差别，以及思考对于曲线正负值的界定。	通过对曲线的分析，把兴奋产生的过程具象化到曲线上去，强化对过程的理解和思考。
目标3：通过实验设计，强化学生对基本概念"神经冲动在突触处的传递通常通过化学传递方式完成"的理解。同时训练学生的实验设计能力。	问题8：如何验证钙离子通道的存在？该设计实验的自变量和因变量分别是什么？应该如何操作？	展示突触前膜的图片。展示针对钙离子通道的药物。展示蛙腓肠肌实验的流程。	活动4：分组讨论，进行实验设计。最后展示实验设计方案，由其他小组进行补充和完善。	能够描述出自变量是钙离子通道，因变量是递质的释放，由腓肠肌的活动情况来体现。在可操作性方面，应注意药物的处理和施加药物的位置等操作细节。	学生在提示的基础上应快速解决自变量和因变量的问题，但是对于可操作性的细节问题需要引导和强化。

第二部分　教学反思

　　整体来说，本节课较好地完成了预设的课堂任务，课堂活跃，学生配合度较高，思维敏捷，对于有难度的问题突破得较好。

　　课堂最开始的问题："为什么电信号的传导速度没有达到光速"的设计跨度较大，应做一定的调整。考虑从"动作电位产生是因为钠离子通道打开"入手，先有钠离子内流，才有动作电位，才有局部电流，然后再提问："这些过程中，哪个阶段耗时最多？"通过这个具体分析，既是对上一节的复习，也是对下一个问题的引导。学生的活跃思维也给了我很大的惊喜，特别是学生在观察最初的膜电位实验所测的电流图时，敏锐地发现兴奋电位出现前的一个小的电荷波动，并质疑。实际上是当施加刺激神经元时，除了神经元本身兴奋的膜电位变化，这个刺激也会经溶液传导影响测量结果，被称为伪迹。这是平时测量时需要尽量降低的一个重要影响。虽然这个知识点和课本没有关系，但是学生善于发现问题，关注细节的科学思维得到了有效的培养。最后关于实验设计方面的讨论，因时间关系，稍有不充分。最后一组学生提出的实验设计的两个漏洞如果是由学生自己或同学发现并纠正，效果可能会更好。比如对于腓肠肌标本施药处理部分，多数学生只说明施加药物，但并未强调是注射还是滴加，这也说明学生对于实验设计的细节还是考虑不周，也和他们的生活阅历有关，在以后的日常教学中还需要慢慢渗透，逐渐强化。

本节课堂解决的问题大多不是课本的现成内容，但是解决问题的基础却都是课本的重难点知识。所以重要的不是本节课有什么新知识点需要学生记忆背诵，而是希望他们能够理解掌握这种分析问题的逻辑思维和生物学思路，学会用学科知识去解决问题。

（来源：2022 年"凤凰杯"课堂教学大赛）

神经冲动的产生和传导

任智勇

第一部分　教学设计

一、教材分析

本节内容位于高中生物人教版选择性必修一的第二章第三节，前两节学习了神经调节的结构基础以及神经调节的基本方式，而神经冲动的产生和传导是在前面两节的基础上，具体掌握兴奋是如何产生的，如何在反射弧中传导与传递的。在掌握了本节内容后，也为后面系统把握神经系统的分级调节和人脑的高级功能做好铺垫。

二、学情分析

在学习了神经调节的结构基础以及神经调节的基本方式的基础上，学生对神经调节的具体过程有所期待。新课程高考对于动物生命活动的调节是每年必考的主干知识点，通过设置图文材料，创设问题情境，考查学生解读材料，获取信息，运用所学分析实际问题的能力及图文转换的能力，可以综合其他知识点：反射和反射弧、神经调节的详细过程、神经—体液—免疫调节整合、信息传递中信息分子与受体的关系以及调节异常的疾病等。

三、教学理念

本节内容的设计聚焦大单元教学。从单元教学的角度分析，整章从个体水平来阐述稳态的维持。本节课的学习可以帮助学生从微观水平更深刻地理解：为了维持稳态，生命活动的调节是有规律可循的。同时教学设计过程注重实践，依据生物学的特点、社会发展对人才的需求和学生发展的需要，强调学生的学习过程是主动参与的过程。选择恰当的真实情境，设计学习任务，让学生积极参与动手和动脑的活动，加深对生物学概念的理解，提升应用知识的能力，激发探究生命奥秘的兴趣，进而能用科学的观点、知识、思路和方法探讨或解决现实生活中的某些问题，从而引领教与学方式的变革。

四、教学目标

1. 生命观念：通过分析神经细胞的结构与兴奋的传导的联系，建立结构与功能相统一的观点。

2. 科学思维：研究反射弧的结构模型，归纳与概括兴奋的产生和传递原理，培养科学思维习惯。

3. 科学探究：探究兴奋在反射弧中传导与传递的过程及特点，提升实验设计能力和对实验结果的分析能力。

4. 社会责任：通过对毒品机制的了解，要远离、拒绝毒品，宣传滥用兴奋剂等药品的危害。

五、教学过程

学习阶段	教师活动	学生活动	设计意图
创设情境，导入新课。	展示大邱田径世锦赛男子百米飞人大战中，博尔特由于抢跑被取消比赛资格。探讨田径新规中关于0.1秒的科学依据，导入新课。	学生观看视频。	创设情境，激发学生的学习兴趣，导入新课。
一、兴奋在神经纤维上的传导。	观看视频后，提出问题，分小组讨论。 1. 从运动员听到枪响到做出起跑的反应，信号的传导经过了哪些结构？ 2. 起跑枪声刺激引起的听觉感受器兴奋如何传导到腿部肌肉？ 接着提示神经冲动的概念：在神经系统中，兴奋是以电信号的形式沿着神经纤维传导的，这种电信号也叫神经冲动。同时展示蛙坐骨神经相关实验：	学生讨论后派代表说出：反射弧的结构，兴奋在反射弧中通过电信号、化学信号的交替转化，传递兴奋。 学生看图，思考并回答问题。 静息电位与动作电位的电荷分布，离子动向，跨膜运输方式。 局部电流的具体方向，以及局部电流方向与兴奋传导方向的关系。	培养学生分析、归纳、总结的能力。认同神经系统对生命活动的调节作用。

续表

学习阶段	教师活动	学生活动	设计意图
一、兴奋在神经纤维上的传导。	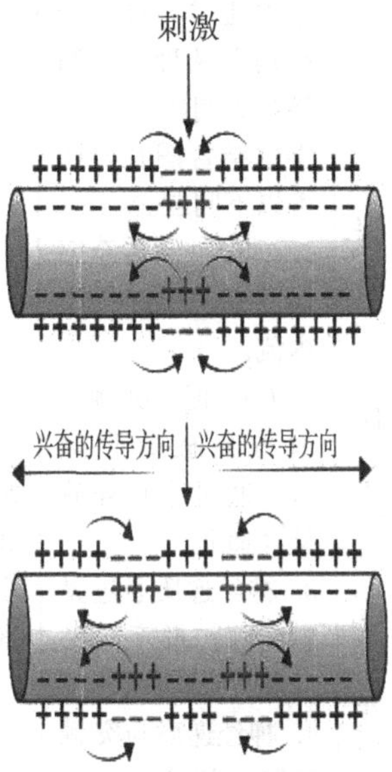 刺激 兴奋的传导方向　兴奋的传导方向 **图1** 由学生总结静息电位与动作电位相关知识点。 接着通过比较兴奋在反射弧中的传导过程，以及在离体神经纤维上从中间刺激的传导过程，得出兴奋传导的特点。 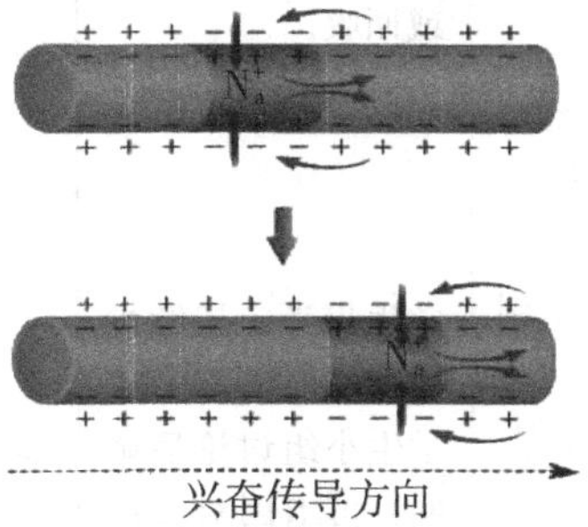 兴奋传导方向 **图2** 提出问题：比较图1和图2可以得出什么结论？ 训练题：如图所示的是一条神经纤维，$bc=cd$，则分别刺激对应的点，电流计指针如何偏转？ 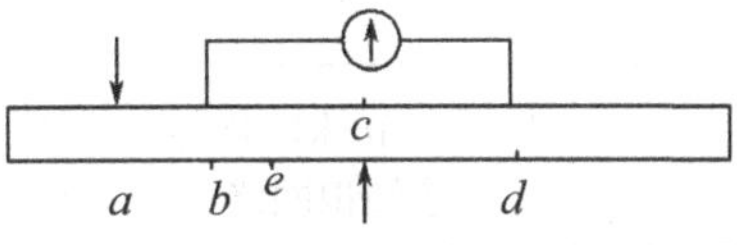 	学生分析图片，总结出兴奋在神经纤维上传导的特点。在反射弧中单向传递，在离体神经纤维从中间刺激情况下，可以双向传递。 学生通过思考讨论后，认识到：引发动作电位的 Na^+ 通道在关闭后，在短期内无法再次开放。	培养学生联系已有的知识，进而发现问题、提出问题、得出结论的能力。

续表

学习阶段	教师活动	学生活动	设计意图
二、兴奋在神经元之间的传递。	展示一张突触的图片，由学生回顾突触的组成与种类。 提问：为什么说突触后膜通常是下一个神经元的胞体膜或树突膜？ 请学生描述兴奋在神经元之间的具体传递过程。 结合兴奋在神经元之间的传递过程，设置问题串，深化知识的理解： 1. 兴奋可以从突触后神经元传递给突触前神经元吗？ 2. 若神经递质与受体结合后打开 Na^+ 通道，突触后膜电位将发生怎样变化？若神经递质与受体结合后打开的是 Cl^- 通道，突触后膜电位又会如何变化呢？	学生通过突触的结构以及种类，回答相关问题。 学生结合图片，回答以下问题。 1. 神经冲动传至突触小体引起 Ca^{2+} 内流。 2. Ca^{2+} 促使突触小泡与突触前膜融合，通过胞吐释放神经递质。 3. 神经递质通过突触间隙扩散至突触后膜。 4. 神经递质与突触后膜上的特异性受体结合。 5. 突触后膜上离子通道改变，发生电位变化，产生兴奋或抑制。 6. 神经递质被降解或回收。	培养学生分析、归纳、总结的能力。 通过合作学习，自主思考，结合教材，掌握核心知识。
三、滥用兴奋剂、吸食毒品的危害。	由问题切入：若神经递质不能被降解或回收，你设想一下会出现什么情况？ 展示可卡因与多巴胺转运回收的示例图片。 	学生思考：持续性兴奋或抑制。 学生小组讨论后阐明：可卡因对多巴胺的影响，突触后膜上受体减少的原因。	通过毒品的作用机理、后果与危害，学生深刻认识到：珍爱生命，远离毒品！
归纳总结。	引导学生构建本节课的知识网络。	整理本节课的内容并构建知识网络。	培养学生归纳、总结的能力。

第二部分　教学反思

　　本节课是学习神经调节的结构基础与基本方式后，进一步探讨神经元冲动的产生和传导过程。所列举的图片、情境、实例与学生的日常经验联系较多，特别是毒品的危害，学生接触的宣传资料也较多，这对于学生的信息收集能力和社会责任感的培养具有重要的意义。

　　本节课通过兴奋在神经纤维上的传导的学习，概述了静息电位与动作电位的产生、电荷分布以及离子动向，阐明局部电流的具体方向以及兴奋传导方向与局部电流方向的关系。实例分析突触的组成、种类以及兴奋在神经元之间的具体传递过程，掌握了兴奋在突触处传递的特点：单向性与突触延搁。同时结合神经递质如果不能被回收或降解，所引出的兴奋剂与毒品的作用原理与危害。呼吁学生珍爱生命，远离毒品！

　　　　　　　　　　　　　　　　　　　　（来源：2023 年"凤凰杯"课堂教学大赛）

蛋白质是生命活动的主要承担者

于俊玲

第一部分　教学设计

一、教材分析

"蛋白质是生命活动的主要承担者"是高中生物必修一第二章第四节的内容，在本节课之前"细胞中的元素与化合物"介绍了蛋白质是细胞内含量最多的有机化合物，为学习蛋白质及其功能做了铺垫。本节课涉及的氨基酸的种类是学习蛋白质的结构及功能的基础，氨基酸的结构能加深对蛋白质结构多样性的理解；涉及的蛋白质的基本功能充分体现了结构与功能观相适应的生命观念。此外，本节课的学习对后续内容酶的理解和掌握有很大的影响，在教学中起到承上启下的作用。

二、学情分析

本节课的对象是高一年级的学生，在他们的学习和生活实践中对蛋白质已经有一定的理解，但由于学生有机化学的学科知识储备还不够，从化学的角度理解氨基酸及蛋白质的结构存在一定的困难。因此在教学过程中，教师可以根据学生的生活经验，利用直观教学增加学生对知识结构的认识，使学生尽可能主动获取知识、储备知识、分类和加工知识进而提高思考能力，形成"结构与功能相适应"的生命观念。

三、教学策略

本节课对应的课标大概念——细胞是生物体结构与生命活动的基本单位；重要概念——细胞由多种多样的分子组成，包括水、无机盐、糖类、脂质、蛋白质和核酸等，蛋白质和核酸是两类最重要的大分子；次位概念——阐明蛋白质通常由 20 种氨基酸组成，它的功能取决于氨基酸序列及其形成的空间结构，细胞的功能主要由蛋白质完成。

本节课主要通过融合生活实际来加强生物学知识与生活的联系，创设问题情境发展科学思维，以"可吸收的手术缝合线"这一情境导入新课并贯穿课堂；基于真实的情境提出驱动学生思考的问题、设计结构化任务，在这些问题的回答和任务的完成中形成和发展学生的学科能力和核心素养。

四、教学目标

通过观察、比较不同的氨基酸分子结构图，运用分析、归纳等方法概述出氨基酸的结构、通式和特点。（科学思维）

利用串珠模拟氨基酸脱水缩合形成多肽的过程，阐明氨基酸脱水缩合形成蛋白质的过程。（科学探究）

通过观察构建的多肽模型和问题任务驱动，描述蛋白质结构多样性的原因。（科学思维）

分析蛋白质结构多样性与功能多样性的关系，举例说明蛋白质的结构是与功能相适应的。（生命观念、社会责任）

五、教学过程

学习阶段	教师活动	学生活动	设计意图
创设情境，导入新课。	教师播放视频"可吸收的缝合线"，展示"传统缝合线"和"胶原蛋白线"的图片并提出问题： 1. 一根优质的手术缝合线应该具有哪些特性？ 2. 为什么这种缝合线可以被人体组织吸收？	学生根据教师提供的材料，能够说出"胶原蛋白线"具有纤细、强韧、可吸收的特性。	创设情境，激发学生的学习兴趣，引入新课。
一、氨基酸及其种类。	教师引导学生阅读教材，归纳总结氨基酸的种类和结构特点。 （一）种类：组成人体蛋白质的氨基酸有 20 种。 分类 { 非必需氨基酸 / 必需氨基酸 并提出问题：长期以玉米为主食的人容易因赖氨酸缺乏而导致疾病，为什么？ （二）氨基酸的结构 教师展示不同氨基酸的结构图。	学生归纳总结氨基酸的种类。 学生思考，说出赖氨酸是必需氨基酸，人体不能合成；玉米中赖氨酸含量低。 学生归纳总结氨基酸的结构特点和结构通式。	培养学生联系已有的知识，进而发现问题、解决问题的能力。

续表

学习阶段	教师活动	学生活动	设计意图
一、氨基酸及其种类。	小组活动：观察氨基酸的分子结构，讨论： 1. 这些氨基酸的结构具有什么特点？ 2. 概括氨基酸的结构通式？ 3. 不同氨基酸的区别是什么？ 教师进行归纳总结，并提出问题：民间有一种"吃什么补什么"的说法，吃胶原蛋白粉能直接补充胶原蛋白吗？	学生思考，说出胶原蛋白吃下去被消化分解成氨基酸，氨基酸重新合成人体的蛋白质，而不能直接补充胶原蛋白。	培养学生归纳总结、得出结论的能力。
二、蛋白质的结构及其多样性。	教师用 PPT 展示、分析氨基酸脱水缩合形成二肽的过程。 （一）脱水缩合 小组活动：利用串珠模拟氨基酸脱水缩合的过程。 请学生利用材料（串珠代表氨基酸）模拟氨基酸脱水缩合形成多肽（链状）的过程，并思考、讨论完成表格。 | 肽链数	氨基酸数	肽键数	脱去水分子数	游离氨基数	游离羧基数 | |---|---|---|---|---|---| | | | | | | | | | | | | | | 学生代表展示与汇报： 分别请形成一条肽链、两条肽链的小组代表来展示、汇报并分析，教师组织其他学生进行评价。 教师引导学生总结规律。 1. 链状多肽中氨基酸数、肽链数、肽键数和脱去水分子数的关系： 肽键数＝脱去水分子数＝氨基酸数－肽链数。 2. 蛋白质中游离氨基或羧基数的计算： 至少含有的游离氨基或羧基数＝肽链数。	学生利用材料模拟氨基酸脱水缩合形成多肽（链状）的过程并讨论完成表格。 学生代表展示与汇报，其他学生进行评价。	通过模拟氨基酸脱水缩合的过程，培养科学探究能力。 学生在自我表达中展示思维过程，在生生互相启发中落实学习目标。

续表

学习阶段	教师活动	学生活动	设计意图
二、蛋白质的结构及其多样性。	（二）蛋白质的结构特点 教师引导学生观察不同小组模拟合成的多肽，总结多肽多样性的原因。 小组活动：讨论，进一步思考以下问题。 1. 三种不同种氨基酸可形成多少种三肽？ 2. 三种不同种氨基酸（数量不限）可形成多少种三肽？ 3. 体内 20 种氨基酸，能形成多少种三肽？ 4. 若 20 种氨基酸组成含 1000 个氨基酸的长链，有多少种可能？ 教师提出问题：多肽是否具有活性，能否执行相应的功能？ 教师利用小组模拟合成的多肽构建胶原蛋白的模型，并展示胶原蛋白的结构图，引导学生分析其结构"每隔两个氨基酸就有一个甘氨酸"的重复序列、"三条肽链形成的三股螺旋"与特性的联系。 教师展示血红蛋白的结构示意图，提出问题："从氨基酸到蛋白质，经过哪些结构层次？"并引导学生总结蛋白质的结构特点及原因。	学生思考并回答：因为氨基酸的数量、种类、排列顺序的不同，形成的多肽也是不同的。 学生思考、组内讨论并回答，其他学生进行评价。 学生思考并回答肽链盘曲折叠形成具有空间结构的蛋白质才能执行相应功能。 学生思考胶原蛋白结构与特性的联系。 学生回答从氨基酸到蛋白质的结构层次并总结蛋白质的结构特点具有多样性及其多样性的原因。	通过层层递进的问题，培养学生的科学思维，学生也能够充分理解多肽多样性的原因。 通过分析胶原蛋白结构与特性的联系，构建结构与功能相适应的生命观念。
三、蛋白质的功能。	结构的多样性决定了功能的多样性，教师引导学生举例说出蛋白质的功能。并总结：生命活动（生物性状）的主要承担者是蛋白质。 教师展示肌肉收缩、血红蛋白、酶、抗体等的结构图片，进一步引导学生分析蛋白质功能的实现与结构的关联。 如果蛋白质的结构改变，就会影响其功能，如"镰状红细胞"血红蛋白异常，其运输氧的能力会大为削弱。并进一步引出蛋白质变性的概念：蛋白质在某些物理或化学因素作用下，其特定的空间构象被破坏，从而导致其理化性质改变和生物活性丧失的现象。	学生举例说出蛋白质的功能。 学生分析蛋白质功能的实现与结构的关联，进而总结出每一种蛋白质分子都有与它所承担功能相适应的空间结构。	通过一系列实例分析蛋白质功能的实现与结构的关联。 渗透结构与功能观。

续表

学习阶段	教师活动	学生活动	设计意图
三、蛋白质的功能。	教师提出问题：和生鸡蛋相比，煮熟的鸡蛋更容易消化，为什么？ 展示可吸收缝合线外包装的图片，并提问：为什么包装上注明"不可再次灭菌"？	学生分析鸡蛋煮熟过程中，高温使蛋白质变性，蛋白质空间结构变得伸展、松散，容易被蛋白酶水解。 学生分析回答：可吸收缝合线的实质是胶原蛋白，灭菌过程会导致蛋白质变性，使其功能发生改变。	用所学的知识解决真实情境中遇到的问题，提升学生的学习兴趣。
归纳总结。	教师继续展示构建的胶原蛋白模型并提问：如果该模型代表的是胶原蛋白，大家能否完整地概述作为手术缝合线的胶原蛋白被人体组织吸收并合成人体蛋白质的过程？ 引导学生构建本节课的知识网络。	学生概述胶原蛋白被分解成氨基酸，被人体组织吸收，进而合成人体蛋白质的过程。 整理本节课的内容并构建知识网络。	与导入部分前后呼应，阐明蛋白质是由氨基酸组成的。

第二部分　教学反思

　　蛋白质的结构及功能的内容与生活联系紧密，本节课融合生活实际来加强生物学知识与生活的联系，以"可吸收的手术缝合线"这一情境导入新课并贯穿课堂，可以激发学生学习的兴趣和探究的欲望；基于真实的情境提出问题、设计任务，在这些问题的回答和任务的完成中形成和发展学生的核心素养；关注过程性评价，通过评价诊断学生是否学会、学到什么程度，进而引导学生及时调整学习策略，达成学习目标，实现"教学评的一体化"。

　　氨基酸脱水缩合的过程是本节课的教学难点之一，利用串珠模拟氨基酸脱水缩合形成多肽的过程，虽然增加了课堂的趣味性，便于学生理解，但串珠材料本身不能体现氨基酸的结构特点，缺乏一定的科学性，如果将其换成能体现氨基酸结构特点的模型，可能教学效果会更好。

（来源：2022年"致远杯"课堂教学大赛）

政治组

文化创新

李立红

第一部分　教学设计

一、教材分析

（一）教学内容

文化创新的源泉和动力，文化创新的意义、途径，创新与继承的关系，创新与借鉴、融合的关系，坚持文化创新的正确方向。学习这些内容，对于推动中华优秀传统文化创造性转化、创新性发展，继承革命文化，发展社会主义先进文化，不忘本来、吸收外来、面向未来，更好构筑中国精神、中国价值、中国力量，为人民提供精神指引，都有重要的意义。

（二）教学重点

1. 文化创新的途径。
2. 创新与继承的关系。

二、学情分析

本节课的教学对象为高三的学生，通过前面的学习，学生已经对"文化"有了较为准确的认识，他们思维活跃，已具备一定归纳能力和分析、综合能力，能够自主地分析现实生活中的一些文化行为，但看问题往往比较片面，缺乏良好的分析与综合的逻辑思维能力，所以，在文化创新的原因与措施方面进行全面地指导，以获得知识和能力的提升。

三、教学策略

本节课是高三第一轮复习课，利用学生对新电影的热情，以《哪吒之魔童降世》为素材设置相关问题贯穿课堂教学，由学生探究分析，突破重难点。如：通过展示《哪吒之魔童降世》的创作过程，分析文化创新的源泉和动力；展示节目对人以及社会发展产生的影响来分析文化创新的意义；以《哪吒之魔童降世》的创作为素材，探究文化创新的途径。这些探究活动充分调动了学生的积极性，发挥了学生的主体作用，有利于学生在探究中提升分析问题、解决问题的能力，也能增强学生对民族文化的认同感和归属感，树立高度的文化自觉和文化自信，培养创新意识。

四、教学目标

通过教学，引导学生强化政治认同；培养科学精神；加强公共参与。其中，政治认同即人民群众是文化创造的主体，要坚持以人民为中心的创作导向；科学精神即正确认识社会实践与文化创新的关系，树立创新意识；文化发展既要反对守旧主义和封闭主义，又要反对"民族虚无主义"和"历史虚无主义"；公共参与即积极投身文化交流活动，重视传统文化的传承和发展，积极投身群众的生产生活实践，推动文化创新。

五、教学过程

（一）导入

习近平总书记在党的十九大报告中指出，推动中华优秀传统文化创造性转化、创新性发展，继承革命文化，发展社会主义先进文化，不忘本来、吸收外来、面向未来，更好构筑中国精神、中国价值、中国力量，为人民提供精神指引。

师：为了发展先进文化，从横向需要文化传播，纵向需要文化继承，文化传播与继承都蕴含着文化创新的意义。所以，文化发展的实质在于文化创新。这节课我们来复习"文化创新"的相关知识，将按照"是什么""为什么""怎么做"的逻辑结构安排课程内容。

文化创新
- 源泉：社会实践
- 动力：社会实践
- 主体：人民群众（是什么）
- 意义（为什么）
  - 是文化富有生机与活力的重要保证
  - 可以推动社会实践的发展
  - 能够促进民族文化的繁荣
- 途径（怎么做）
  - 根本途径：立足于社会实践，着眼于人民群众不断增长的精神文化需要
  - 基本途径：继承传统，推陈出新；面向世界，博采众长
  - 坚持正确方向，克服错误倾向：反对守旧主义和封闭主义；反对民族虚无主义和历史虚无主义

（二）课件展示第五课思维导图

（三）探究一

师：2019年，总投资6000万元的《哪吒之魔童降世》，累计票房为50.34亿元，位居内地影史榜亚军，仅次于《战狼Ⅱ》。"我命由我不由天，是魔是仙，我自己说了算！"的振聋发聩之言，赋予了全新的价值观，成为一部被中国各年龄段观众都广泛接

受的励志电影。

课件展示：《哪吒之魔童降世》的相关资料。

比较 2019 年新版《哪吒之魔童降世》和 1979 年版《哪吒》故事内核的不同：

1979 年版闹海的哪吒人见人爱，有很多朋友。1979 年版的敖丙是个小混混。1979 年版的哪吒妈妈只是一个道具，没什么存在感。1979 年版的哪吒爸爸懦弱，为了自己的官位，满足龙族的一些无理要求，甚至在龙王要他的儿子时，他居然同意。

2019 年版魔童哪吒不被人接纳，孤独。2019 年版的敖丙是个内心狂野但是压抑自己的标准好孩子。2019 年版的哪吒妈妈升级到了女一号，是一个工作繁忙的女强人，但还是尽量抽出时间来陪孩子。而 2019 年版哪吒的爸爸正直、善良、勇敢，爱儿子，甚至愿意用自己的命换儿子的命。

提问：2019 年新版《哪吒之魔童降世》创作的源泉和动力是什么？为什么不同？

师生共同总结：

1. 社会实践是文化创新的源泉。离开了社会实践，文化就会成为无源之水、无本之木，人们就不能进行有价值的文化创造。

2. 社会实践是文化创新的动力。①社会实践中不断出现新情况，提出新问题，需要文化不断创新；②社会实践的发展，为文化创新提供了更为丰富的资源，准备了更加充足的条件。

课件展示高考对这一核心考点的考查要求：高考中对文化创新的源泉和动力的考查，常见的考法是提供人类的某项社会实践活动，如在文艺界广泛开展"深入生活、扎根人民"的主题实践活动等，通过强调实践活动对文化发展和创新的基础、推动作用，考察社会实践是文化创新的源泉和动力。题型一般设置为体现类、启示类试题。试题中常会设置一些错误说法作为干扰选项，如：传统文化是文化创新的根基、源泉；文艺创作者的灵感是文化创新的源泉；等等。

课件展示（2020 年全国卷Ⅰ，19）、（2019 年江苏卷，21）两道高考选择题，由学生按照解题思路分析。

（四）探究二

文化创新的意义之课件展示：《哪吒之魔童降世》让传统文化迈着轻盈的步伐走进大众视野，让人们领略到了传统文化与当代人民的需求的融合，让传统文化活了起来。电影播出之后，掀起了全社会的文化热潮，使广大青少年学生更加热爱中华优秀传统文化，并激励着我们在实现中华民族伟大复兴中国梦的进程中昂首阔步，勇往直前。

提问：文化创新的作用表现在哪些方面？

师生共同总结：文化创新的意义。

1. 创新是文化富有生机与活力的重要保证。

2. 文化创新可以推动社会实践的发展。推动社会实践的发展，是文化创新的根本目的，也是检验文化创新的根本标准。文化创新能够促进民族文化的繁荣。文化创新，是一个民族的文化永葆生命力和富有凝聚力的重要保证。归纳社会实践与文化创新的辩证关系（决定作用和反作用），并引导学生联系哲学模块，明确其哲学原理是实践与认识的辩证关系。

课件展示高考对这一核心考点的考查要求：对文化创新的意义的考查，常见的考法是提供某种具体文化产品在内容或形式上创新取得良好效果，或者以漫画和其他人文素材，考查区分社会实践的决定作用和文化创新的反作用，以及对文化创新的两个反作用的区分，常会设置一些错误说法作为干扰项，如文化多样性是文化富有生机与活力的重要保证，人民群众的喜爱是文化创新的根本目的，也是文化创新的根本标准，等等。

课件展示（2019年江苏卷，25），由学生按照解题思路分析这一选择题。

（五）探究三

材料一《哪吒闹海》里的哪吒还是《封神榜》里的哪吒，而《哪吒之魔童降世》则推翻了《封神榜》里的故事线，完全是以现代人的口味来塑造哪吒，是一种全新的故事线。魔童哪吒打破了原著的禁锢，摆脱了《封神榜》的黑暗色彩，塑造了一个如梦似幻的新的美丽童话世界。

材料二《哪吒之魔童降世》全面向好莱坞看齐。

1. 故事模式，遵循三段式的英雄受困、英雄觉醒、英雄反击的套路徐徐展开。

2. 角色原型设定，遵循电影12种人物原型设定，英雄、导师、盟友、守护者、背叛者、小丑；等等。

提问：结合文化创新的途径，谈谈《哪吒之魔童降世》电影有哪些成功的经验可以借鉴？

师生共同总结：文化创新的七条途径。其中，在分析"继承传统，推陈出新"时，引导学生明确如何处理好传统文化与文化创新的关系，并且引导学生明确在"继承传统，推陈出新"时容易犯"历史虚无主义""守旧主义"两种错误倾向，所以要正确处理好传统文化与当代文化的关系。

在分析"面向世界，博采众长"时，引导学生明确应注意的问题，并且引导学生明确在"面向世界，博采众长"时容易犯"民族虚无主义""封闭主义"两种错误倾向，所以要正确处理好民族文化与外来文化的关系。

课件展示高考对这一核心考点的考查要求：以选择题的形式单独考查文化创新的每一条途径，会设置一些错误说法作为干扰项，如：社会实践是文化创新的基本途径；文化创新必须避免重复传统的东西；对外来文化要全面借鉴，加以吸收；等等。

非选择题会综合考查文化创新的途径，或者将本知识点与文化传播、文化继承以及中华文化等知识结合在一起综合考查。通常的考查角度有：体现类、启示类、措施类等。

课件展示（2018年海南卷，16）、（2019年天津卷，7）两道选择题，学生合作探究完成后，明确认识类主观题的解题思路。课件展示本节课在选择题中容易出现的易错易混点，如文化创新的源泉、渊源、根基、根本目的、根本出发点等分别是什么，需要学生准确区分。

（六）课堂小结

本节课我们从"是什么""为什么""怎么做"三个角度复习了"文化创新"的相关内容，最后总结了文化继承、发展、传播、创新四者之间的紧密联系。分享学生在学习本节课之后的感悟，以此增强学生对民族文化的认同感和文化自信，达到情感升华。

第二部分 教学反思

本节课按照"双新"（新课程、新教材）教育改革的要求，利用热播电影《哪吒之魔童降世》引入课堂，开展情境化教学，有效激发学生的兴趣，根据"是什么""为什么""怎么做"三个角度复习了"文化创新"的相关内容，最后总结文化继承、发展、传播、创新四者之间的紧密联系，逻辑清晰严密。这种情景化的课堂教学有利于引导学生关注应用性、综合性、探究性和开放性问题，培养学生关注现实世界、解决实际问题的能力。同时，通过分析电影创作的过程以及成功的原因，引导学生思考如何更好地进行文化创新，同时也增强学生对中华文化的认同感和文化自信，自觉担起中华文化传承的责任。"问题"是教与学真正发生的"触点"，是教与学的灵魂。我深刻地认识到，这节课在问题设计上还需要优化，要根据不同学生的水平设计不同层次的问题，让每名学生都更充分思考，更深入地参与课堂，从而增强知识运用的能力，增强自信力，让每名学生都有满满的获得感。

（来源：2021年"凤凰杯"课堂教学大赛）

人的认识从何而来

王艺蓁

第一部分　教学设计

一、教材分析

本节课重点论述马克思主义哲学认识论中的实践与认识的关系，实践的观点是马克思主义的首要和基本观点，理解实践与认识的关系是把握马克思主义哲学不可或缺的途径。学好本节课不仅有利于从宏观上把握本教材课与课之间的联系，而且有利于帮助学生理解马克思主义哲学的本质特征。本节课共安排两个内容。第一，"认识与实践"，阐述认识的内涵及分类，实践的内涵、基本形式及特点。第二，"实践是认识的基础"，阐述实践对认识的作用。该部分的内容为本节课的重难点，也是高考常考的知识点，为下一节课学习真理做铺垫。两部分内容相互补充、层层推进。

二、学情分析

本节课授课对象是高三年级的学生，他们初步具备分析社会现象的心智和能力，能够通过搜集资料、对比、归纳总结、归因分析等方法对社会现象作出基本评价和理解，对于新知识保持好奇，但是缺乏思维的广度和深度；能够自觉预习，尝试绘制思维导图，但是思维能力有限，考虑问题不够全面；能提出问题，但不善于表达；学生对实践的重要意义已有初步感知，知道"实践出真知""没有调查就没有发言权"等关于实践的名言警句，但是对于哲学上的实践的含义和特征并不能进行理性分析，对实践和认识的辩证关系有待深度理解。

三、教学策略

教师可通过情境材料的创设、知识的建构、问题的启发等，引导学生进行合作探究，帮助学生深度学习。

四、教学目标

1. 政治认同核心素养目标：结合海南热带雨林国家公园时政热点，创设问题情境，让学生通过本节课的学习能够识记实践含义，理解实践的特征及实践是认识的基础，并引导学生始终坚持马克思主义的指导，正确理解和坚持党的思想路线，坚定中国共产党的领导，养成政治认同素养。

2. 科学精神核心素养目标：知道实践的基本形式，理解实践是认识的基础以及实践是检验真理性的唯一标准，运用辩证唯物主义实践观分析具体事例，提升解决实际问题的能力；运用马克思主义认识论原理分析问题，形成对事物、对社会的科学认识，养成科学精神的素养。

3. 公共参与核心素养目标：学生通过课前有关海南生态保护的实践调查，增强了实践意识，积极投身社会实践，学以致用；培养学生公共参与的意识，为实现中华民族伟大复兴贡献力量。

五、教学过程

环节	教师活动	学生活动	设计意图
梳理体系。	今天我们复习的内容是"人的认识从何而来"，它在马克思主义哲学体系中，属于辩证唯物主义中的认识论。通过学习要牢固树立实践第一的观点。 课前要求大家绘制本节课的思维导图，现在给大家展示2份优秀作业。	学生课前绘制本节课的思维导图，选出2名学生代表上台展示并做简要说明。	思维导图的特有的形象性和条理性，在教学中能够帮助学生理清本节课的结构脉络及重难点，激活学生记忆中的知识，并将其形成一定的知识体系。
导入新课。	2021年10月12日，在《生物多样性公约》第十五次缔约方大会上，我国正式设立的首批五个国家公园中，就包括海南热带雨林国家公园。它是热带生物多样性的宝库。让我们走进海南热带雨林国家公园，共赏多样之美。 【播放视频，创设情境】 多样之美，因你而美。海南热带雨林国家公园蕴藏着非常丰富的生物多样性资源，它的建立是对人与自然如何和谐共处问题的新探索。这也是我们今天要议的内容：人与自然和谐共生的认识与实践。 总议题——人与自然和谐共生的认识与实践。	总议题——人与自然和谐共生的认识与实践。	着眼家国情怀，挖掘海南本土资源创设情境，引导学生关注现实生活，建立本节课所学理论与生活实际之间的联系，有利于调动学生学习的兴趣。

续表

环节	教师活动	学生活动	设计意图
讲授新课。	议题一：感多样之美，悟共生之道 提问1：刚才的视频看完了，大家对海南有什么样的感觉？ 这样的感觉在哲学上就是认识，是指主体对客体的能动反映。 一、认识的含义与阶段 1.认识的含义：认识是主体对客体的能动反映。 2.认识过程的两个阶段：感性认识和理性认识。 "能动反映"，表明人的认识不是被动的，既可以再现客体内容，又具有创造性，能在头脑中加工、改造客体内容，实现从感性认识到理性认识的飞跃，在思维中再现事物的本质和规律。 提问2：拍摄自然美景、欣赏自然美景、描绘自然美景是实践吗？ 追问：那怎样对待美景才是实践？ 二、实践的含义与特点 1.含义：实践是人们改造客观世界的物质活动。 ①实践的主体是人。是人类特有的活动，不同于动物的被动的、本能的活动。 ②实践的对象是客观世界。那些对主观世界的改造，停留在人的头脑或口头上的活动（如"思考""辩论"以及之前所说的"拍摄美景、描绘美景、欣赏美景"等）都不是实践活动。 ③"物质性活动"表明实践不是纯粹的思维活动、认识活动，而是一种直接现实性活动，是指人通过行动能够引起客观世界的某种变化，可以把人头脑中观念的存在变为现实的存在，即"主观见之于客观"。 应注意其外延：	学生活动1： 学生结合视频谈感受，如海南生态之美、环境之美、雨林多样之美等。 学生回答问题。 （生：不是。） （生：保护自然才是实践。）	从海南生态多样之美的感觉中理解这些感觉在哲学上就是认识，从而理解认识的含义。认识是指主体对客体的能动反映。对认识的形式，即感性认识和理性认识，作初步了解。 在教师的引导下，结合已有的知识，将新旧知识有机结合起来，引导学生准确把握实践的含义，培养学生的科学精神。

续表

环节	教师活动	学生活动	设计意图
讲授新课。	①不能扩大实践的外延。不能认为"实践是人们认识世界和改造世界的活动"或"实践是人们改造整个世界的活动"。 ②不能缩小实践的外延。不能认为"实践是人们改造自然界的活动"或"实践是人们改造社会的活动"。 为保护生态之美，我们来看看海南采取了哪些措施。 【议学情境】 材料一：围绕国家生态文明试验区的定位，海南已经谋划了四个标志性项目作为支撑，分别是：热带雨林国家公园、清洁能源岛和清洁能源汽车推广、禁塑、装配式建筑推广。 材料二：从事生态监测工作30多年的尖峰岭生态站工程师林明献回忆，20世纪80年代，尖峰岭原始林区深处，有一个47米高的气候监测铁塔，每层铁塔上都有人蹲守，每隔两小时记录一次气温、风力等数据变化，晚上监测工作人员裹着被子过夜，条件之艰苦无法想象。随着我国经济社会持续发展，几十年来，尖峰岭生态站从原始的人力手工监测，逐步走向信息化和智能化监测。未来海南省还将借助新一代卫星通信、全自主无人机监测预警、低功耗物联网实时传输、地面快速扫描三维重建等新一代智能信息技术，结合智能化的人员巡护，形成面向国家公园生态环境和资源的天空地人一体化的全方位智能生态感知体系。 2. 特点： (1) 客观物质性——指实践的构成要素、过程及结果是客观的（区别于人的纯主观活动）。 (2) 主观能动性——是有目的、有意识的改造活动（区别于动物的本能活动）。	学生活动2： 学生结合材料，分析材料所体现的实践的特点。 学生活动3： 学生分三组进行课前实践调查，小组代表课堂展示成果。 1. 王下乡的蜕变。 2. 保亭绿色发展迎来美丽转变。 3. 陵水潟湖风景变"钱景"。	实践的特点是本节课的重难点，有一定难度。结合议学任务，在情境过程中让学生了解海南为保护生态多样之美所做的努力，培养学生的科学精神和政治认同。 引导理解实践是人们改造客观世界的物质性活动，是一种直接现实性的活动，具有客观物质性、能动性和社会历史性。 通过让学生自己分小组查阅有关资料和社会的调查等形式搜集资料，能够让学生学会搜集、整理、分析资料的能力，利用小组形式能够培养学生的团队精神，以及通过有序地让学生参与社会实践调查，培养学生公共参与和法治意识。

续表

环节	教师活动	学生活动	设计意图
讲授新课。	（3）社会历史性——是一定社会关系中的人的活动，是一定历史条件的产物。 议题二：绿水青山促发展，和谐共生筑家园 海南生态美是公认的，但有的地方曾经也是走过弯路的，生态保护经历了曲折发展。课前布置学生做了关于这个方面的实践调查，下面有请小组代表分享成果。 三、实践与认识的辩证关系 1. 实践是认识的基础。（实践决定认识） （1）实践是认识的来源。 （2）实践是认识发展的动力。 （3）实践是检验认识的真理性的唯一标准。 （4）实践是认识的目的。 2. 认识反作用于实践。		
学以致用，议学迁移。	习近平总书记在庆祝海南建省办经济特区 30 周年大会上发表重要讲话，要求海南牢固树立和全面践行"绿水青山就是金山银山"的理念，在生态文明体制改革上先行一步，为全国生态文明建设作出表率。 海南坚持以习近平新时代中国特色社会主义思想为指导，深刻领会和践行习近平生态文明思想，着力提升生态环境治理体系和治理能力现代化水平，为高质量高标准建设海南自由贸易港提供环境管理制度保障和优良的生态环境基础。 结合实际，以"共建和谐共生家园"为主题，撰写一份倡议书。	学生撰写倡议书，并展示学习成果。	应坚持理论与实践相统一撰写倡议书，共建和合共生家园需要全体海南人民牢固树立绿色发展理念，并用于指导生态保护的实践。通过这一环节，对实践和认识的关系这一马克思主义哲学的基本观点加以迁移和应用，深化认识，树立正确实践观。
板书设计			

续表

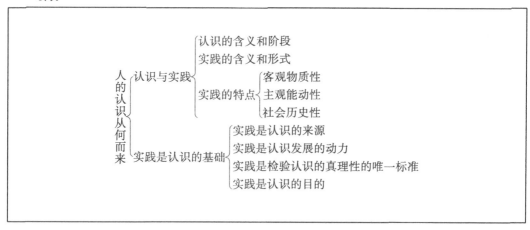

第二部分　教学反思

　　此课是"双新"背景下高中思政课议题式课型的探索与实践，着眼家国情怀，挖掘海南本土资源，设置议题，将本课的哲学知识迁移到生活，哲学教育生活化！

　　对本节课的授课还算满意。这节课在教学设计上力求构建以生活为基础、以学科知识为支撑，立足于学生现实的生活经验，着眼于学生发展需求，把理论观点的阐述寓义于社会生活的主题之中。学生成为真正的学习主体，教师发挥了主导作用，教师适时的点拨与总结将知识升华。课后反馈（与学生的谈话、听课教师的评课）也证明，这节课的效果是好的。

　　整个教学过程进展得比较流畅。依据"创设情境—活动体验—感悟内化—激励践行"的思路。师生互动的场景此起彼伏。教师如同导演将各个"演员"的潜能挖掘调动起来，真正实现了让"课堂活起来、学生动起来"的目标。

　　通过本节课的教学，力求对新课程有更深的认识，探索适合新课程的新的教学方法。在本堂课的教学中充分使用了多媒体技术，通过多媒体集图、音、文字等于一身的优势，让学生直观地感受抽象的知识，取得了不错的效果。

　　课堂上学生的表现非常优秀，他们对本节课的内容吸收得很好。

　　如果重新上这堂课的话，我会更大胆地放手让学生去总结提升；同时对课堂容量进行调整，那效果将会更好。

（来源：2021年"凤凰杯"课堂教学大赛）

正确认识中华传统文化

罗晓晓

第一部分　教学设计

一、教材分析

本节课的内容为人教版高中思想政治教材必修四哲学与文化第七课第二框。

本框题包括两目。第一目"中华优秀传统文化的主要内容及特点",阐述了中华传统文化的发展历程,中华优秀传统文化的主要内容,中华优秀传统文化的特点;第二目"正确认识中华传统文化的当代价值",阐述了中华优秀传统文化具有的当代价值,如何正确对待中华传统文化。

两目分别从两个角度阐释了如何正确认识中华传统文化。在认识中华传统文化时,要求我们能够树立科学精神,运用辩证唯物主义和历史唯物主义的观点,坚持古为今用、推陈出新,有鉴别地加以对待,有批判地予以继承,在分析鉴别的基础上,取其精华、去其糟粕,增强文化自信、文化自觉,厚植家国情怀。

二、学情分析

习近平总书记强调,当前形势下,办好思政课,要放在世界百年未有之大变局、党和国家事业发展全局中来看待,要从坚持和发展中国特色社会主义、建设社会主义现代化强国、实现中华民族伟大复兴的高度来对待。要讲好中华民族的故事、中国共产党的故事、中华人民共和国的故事、中国特色社会主义的故事、改革开放的故事,特别是要讲好新时代的故事。

这几年,在国家大力弘扬优秀传统文化的大背景下,从爱国层面来看,高二学生完全可以理解传承和弘扬中华优秀传统文化的重要性,但是中华优秀传统文化到底有什么作用?几千年以前的文化在当代真的还有价值吗?从理性层面,激发学生内心的文化自信和文化自觉对教育工作者而言仍任重而道远。

如何引导学生从优秀传统文化中汲取智慧,直面、解决现实生活中的矛盾冲突,使学生对优秀传统文化的价值有发自内心的信服,而非灌输,从而自觉成为中华优秀传统文化的继承者、弘扬者、传播者。这些问题需要教师在深入研究教材内容的基础上精心设计教学活动，既要包含学科的具体内容，又要进行正确的价值引导。

三、教学策略

人本主义大师罗杰斯认为，只有构建真实的问题情境，让学生直接面对各种现实问题的挑战，才能产生有意义的学习。笔者结合学科知识，引入当下热议的社会话题，科学设置问题情境开展教学，引导学生步入开放的、辨析式的学习路径，理性面对不同观点，真正实现有效的价值引领。

（一）教学重点
1. 感悟中华文化的强大生命力。
2. 正确认识中华优秀传统文化的当代价值。坚持古为今用、推陈出新，有鉴别地对待，有批判地继承。

（二）教学难点
正确认识中华优秀传统文化的当代价值。

（三）教学方法
任务驱动法、合作探究法、讲授法和讨论法。

（四）教学媒体
PPT。

四、教学目标

（一）科学精神
1. 正确认识中华传统文化，了解中华文化的产生、发展；了解中华优秀传统文化的主要内容，感受中华文化的特征。
2. 明确对待中华传统文化的正确态度，能够用辩证唯物主义和历史唯物主义的观点认识、分析、对待传统文化。
3. 感悟优秀传统文化对中华民族的深刻影响，体会优秀传统文化的当代价值，积极弘扬中华优秀传统文化。

（二）政治认同
认同中华文化，增强文化自信。

（三）公共参与
树立文化自觉，自觉传承和弘扬中华优秀传统文化。

五、教学过程

（一）教学流程设计
1. 总议题：一部经典，一种文化，一个民族。
2. 分议题一：品读经典，阅读文化里的中国……
3. 分议题二：古为今用，让典籍里的智慧"活"起来……

4. 分议题三：推陈出新，让优秀传统文化"传"下去……
5. 课后实践活动：开展"五公祠"研学活动。

（二）教学过程

教学环节	教师活动	学生活动	设计意图
第一环节。	1. 播放视频，提供任务 模板一：千古文明何处寻？请君向东看！ 模板二：泱泱大国，海纳百川；巍巍华夏，美美与共。 2. 教师评析 不论是"千古文明"还是"泱泱大国"，从视频中大家都不难感受到中华文化源远流长、博大精深。正是这源远流长、博大精深的中华文化承载着一脉相传的华夏文明，推动着中华民族从远古走向现代，从历史走向未来，绵延千年而更加辉煌，展示出中华文明的强大凝聚力和生命力。	观看视频。请大家参考教师的模板，为刚才这段视频拟一个醒目而贴切的标题，并说明你的设计理念。	1. 设置学习情境，激发学习兴趣，导入主课。 2. 引导学生感受中华文化的显著特征：源远流长、博大精深，具有强大的凝聚力和连续性；了解中华文化的产生、发展。
第二环节。	1. 组织学生课前开展合作探究 全班分为三个小组，分别从"修身""治国""平天下"三个角度，归纳整理《道德经》中的相关论述。 2. 教师评析 在《道德经》中，既有修身齐家治国平天下的理念，也有"祸福相倚""有无相生"这样的辩证法思想；既有"以正治国"的核心思想理念，也有"上善若水"这样的人文思想，它再次向我们展示了中华文化的博大精深。	请各小组形成合议，选出《道德经》里你们最喜欢的一两句话，与全班同学分享。	1. 让学生在品读经典的活动中自主学习，了解优秀传统文化。借《道德经》向学生展示古老而厚重的东方智慧，展现中华优秀传统文化的博大精深，激发学生的文化自信。 2. 在品读、合作探究的过程中引导学生了解中华优秀传统文化的主要内容，体会传承中华文化的厚重感，理解中华文化具有强大的生命力，认同中华文化，为树立文化自觉奠定基础。

续表

教学环节	教师活动	学生活动	设计意图
第三环节。	1. 提供辩论的材料 材料一：内卷，网络流行语。指同行间竞相付出更多努力以争夺有限资源，从而导致个体"收益努力比"下降，可以看作是努力的"通货膨胀"。 材料二：躺平，网络流行词。指无论对方作出什么反应，你内心都毫无波澜，对此不会有任何反应或者反抗，表示顺从心理。 2. 教师评析 "该不该躺平"就是探讨"争"还是"不争"。 面对激烈的竞争，"争"还是"不争"？两千多年前的先贤老子早已在《道德经》中给了我们智慧。 老子给了我们三个锦囊。 锦囊一：不争。（"以其不争，故天下莫能与之争"） 不争不是无所作为，而是要有甘居人下，"功成不必在我，功成必定有我"的胸怀格局。尊重规律，不任意作为以达到"无为无不为"。 锦囊二：守拙。（"曲则全，枉则直，洼则盈"） 形势不好时不要急于表现，要学会韬光养晦、厚积薄发，悄悄努力然后惊艳众人。 锦囊三：出奇。（"知人者智，自知者明""以正治国，以奇用兵"） 要了解自己的长处和不足；发挥特长，另辟蹊径，学会差异化竞争，在同质化竞争中脱颖而出。	辩论：在竞争激烈的今天，青年人"躺平"是正义还是可耻？	1. 真理越辩越明。通过开展辩论，分析社会现象，为下一步教师展示《道德经》智慧做好铺垫。 2. 用传统文化的精华来分析今天的社会现象，使学生意识到优秀传统文化就在身边，就在我们的生活里，感悟传统文化对一个民族的深远影响，理解中华优秀传统文化绵延千年而更加辉煌的原因。
第四环节。	1. 提供合作探讨的背景材料 作为中华文明源远流长的重要见证，汉字不仅书写着历史，更承载着传承中华文明的重要历史使命。 针对今天人们提笔忘字的现象，有识之士主张应该大力推广国学，传承中华文明。	探讨：日新月异的新时代，我们应该回归繁体字还是续用简体字？	培养学生辩证看待事物的科学精神。让学生在深度思考中领悟到，传承传统文化不是全盘继承，而是取其精华、去其糟粕，有鉴别地对待，有批判地继承；更要与时俱进，与时代发展的需要相适应。

续表

教学环节	教师活动	学生活动	设计意图
第四环节。	2. 教师评析 我们的传统文化主要产生于封建社会，有时代的局限性，不可避免地存在陈旧过时的东西，甚至是糟粕，所以需要我们对传统文化进行改造，要取其精华去其糟粕，而不是原封不动地继承。 同时我们更应该看到，中华优秀传统文化是中华民族几千年智慧的结晶，历经千年而仍然生机勃勃，对今天治国理政仍有重要的借鉴意义，所以我们应该将优秀传统文化与时代相结合，推陈出新，不断创造新文化。		
第五环节。		梳理本节课的知识脉络。	引导学生从整体架构上整理本节课的内容。
第六环节。	布置课后研学活动。 五公祠被称为"海南第一楼"，建于清光绪十五年，是为纪念唐宋两代被贬谪来琼的李德裕（唐朝宰相）、李纲和赵鼎（均为宋朝宰相）、李光和胡铨（均为宋朝的大学士）五位历史名臣而建的。其因人们景仰先贤"五公"而得名。	请大家课后以小组为单位，以"扬五公英烈气节，唤我辈莫负斯楼"为主题，开展一次参观修学活动，交流各小组的修学心得。	实地参观感受优秀传统文化；知行结合，培养公共参与能力，厚植家国情怀。

（三）板书设计

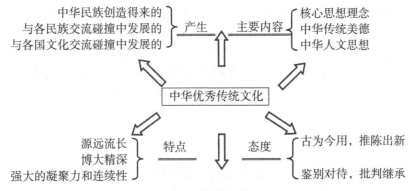

第二部分　教学反思

本框题是必修4《哲学与文化》第七课的第二框。第七课由引言和三个框题构成。三个框题的逻辑关系是：理论（工具）—辨识—行动，逐层递进，前后呼应。其中本框题主要讲述如何正确认识中华传统文化，中华优秀传统文化的当代价值。《普通高中思想政治课程标准（实验）》要求，辩证地看待传统文化，领会对中华优秀传统文化进行创造性转化、创新性发展的重要意义。本框题在全课的教学中，承担着承上启下的作用，主旨在于培养学生的科学精神，提升辨识事物的能力。这既是对上一框题"文化的内涵与功能"理论知识的深化理解和运用，也是为下一框题"弘扬中华优秀传统文化与民族精神"付诸行动做好价值观准备，对培养学生科学精神、革命批判精神，培养学科核心素养起着至关重要的作用。

故而，笔者认为使学生对中华优秀传统文化的价值发自内心地信服，激发学生的文化自信，从而自觉成为中华优秀文化的继承者、弘扬者、传播者，厚植家国情怀，增强青年人的责任感、使命感是本节课最重要的教育教学目标。

一、亮点

（一）坚持大思政观

办好思政课，要放在世界百年未有之大变局、党和国家事业发展全局中来看待，要从坚持和发展中国特色社会主义、建设社会主义现代化强国、实现中华民族伟大复兴的高度来对待。坚持政治性和学理性相统一，发挥思政课的政治引领功能，依托中华民族厚重的文化底蕴开展教学，展现中华优秀传统文化的魅力，讲好中国故事。坚持价值性和知识性相统一，增强思政课的德育力，引导学生树立正确的世界观、人生观、价值观，将潜心问道和关注社会相统一，引导学生胸怀民族、国家，自觉担负起新时代青年的历史使命，做好社会主义的建设者和接班人。

（二）坚持建设性和批判性相统一

本堂课将思政小课堂和社会大课堂结合起来，推动课堂活动化、知识情境化。设置真实情境，引入热议社会话题，让学生直面价值冲突。在这些思维训练中，学生亲历了自主辨识的过程，课堂教学真实发生。学生从不同的角度观察社会现象，分析社会问题，在价值冲突中深化理解，在比较鉴别中提高认识，在针锋相对中培养科学思维，提高自身的价值判断力，从而使本堂课真正实现有效的价值引领。

二、不足

教学评价是对教学活动过程、结果和目标完成情况进行评价，以实现以评促学、以评促教，要着重评估学生解决情境化问题的过程和结果。

本堂课的教学评价方式略显单一。

1. 重教师评价，轻学生互评。从评价主体来看，本堂课专注于教师的评价、引导，却忽视了学生之间的相互评价，没有发挥学生互评以促进课堂教学的作用，多元化的教学评价体系有待完善。

2. 重结果评价，轻过程评价。从评价内容来看，本堂课关注了对学习成果的评价，却忽视了对学生学习表现的过程性评价，在进一步调动学生合作探究积极性方面有所欠缺。

每一次课堂教学，都是教师教育理念的具象化，也是学生学习成效的展示。总的来看，本堂课的教育教学目标基本达成。

（来源：2023 年"凤凰杯"课堂教学大赛）

人的认识从何而来

邱燕妹

第一部分　教学设计

一、教材分析

　　本课选自统编版高中思想政治必修四第二单元第四课第一框人的认识从何而来，本框共有两目：第一目介绍认识、实践的内涵和实践的特征、形式；第二目介绍实践是认识的基础。教学重点为实践是认识的基础。学好本框不仅有利于从总体上感知认识论，而且能够深刻理解马克思主义哲学的鲜明特点和本质特征。

二、学情分析

　　在新课教学基础上，学生已经具备对相关理论的感性认识，但是，哲学理论具有自身的特殊性，它是源于实践的高度概括，具有一定的抽象性。因此，在一轮复习中，我们仍要注意从现象入手，从身边事件入手，提升学生对该理论的感受与理解，从而提升学生关注生活、理论联系实际的能力。

三、教学策略

　　该课为一轮复习，要侧重发挥学生的自主复习作用，因此，在课前布置相关任务，让学生在完成任务的同时实现自主复习，也能让教师及时准确地把握学生的学习情况，做到有的放矢、高效复习。

　　理论学习要回归实践，因此，在相关理论学习的基础上，我以"坚定信心，共创海南新未来"为总议题，设置分议题一：海南产业政策的探寻之路；分议题二：潮起海之南，逐梦自贸港。实现教学的层层递进，提升学生关注生活、理论联系实际的能力。

四、教学目标

通过列举现实生活中的实例，阐明实践是认识的基础。培养学生的科学素养和正确的思想政治认识，使学生通过本框学习，能够自觉运用所学知识服务社会，积极投身社会实践活动。

五、教学过程

课前准备：（学生任务清单）

任务 1. 熟读教材，梳理知识框架。

任务 2. 做完相应练习，进行错题与提问统计。

任务 3. 三个小组分工合作，了解海南产业发展历程。

导入：多媒体播放视频《海南自贸港建设》，引入议题，明确教学思想。

总议题：坚定信心，共创海南新未来

分议题一：海南产业政策的探寻之路

分议题二：潮起海之南，逐梦自贸港

教学过程：（先学后教）

（一）学生展示自学框架，分享思路

教师要先将学生所做框架进行提前阅览，找出不同梳理思路的学生以及了解学生之不足，在学生分享后进行小结引导、梳理总结，夯实框架基础。

（二）统计课前练习相关错误，梳理核心误区

1. 实践的历史性。

2. 实践是认识发展的动力。

3. 实践是检验真理性的唯一标准。

（教师针对上述误区进行逐一讲解后，运用相关练习再次检验学生掌握情况。）

（三）议题学习，学以致用

分议题一：海南产业政策的探寻之路

学生根据课前调查海南发展的相关信息，课堂分享海南发展历程，教师将核心关键词提炼总结展示。

学生讨论：

海南产业政策的变化如何体现了实践与认识的关系？

分议题二：潮起海之南，逐梦自贸港

播放视频：《开放热土，放飞梦想》。

说一说：发展的蓝图已经绘就，青年学生们应如何逐梦前行？

（四）小结，课后作业

海南自由贸易港的建设阶段：

第一是探索阶段（2018—2020 年）：全面实施海南自贸试验区总体方案（国发〔2018〕34 号），复制借鉴其他自贸区成功经验，高标准高质量完成海南自贸区试验任务，国际开放度显著提高。同时，在部分园区，压茬试行自由港政策，比如零关税、简税制、低税率，放权审批，更开放的市场化运行等，加快探索构建自由港政策和制度体系，做好从"自贸区"到"自由港"的衔接。

第二是初步建立阶段（2020—2025年）：初步建立起自由贸易港政策和制度体系，营商环境达到国内一流水平，是最为重要和关键的阶段。

第三是持续深化阶段（2025—2035年）：形成更加成熟、更具活力的自由开放型经济新体制，营商环境跻身全球前列，充分体现国际高标准、高质量、高水平。

第四是完全成熟阶段（2035—2050年）：建成特色鲜明、世界著名的现代化自由贸易港，形成高度自由化、法治化、国际化、现代化的制度体系，成为我国实现社会主义现代化的标杆和范例。

请结合材料，就本课知识点，自行从中观、微观角度设两个问题。

（教师点评、引导学生将设置问题严谨化，同时要求学生用本框相关知识进行回答。）

第二部分 教学反思

本届"凤凰杯"是一次探究"双新"理念如何在教学实践中落实的大胆尝试。在备课之前，我反复思考高三政治复习课需要完成的任务以及"双新"理念的核心是什么，二者该如何融合。在思考后，我确定了重点发挥学生自主复习、教师为辅的总方向；在复习过程中，尝试运用新授课中的议题式教学方法，结合本地资源，让学生在寻找、探究海南发展路径中感受实践是认识的基础这一理论，同时通过最新的自贸港宣传视频作为导引，让学生在议论中理解认同正确的意识对社会实践的重要指导作用；课后作业将海南的产业政策变更交予学生，让他们自主命题，是进一步深化巩固的尝试。

但是，在实践过程中，也存在着些许不足。首先，应加强自主复习指导；其次，搜集信息的活动方式，容易让不积极的孩子流于形式；最后，课堂表达中，积极、开朗的孩子更容易得到展示的机会。在后续教学中，该如何促进中下程度的学生提高复习效率、发挥其主体作用应成为新的探索方向。

（来源：2022年"凤凰杯"课堂教学大赛）

历史组

辽宋夏金元的制度建设与相互借鉴

李昌利

第一部分　教学设计

一、教材分析

《中外历史纲要（上）》第三单元辽宋夏金多民族政权的并立与元朝的统一，一共包括 4 课，分别围绕辽宋夏金元的政治、经济、社会、文化等几个方面来讲解，但其知识点分布较为零散，不利于学生知识框架体系的建立。在大单元教学设计理念下，笔者将第三单元的单元主题调整为从"小中国"到"大中国"，并从政治、经济、社会、文化等几个视角对本单元内容进行整合优化，整合之后一共分为 3 个课时，即"辽宋夏金元的制度建设与相互借鉴""辽宋夏金元的经济发展与社会变化""辽宋夏金元的文化发展"。本课设计则是基于第 1 课时的教学设计。

二、学情分析

学生在初中《历史与社会》七年级下已接触过本课相关内容，但大多数学生印象不深。进入高中后，通过高一对本课知识的学习，他们已经对辽宋夏金元的政权建立和发展有了进一步的了解，并掌握了相关的基础知识。通过高二、高三的学习，学生们在分析理解能力及解决问题的综合能力上都有较快的提升，在此基础上，教师可以运用图片、地图、表格等素材引导学生深入探究辽宋夏金元政权的制度建设及其历史作用等。

教学重点：宋、辽、夏、金、元等政治制度建设的内容、特点。

教学难点：宋、辽、夏、金、元等政治制度建设的作用。

三、教学策略

课程标准明确指出："重视以学科大概念为核心，使课程内容结构化，以主题为引领，使课程内容情境化，促进学科核心素养的落实"。在这一思想的指导下，本课采取大单元设计的教学策略。笔者首先提炼出"统一多民族国家的发展历程"这样一个大概念，来统摄《中外历史纲要（上）》整个中国古代史的内容，紧扣这个大概念淬炼了四个单元主题，使课程内容结构化。四个单元主题分别是：文明起源与统一多民族国家的建立、巩固；民族交融与繁荣开放；从"小中国"到"大中国"；中国古代文明的迟滞与辉煌。《中外历史纲要（上）》第三单元"辽宋夏金元多民族政权的并立与元朝的统一"对应的淬炼出来的单元主题是从"小中国"到"大中国"，而本课的教学设计又是在本单元主题之下的第 1 课时"辽宋夏金元的制度建设与相互借鉴"。

四、教学目标

根据课标、教材和学情，制定本课的教学目标如下。

目标 1：借用地图与时间轴，梳理辽宋夏金元政权的更替，感悟这一阶段 300 多年的历史是从"小中国"发展为"大中国"的一个重要阶段，进一步培养学生的时空观念、历史解释等核心素养。

目标 2：通过材料阅读、概念解析，理解宋初中央集权的加强、南北面官制、猛安谋克制、行省制和四等人制的主要内容，探讨宋辽金元制度建设的特点和作用，重点培养学生史料实证、历史解释等核心素养。

目标 3：通过同伴合作交流，讨论北方少数民族政权在统一多民族封建国家发展中的重要贡献，树立起中国的历史是由多民族共同缔造的，及民族平等、和谐交往的中华民族多元一体的观念，以此培养学生的历史解释和家国情怀的核心素养。

五、教学过程

第一篇：辽宋夏金元政权的更替——从并立走向统一

任务一　请根据以下图片及课本内容思考：辽宋夏金元政权从并立走向统一的过程可分为哪三个阶段？其政治方面的阶段特征是什么？

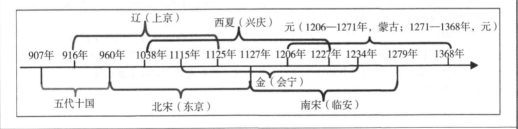

第二篇：辽宋夏金元的制度建设——各美其美，美美与共

1. 宋初中央集权的加强

任务二　请根据以下材料并结合课本内容思考：宋初中央集权加强的原因、措施及影响。

设计意图：通过展示材料和图片创设情景，采取任务驱动法来引导学生深入理解宋初中央集权加强的原因、措施及影响，并以此提升学生历史解释的核心素养。

续表

	2. 辽夏金元的制度建设 在政治制度方面，草原民族根据多民族国家的实际，最早推行了"因俗而治"的政策，这种尝试始于"五胡十六国"时期，完善于唐、辽，定型于元朝。 ——乌恩《草原民族对中华民族多元一体格局形成的历史贡献》 **任务三** 展示以上情境材料，设置问题：辽夏金元"因俗而治"的政策具体表现为哪些？有什么特点？又分别带来什么影响？请根据以下材料并结合课本进行合作探究。

材料一	契丹……官分南北，以国制治契丹，以汉制待汉人……北面治宫帐、部族、属国之政，南面治汉人州县、租赋、军马之事。因俗而治，得其宜矣。 ——《辽史·百官志》
材料二	自中书令、宰相、枢使、大夫、侍中、太尉已下，皆分命蕃汉人为之。 ——《宋史·夏国传上》
材料三	金之初年……行兵则称猛安，谋克，以多寡以为号。猛安者，千夫长也；谋克者，百夫长也。 ——《金史》卷四十四志第二十五《兵志》
材料四	行中书省掌国庶务，统郡县，镇边鄙，与都省（中书省）为表里……凡钱粮、兵甲、屯种、漕运、军国重事，无不领之。 ——《元史·百官志七》

设计意图：通过任务驱动、合作探究、小组总结的方式来引导学生归纳分析辽夏金元"因俗而治"的政策内容、特点及其影响，以此培养学生合作探究的能力。

第三篇：辽夏金元政权的贡献——美美与共，天下大同

任务四 请结合课本第9课和第10课的内容思考：辽夏金元北方少数民族政权在统一多民族封建国家发展历程中有哪些贡献？

设计意图：这一问题有较强的综合性，通过学生思考、教师引导分析出答案既能有效地完成"让学生充分认识到辽夏金元北方少数民族政权在统一多民族封建国家发展历程中所作出的重大贡献"这一教学目标，又能很好地将历史学科历史解释这一核心素养的培育落到实处。

课后作业布置

材料	习近平总书记在2019年9月全国民族团结进步表彰大会上深刻地指出，我们伟大的祖国，幅员辽阔，文明悠久。一部中国史，就是一部各民族交融汇聚成多元一体中华民族的历史，就是各民族共同缔造、发展、巩固统一的伟大祖国的历史。我们辽阔的疆域是各民族共同开拓的，我们悠久的历史是各民族共同书写的，我们灿烂的文化是各民族共同创造的，我们伟大的精神是各民族共同培育的。中华民族多元一体是先人们留给我们的丰厚遗产，也是我国发展的巨大优势。

续表

设问	根据材料结合所学知识，围绕中国古代民族关系，结合某一具体时期自拟论题，并就所拟论题进行阐述。（要求：论题明确，史论结合，表述清楚）

设计意图：在本课教学活动结束后，可以习近平总书记在全国民族团结进步表彰大会上的讲话摘录为情境，并设计开放式的问题。科学有效的教学评价是检测教学目标是否实现和学生能力素养是否提升的重要方式和手段。大单元教学突破了传统的教学模式，它既有利于帮助学生在历史情境中学会知识的迁移，也有利于提升学生综合运用知识及解决实际问题的能力，从而让历史解释等学科素养真正落地。大单元教学可以采取围绕单元主题的"大问题"探究的方式来进行评价，从而实现考查核心素养的同时进一步培育核心素养的效果。

板书设计

1. 辽宋夏金元政权的更替——从并立走向统一
2. 辽宋夏金元的制度建设——各美其美，美美与共
3. 宋初中央集权的加强
4. 辽夏金元的制度建设
5. 辽夏金元政权的贡献——美美与共，天下大同

第二部分　教学反思

本课是《中外历史纲要（上）》第三单元"辽宋夏金多民族政权的并立与元朝的统一"第10课，其原标题是"辽夏金元的统治"。笔者将第三单元的单元主题调整为从"小中国"到"大中国"，也将第10课的内容整合为"辽宋夏金元的制度建设与相互借鉴"，重新调整了课本原来的编排方式，将第9课的关于宋朝的制度建设与第10课的辽夏金元的制度建设整合在一起进行讲解。

从效果来看：第一，通过对原来较为分散的辽宋夏金元的制度建设内容进行有效的整合后，使整个课例设计更具有逻辑性，利于学生的理解。第二，本课采取大单元教学策略式的复习课，教学资源丰富，对重难点的突破起到很好的辅助作用，也有利于教学目标的达成。第三，本教学设计的第四、第五环节对本课知识起到很好的升华作用，有利于培养学生的家国情怀。

因为本教学设计对教材内容进行了整合，涵盖了第9课和第10课的内容，跨度较大，如果学生没有提前预习课本内容的话，那么学生在课堂上容易出现无法将教师的讲解与课本内容快速对应的问题。在之后的教学中，应该培养学生预习课本的习惯。另外，因为大单元教学跨度大，在今后的教学中更应当注意对内容的整合及知识逻辑线索的梳理。

（来源：2021年"凤凰杯"课堂教学大赛）

南京国民政府的统治和中国共产党
开辟革命新道路

何永刚

第一部分　教学设计

一、教材分析

　　本节课的内容来自统编教材《中外历史纲要（上）》第七单元第二十一课。本节课对新民主主义革命相关内容的学习有承上启下的作用。上承新民主主义革命的兴起以及国民大革命失败的相关内容，下启抗日战争以及新民主主义革命胜利的相关内容。从结构上看，本课有三个子目，分别是：南京国民政府的统治；工农武装割据开辟革命新道路；红军长征。从中国革命发展的角度看这三个子目。第一子目，国民党的专制统治下，中国革命转入低潮，因此，南京国民政府的统治可以作为新民主主义发展的背景来看待；第二子目，中国共产党开辟革命新道路，使中国革命开始走向复兴；第三子目，红军通过长征开辟了中国革命的新局面。三个子目在逻辑上以"中国革命在曲折中发展"为主线展开。

二、学情分析

　　学生经过初中的学习，已经对本节课涉及的国共十年对峙时期的基本史实有了一定的感性认识，但更多停留在基础史实层面，对史实背后的原因、规律、内在关联并没有深挖；高中历史教学应该在此基础上加强对学生历史思维的培养和锻炼，落实历史学科核心素养的培养要求，发挥历史学科立德树人的育人功能，引领学生对本节课内容的认识达到新的高度，切实认识到是中国共产党在逆境中历经艰难险阻探索出了一条适合中国国情的革命道路，克服艰难险阻取得长征的胜利，铸就了伟大的长征精神，打开了中国革命的新局面，以此对学生落实历史学科五大核心素养的教育。高一学生思维活跃、乐于参与、喜欢探索，具备了一定的理性思维能力，但是对工农武装割据理论和实践的掌握还没有形成系统的体系，对中共开辟革命道路和红军长征中的重大历史事件、新民主主义革命历史的发展趋势的认识不够深刻，部分学生还存在时空错位、历史概念理解不透、史料分析和解读能力欠缺等问题。因此，在授课过程中力求通过音像、文字资料创设情境加以引导，既符合高中生的认知规律，也符合高中生的心理发展特点。

三、教学策略

本节课主要坚持教师为主导，学生为主体，并通过自主学习、问题探究与小组合作讨论相结合的策略方法，有层次、有逻辑地解决问题，一步步为学生搭建思维结构，培养学生的史料实证、历史解释、分析问题、解决问题的能力，促进学生核心素养的提高。

南京国民政府的统治是本节课的第一子目，在国民革命失败的大背景下，中国国民党选择建立专制统治的道路。以南京国民政府统治时期的政治和经济两方面内容作为线索展开讲解。工农武装割据开辟革命新道路为第二子目，以中国共产党寻路的历程作为线索，一步步展开讲解。红军长征作为第三子目，是第二子目已经探索出的新道路的曲折。根据以上线索，重新组织教材并适当加工，充分发挥学生的主体作用，引导学生积极思维，从多角度探讨问题。

四、教学目标

1. 核心素养

（1）通过自读教材和研读教师提供的史料，学生能够归纳或陈述南京国民政府统治的措施，并分析归纳出南京国民政府统治的实质。

（2）通过史料研读，填写图表，学生能归纳新革命道路与苏俄革命道路的不同，认识其道路新在何处；结合新革命道路确立后中国革命面临的新局面，阐述新革命道路的重要意义。

（3）通过展示红军长征路线图，并进行史料研读，学生能分析红军长征的意义并从中感悟在艰苦的战争环境下中国共产党人不屈不挠的斗志，学习并弘扬长征精神，培养学生家国情怀。

（4）通过史料研读、小组讨论，学生能从历史的角度认识实事求是马克思主义的精髓。

2. 重点难点

重点：认识中共开辟革命新道路的过程及意义，知道红军长征的过程。

难点：认识中共开辟革命新道路的必然性。

五、教学过程

（一）新课导入

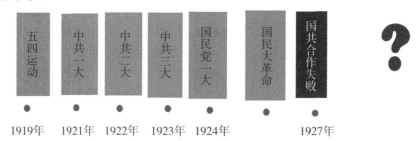

中国共产党成立大事记导入主题：困境—抉择—胜利

中国共产党诞生以后，与国民党合作进行了轰轰烈烈的国民大革命，在很大程度上打击了帝国主义列强，基本推翻了北洋军阀的反动统治。正当国民革命正酣之时，国民党反动派蒋介石和汪精卫分别发动"四一二"和"七一五"反革命政变，国共关系破裂。大革命失败后国共两党进行了不同的道路探索，对中国革命将产生怎样的影响？让我们带着这些困惑进入本节课。

（设计思路：本问题的设置起承上启下的作用。既引导学生回顾上节课所学内容，又为本节课中国共产党开辟革命新道路埋下伏笔。）

（二）讲授新课

第一幕　开辟革命新道路

1. 困境——国民党的反动统治

1927年，国民党反动派蒋介石和汪精卫分别发动"四一二"和"七一五"反革命政变，国共合作失败。中国革命该何去何从？面对国民党反动派突然举起的屠刀，中国共产党领导了南昌起义，打响了武装反抗国民党反动派的第一枪，组建了人民军队。面对国民党的强大实力，革命军队该何去何从？

（设计思路：抛出问题，创设情境，让学生理解，在国共合作失败后，中国共产党面临的困境。）

1927年大革命失败后，南京国民政府建立，此时的国民党变成了一个代表地主阶级、买办性大资产阶级利益的反动集团所控制的政党。国民政府实现了暂时的、表面上的、不稳定的"统一"，为社会经济提供了一定条件。统一后的国民政府具有怎样的特点呢？

阅读教材，分析史料，同桌间合作探究。

材料一　三民主义没有实现以前，如果允许各种主义，各个党派，在国里面活动，我们真正革命党——国民党就一定要失败！……不能够再允许第二个党起来攻击国民党，使国民党失败。

材料二　南洋兄弟烟草公司，是近代中国的最大一家民族烟草企业。1927年全盛时职工达万余人。此后在帝国主义和官僚资本的双重压迫下开始衰退，出现连年亏损的局面。1937年宋子文乘人之危，强迫低价收买公司股票，从而控制了南洋兄弟烟草公司。

材料三　1月下旬，蒋介石会见江户千太郎，表示：他非但不打算废除不平等条约，而且还要尽可能的尊重现有条件；保证承认外国借款，并如期偿还；外国人投资的企业将受到充分的保护。

——《中国现代政治思想史资料选辑》上册

阅读教材并结合史料，归纳南京国民政府的统治特点。

（设计思路：通过阅读材料，培养学生阅读材料和分析材料的能力。归纳南京国民政府统治的特点，突出中国共产党开辟革命新道路的必要性。）

2. 抉择——革命道路的开辟

面对国民党血淋淋的屠杀，中国共产党路在何方？惨痛的失败给共产党人以深刻的教训，认识到要领导人民取得革命胜利，必须有一支革命的武装，坚持武装斗争。

（1）八七会议

阅读教材，独立思考，试着填写下表。

历史和实践表明，无论革命、建设和改革时期，中国共产党都能够带领中国人民克服一个又一个艰难险阻、在战胜困难中不断成熟、不断从胜利走向胜利。在此过程中，我党召开的一系列会议发挥了不可替代的历史性作用。

会议	面临的困境	做出的选择	意义
中共一大	民族危机加深 各阶级救亡运动失败	中共成立、明确奋斗目标，产生领导机构	开天辟地，革命面貌焕然一新
中共二大	最高奋斗目标脱离国情	确定党的最低纲领	
中共三大	工人阶级自身力量弱小	通过国共合作问题协议	推动国民大革命兴起
八七会议			

据材料并结合所学，分析八七会议召开时，中国共产党做出的选择。

（设计思路：让学生理解，在国共合作失败后，中国共产党的处境，突出八七会议召开的重要性。）

（2）革命新道路的开辟

阅读教材，分析史料，分组讨论。

材料四　湘赣边界秋收起义，在开始时虽然也以攻占大城市为目标，但在遭到挫折后，毛泽东适时地率领部队走上一条在农村建立革命根据地，以保存和发展革命力量的道路。这条道路，代表了1927年大革命失败后中国革命的发展方向。

——摘编自《毛泽东与中央早期领导人》

材料五　它的发生必然是在帝国主义间接统治的经济落后的半殖民地的中国。中国红色政权首先发生和能够长期地存在的地方，曾经有过很广大的工会和农民协会的组织，有过工农阶级对地主豪绅阶级和资产阶级的许多经济的政治的斗争。现在中国革命形势是跟着国内买办豪绅阶级和国际资产阶级的继续的分裂和战争，而继续地向前发展的。所以，不但小块红色区域的长期存在没有疑义，而且这些红色区域将继续发展，相当力量的正式红军的存在，是红色政权存在的必要条件。还须有一个要紧的条件，就是共产党组织的力量和它的政策是正确的。

——摘自《中国的红色政权为什么能够存在？》

阅读教材并结合材料，概括指出大革命失败后，关于中国革命道路，党内出现的探索。指明共产党最终的选择并分析理由。

（设计思路：通过阅读材料，培养学生阅读材料分析材料的能力，同时培养学生运用唯物史观去解答问题的能力。通过对比，让学生更深刻地理解中国共产党选择"农村包围城市"道路的合理性。）

3. 胜利——工农武装割据

俄国的"城市包围农村"的道路在中国走不通，以毛泽东为代表的共产党人转向农村，建立了第一个农村革命根据地——井冈山根据地。在革命实践的基础上，毛泽东总结出"工农武装割据"的理论。接下来我们一起来了解革命新道路的理论与实践。

（1）"工农武装割据"理论的产生

材料六　井冈山时期，毛泽东提出了"工农武装割据"的思想，他认为武装斗争是中国民主革命的主要斗争形式，是进行土地革命、巩固和发展革命根据地的最有力的工具；土地革命是中国民主革命的中心内容，农民是中国民主革命的主力军，满足了农民的土地需求，才能最广泛地动员和组织农民群众参加武装斗争，巩固和扩大革命根据地；农村革命根据地是中国民主革命的战略阵地，是开展土地革命、进行武装斗争的基础和依托。

——整理自沙健孙《中国共产党史稿》等

思考1：依据材料并结合所学知识，概括"工农武装割据"理论的内容。

（设计思路：通过阅读材料，培养学生阅读材料分析材料的能力和历史解释的能力，归纳"农村包围城市"的理论依据——工农武装割据的内容，让学生更好地理解这条新道路。）

（2）"工农武装割据"理论实践

材料七　到1930年上半年，全国红军发展到10万人左右，建立了大小15个革命根据地，以根据地为依托的苏维埃政权得到迅速发展。第二次反"围剿"胜利后，全国苏维埃区域扩大到15万～16万平方公里，拥有1000多万人口。各地苏维埃政权还通过颁布适用于本地区苏维埃政权建设的法律法规，建立健全了机构，加强了苏维埃的建设。

——摘编自穆兆勇《中华苏维埃政权建设始末》

材料八　农村包围城市的道路却历史地成为中国民主革命走向胜利之路，毛泽东是第一个代表这种自觉选择的人。他在这个时期的一些著作中最早阐发了国情与革命，说明了马克思主义的一般和个别、普遍与具体。

——摘自陈旭麓《近代中国的新陈代谢》

思考2：依据材料并结合所学知识，概括中国特色革命道路产生的意义。

（设计思路：通过阅读材料，培养学生的阅读材料和分析材料的能力，培养学生的家国情怀。体会中国共产党选择"农村包围城市"道路的伟大之处。）

然而，任何道路的探索都不会一帆风顺，当边界红旗如星星之火呈燎原之势时，面对不断壮大的红色革命根据地，蒋介石调集重兵对根据地进行围剿，妄图将中国的革命扼杀于摇篮之中。

第二幕 红军长征

1. 困境——军事斗争失利

红军在第五次反围剿时，因共产国际的指导不符合中国国情，中共中央犯了"左"倾错误，导致第五次反"围剿"失败，被迫撤出经营多年的根据地。面对国民党的围追堵截，中央红军在突破四道封锁线后，从八万人锐减到三万人，付出了惨痛的代价。在这生死攸关的关键时候，中共中央召开了遵义会议。

阅读教材并结合下述材料，概括遵义会议召开的背景。

（设计思路：通过阅读材料，培养学生阅读材料、分析材料的能力以及历史解释的能力，让学生体会遵义会议召开的必要性。）

国民大革命	国共合作失败	南昌起义	八七会议	秋收起义	井冈山革命根据地	中华苏维埃共和国	第五次反"围剿"失利	红军长征
1926年	1927年	1927年8月1日	1927年	1927年	1927年10月	1931年	1934年	1934年10月

材料九 据统计，整个第五次"围剿"过程中，国民党军建筑各种碉堡达14294座。利用这些碉堡，实施严密封锁、步步为营的战术，在这场战争中产生了相当的作用。有稳扎稳打的战术指导，再加上精良的装备和强大的火力，这些都使国民党军在第五次"围剿"中占据了极大的优势。

——刘统《长征：历尽艰辛的求生之路（上）》（载《读书》2016 年第 9 期）

材料十 1934 年 10 月，中央红军在长征开始的初期就遭受 5 万余人的重大损失，其中过第一道封锁线减少了 3700 余人，过第二道封锁线减少了 9700 余人，突破第三道封锁线损失了 8600 余人，抢渡湘江时锐减 30500 余人，使出发时的 8.6 万红军，渡过湘江后只剩下 3 万余人。

——摘自中国军事网

2. 抉择——遵义会议

材料十一 一切都变了，这是分水岭——毛泽东牢牢地掌握了领导权，并且中国共产主义运动宣布独立于莫斯科的指挥棒。从某种意义上说，这二十几个人在这里开会，是为了正式确定长征的领导和方向的彻底改变；从更深远的意义上说，则是中国共产主义革命运动的领导和方向的彻底改变。后来很多人都说，这是整个中国革命史上最重大的一个事件。

——〔美〕哈里森·埃文斯·索尔兹伯里《长征：前所未闻的故事》

阅读教材并结合下述材料，说明遵义会议是中国共产党在政治上走向成熟的标志。

（设计思路：通过阅读材料，培养学生阅读材料分析材料的能力，同时培养学生运用唯物史观去解答问题的能力，让学生体会遵义会议的重要性。）

3. 胜利——长征胜利

此后，在毛泽东等人的正确领导下，中央红军采取灵活机动的战略战术，摆脱了国民党军队的围追堵截，赢得了战争的主动权，于 1935 年 10 月到达陕北，第二年红军三大主力胜利会师，宣告红军长征胜利结束。中国工农红军的长征是一部伟大的革命英雄主义史诗，铸造了伟大的长征精神，为中国革命不断从胜利走向胜利提供了强大的精神动力。通过本节课的学习，请学生分析中国共产党"不断从胜利走向胜利"的原因。

（设计思路：通过小组讨论，归纳中国共产党不断走向成熟的原因，从而培养学生的唯物史观、爱国情怀。）

（三）小结

本节课，我们主要学习了国共合作失败后，面对国民党反动派的屠杀，中国革命转入低潮，中国共产党遭到了前所未有的困难。在严峻的考验面前，中国共产党经受住了考验，开辟出了具有中国特色的革命道路——农村包围城市，武装夺取政权，使中国革命呈现出了燎原之势。随着革命力量的不断壮大，国民党军队对革命根据地展开"围剿"。随着第五次反"围剿"的失利，红军被迫长征，中国革命又一次陷入困境；通过遵义会议，共产党及时纠正党内错误，确立了毛泽东为主要代表的马克思主义正确路线。

第二部分　教学反思

在知识传授方面总体思路很好，在贯彻整体知识结构的同时，对内容的深度广度处理得非常好，重视学生知识结构的转化，将基本的知识结构转化为学生的内在能力，教学中渗透爱国主义教育，突出培养学生的爱国主义精神和民族自尊心、自豪感。

1. 本案例中运用地图、年表梳理长征相关史实和国民党的一些活动，有利于提升学生的时空观念，同时注重史料的运用，通过史料的分析和解读来提高学生对史实的理解，提高学生的历史解释素养和论从史出的意识；通过对长征精神的解读培养学生家国情怀。

2. 在讲解共产党开辟革命新道路的探索过程时，深入浅出，层层递进，引导学生从革命遭遇的问题中得出经验教训，理解工农武装割据理论的正确性，体现出中国革命道路的合理性。

3. 如果有个更明晰的主题将相关史实整合，构建整个知识体系会更好。

［来源：海口市国家级示范区（校）"双新"建设阶段性成果展示课］

"抗日战争"整合教学

郭兰霞

第一部分　教学设计

一、教材分析

本课时对《中外历史纲要（上）》第八单元的第二十二课"从局部抗战到全国抗战"和第23课"全民族浴血奋战与抗日战争的胜利"进行了整合。抗日战争是一场全方位、全民族的抗战，充分体现了中华民族英勇不屈的精神。在这一课题中，一是深刻揭露日军侵略中国的种种暴行。从20世纪30年代开始的侵华战争，是近代中国遭到的一次最大规模的帝国主义侵略战争。日军制造了南京大屠杀等惨绝人寰的罪行，并在政治、经济等领域实施了一系列犯罪行为，其侵略本质旨在灭亡中国，使中华民族遭受了空前的灾难。二是抗日战争是中华民族团结一致、共同抗敌的伟大斗争。九一八事变和华北事变激发起全国抗日救亡运动；在中华民族面临亡国灭种的危急关头，在团结一致共同对外的口号下，中国共产党推动国共第二次合作实现，抗日民族统一战线正式形成。在此旗帜下，中国军民团结抗战。需要注意的是"全民族抗战"不仅表现为国共两党的合作，还体现在各阶层、各利益集团、海外侨胞的一致团结对外。中华民族抗日战争的胜利，捍卫了中国的国家主权和领土完整，促进了中华民族的觉醒和中华民族的大团结，有力地推动了中华民族伟大复兴。三是明确中国的抗日战争是世界反法西斯战争的东方主战场，对世界各国夺取反法西斯战争的胜利、维护世界的和平产生了巨大影响，也使中国人民赢得了世界爱好和平的人民的尊敬，重新确立了中国在世界上的大国地位。

二、学情分析

作为高三一轮复习，学生已经学习过抗日战争，大部分学生对基本史实还是有较深的印象，只是缺乏知识的系统化。从课前预习问题调查来看，学生的问题主要集中于以下两点：第一，对于中国共产党是全民族团结抗战的中流砥柱的理解不够深刻。第二，不能全面认识中国作为世界反法西斯战争的东方主战场的史实和作用。

三、教学理念

落实立德树人根本任务，以唯物史观为指导、以培养和提高学生的历史学科核心素养为目标来设计和实施教学。

四、教学目标

课标要求：了解日本军国主义的侵华罪行；通过了解正面战场和敌后战场的抗战，感悟中华民族英勇不屈的精神，认识中国共产党是全民族团结抗战的中流砥柱；认识中国战场是世界反法西斯战争的东方主战场，理解十四年抗战胜利在中华民族伟大复兴中的历史意义。

目标解析：

1. 能够搜集、辨别、证明日军侵华罪行的史料。（史料实证）

2. 能运用地图、图片、文字等材料叙述出中国抗日战争的过程：从国共对峙背景下的局部抗战到国共合作基础上的全面抗战、从英美绥靖政策下的中国抗日到世界反法西斯中的中国战区，感悟中华民族英勇不屈的精神和世界人民对于和平与正义的热爱。（时空观念·历史解释·家国情怀）

3. 能够运用史实论证中国共产党是全民族团结抗战的中流砥柱。（史料实证·历史解释）

4. 用史实说明抗日战争是中华民族伟大复兴的起点。（史料实证·历史解释）

教学重点：

1. 抗日民族统一战线的形成。

2. 日本帝国主义的侵略罪行。

3. 正面战场、敌后战场抗战的主要史实及中国共产党是全民族抗战的中流砥柱。

4. 抗日战争胜利的重大意义。

教学难点：

国共两党在抗战中的关系及其作用、中国战场是世界反法西斯战争的东方主战场。

五、教学过程

环节一：基础知识梳理（自主学习）

学生活动：学生根据幻灯片上的知识框架图，结合教材和笔记复习基础知识。

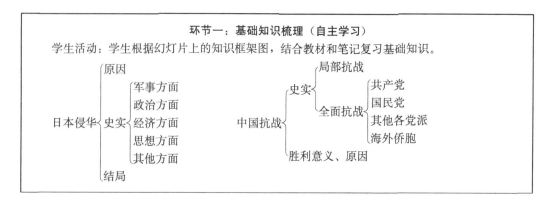

续表

设计意图：高考复习对标高考，高考题材料千变万化，对学生的能力要求越来越高，但最基本的还是对主干基础知识的考查。所以，给学生时间，消化基础知识。

环节二：研真题、明考向（问题探究）

幻灯片展示近五年的高考选择题，以此推断出本课时的重点知识脉络和高频考点。

可见，高考题目虽然考查日本的侵华行径，但主要是考查中国正面战场和敌后战场的抗战，尤其是中国共产党采取各种措施推动、维系联合抗日，体现中国共产党在全民族团结抗战的中流砥柱作用。据此，教师整理出本课题的重难点知识。重难点知识如下。

1. 抗日民族统一战线的建立
2. 各党派各阶层在抗日战争中的作用
3. 抗日战争取得胜利的原因
4. 抗日战争胜利的意义

设计意图：高考复习对标高考，从高考题中提炼考点，既能使学生了解本课时的知识点怎么考，又能熟悉高考题型，以题带讲，事半功倍。

环节三：重难点突破（问题探究）（讲练结合）

1. 抗日民族统一战线的建立

教师一边引导学生分析，一边通过幻灯片展示。

（1）原因

①日本发动全面侵华战争，民族危机空前严重；

②中共积极倡导；

③全国抗日救亡运动的推动；

④日本侵略威胁到国民党统治集团的利益。

（2）过程

①1935年，中国共产党发表《八一宣言》，号召停止内战，一致抗日；

②同年底中共中央召开瓦窑堡会议，确定建立抗日民族统一战线的方针；

③1936年12月，西安事变的和平解决，揭开了国共两党由内战到和平、由分裂对峙到合作抗日的序幕，抗日民族统一战线初步形成；

④1937年9月，国民党中央通讯社发表了《中共中央为公布国共合作宣言》，这标志着国共第二次合作的实现和抗日民族统一战线的正式建立。

（3）意义

使抗日战争发展成为全民族的抗战，是抗战胜利的根本保证。

2. 各党派各阶层在抗日战争中的作用

幻灯片展示下面的选择题：

有学者在分析中国某一时期政治形势时说："国民党被赶出长江中下游地区，并丧失了精锐部队，同时中国共产党正在广阔农村扩大力量，并赢得民众的支持。"据此推断，此后（　　）。

A. 农村革命根据地广泛建立

B. 抗日民族统一战线正式建立

C. 中共取得三大战役的胜利

D. 敌后战场逐渐成为抗战主战场

本题考查中国共产党在抗日战争中的中流砥柱作用：倡导和建立抗日民族统一战线，制定全面抗战路线，建立敌后根据地，开展游击战争，等等，都反映了中国共产党在抗战中的关键作用。

幻灯片展示下面的选择题：

续表

1937年7月17日，蒋介石指出：和平掌握在日本人手里。"我们寻求和平，但我们不能不惜一切代价换取和平。我们不想进行战争，但我们可以被迫自卫。"这实际上是（　　）。

A. 寻求与日本妥协的途径　　　　　B. 不准备与日本军事对抗
C. 宣示了中方的自卫性质　　　　　D. 确立了抗战的军事策略

国民政府抗战初期，抗战比较努力，是防御阶段的主战场，广大官兵也表现出勇敢顽强的精神，粉碎了日军"三个月灭亡中国"的企图，为持久抗战奠定了基础。

抗战后期，虽然"消极抗日"，但还是继续抗日，没有向日本投降，并组织了三次长沙会战，鼓舞了士气，对抗战的最终胜利起到了不可磨灭的作用。

3. 抗日战争取得胜利的原因

幻灯片展示下面的选择题：

1945年抗战胜利后，重庆某大报副刊刊出一则谜语，谜面是日本投降，打一中国古代名人。结果出现了不同的谜底：屈原（原子弹）和苏武（苏联出兵），周恩来则认为是"共工氏"（传说中的水神），还有人认为谜底是华佗（拖，意为牵制）。这些不同的谜底说明（　　）。

A. 国民党正面战场抗战的功绩被忽视
B. 国际援助是抗战胜利的决定性因素
C. 中国共产党是抗日战争的中流砥柱
D. 人们对抗战胜利有不同的理解和认识

抗战胜利是多方因素的配合：

①海外华侨和世界各国人民的支持和援助；
②中国共产党的中流砥柱作用；
③两大战场互相配合；
④建立了以国共合作为基础的抗日民族统一战线，实行了全民族抗战（最重要）。

4. 抗日战争胜利的意义

幻灯片展示摘习近平总书记在抗战胜利70周年纪念大会上的讲话：

中国人民抗日战争胜利，是近代以来中国抗击外敌入侵的第一次完全胜利。这一伟大胜利，彻底粉碎了日本军国主义殖民奴役中国的图谋，洗刷了近代以来中国抗击外来侵略屡战屡败的民族耻辱。这一伟大胜利重新确立了中国在世界上的大国地位，使中国人民赢得了世界爱好和平人民的尊敬。这一伟大胜利，开辟了中华民族伟大复兴的光明前景，开启了古老中国凤凰涅槃、浴火重生的新征程。

在那场战争中，中国人民以巨大民族牺牲支撑起了世界反法西斯战争的东方主战场，为世界反法西斯战争胜利作出了重大贡献。

——摘自习近平总书记在抗战胜利70周年纪念大会上的讲话

以此说明中国的抗日战争不仅捍卫了国家主权和领土完整，还促进了中华民族的觉醒和中华民族的大团结，有力地推动中华民族伟大复兴；中国的抗日战争也是世界反法西斯战争的东方主战场，对世界各国夺取反法西斯战争的胜利，维护世界的和平产生了巨大影响，也使中国人民赢得了世界爱好和平的人民的尊敬。从而引出下面的选择题：

1941年12月，美国政府印发一幅宣传画"中国抗战是在帮助我们美国，赶紧援助中国"，对此解读合理的是（　　）。

A. 世界反法西斯同盟已经形成
B. 西方国家认可中国大国地位
C. 美国利用中国进行反苏反共
D. 中国抗战的国际影响力扩大

续表

设计意图：高考复习对标高考，要省时、高效。本环节针对重难点的复习，既很好地实现这一点，又实实在在地落实了核心素养。

环节四：小结并布置作业（课题评价）

从以下材料中提取一条信息，依据材料并结合中国近现代史知识加以说明。（要求：信息具体明确，说明需史论结合）

材料：从 1941 年 5 月至战争的结束，美国援华的租借物资和劳务总计 8.46 亿美元，其中各种军用装备价值 5.17 亿美元，另外还有经济贷款 6 亿 9800 万美元。美国对中国人员方面的援助，最显著的是陈纳德的飞虎队，他们在开辟驼峰航线、对抗日机方面发挥了重要作用。英国曾分 4 次向中国提供贷款 1800 万英镑。

为保卫滇缅公路和支援英军作战，中国远征军于 1942 年 2 月下旬入缅，与日军作战。在仁安羌作战中，中国远征军与敌浴血奋战，解救出被围英军，使中国军队扬威于异域。英军在战局不利的情况下，放弃缅甸，向印度撤退，中国远征军掩护英军，并分别撤至印度和国内。1943 年 10 月，中国远征军与盟军配合，反攻缅北和滇西，取得胜利。中国远征军兵力总计 40 余万人，伤亡接近 20 万人，以巨大的牺牲换取了最后的胜利。

——摘编自杨天石《中国抗战与美英苏三大国的关系》等

设计意图：本环节既是对抗日战争的总结，又是通过开放性的论述题对学生本课题学习效果的反馈。

板书设计

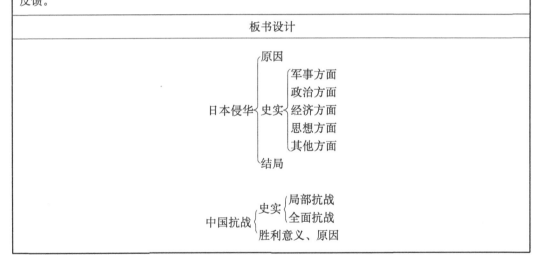

第二部分　教学反思

这次的教学课题是将《中外历史纲要（上）》第八单元的第 22 课"从局部抗战到全国抗战"和第 23 课"全民族浴血奋战与抗日战争的胜利"做了整合，提炼出课题"抗日战争"。整合课题是渗透大单元的教学理念，注重历史的整体性和逻辑性。比如，战争涉及作战双方，我们在学习战争的过程中，就从作战双方去考虑。抗日战争一方面是日本的侵华，另一方面是中国的抗战。战争就是要分析战争的原因、经过和结果。本课题，对抗日战争的复习就是按照这个思路实施的。

作为高三的一轮复习课，跟新课学习又有所不同，学生除了能够掌握基本知识，完成课程目标，涵养核心素养外，还要能够对标高考，应对高考的考查。所以，本课题的复习，紧紧围绕高考，从高考真题中提炼出课题的重难点知识和高频考点，使得学生在复习基础知识的同时，能够熟悉高考题型，以及高考的考查方式。

本课题的复习、是一节常规的高三一轮复习课，既涉及基础知识，又贴合高考。以学生自主学习、问题探究等教学方式贯穿整堂课，很好地落实了"双新"对课堂的要求。师生互动频繁且和谐，有利于培养学生阅读材料、归纳概括的能力。作为常规课是很成功的。但是，作为一节展示课，除了实用性以外，应该再有些许的趣味性，使学生在轻松愉快的氛围下学习，复习效果应该更好。其实，不只是这堂课，作为高三的复习课，我们都应该深入思考一下，如何能把趣味性和实效性在我们的历史课堂中做到有机结合。

"双新"背景下，我们要全面落实党的教育方针，遵循教育规律、开发人力资源，适应学生全面而有个性发展。我将继续以"双新"为立足点，不断钻研新教材、深耕课堂资源，真正将"双新"落到实处！

完美的课堂很难呈现，但是我会一直努力，争取使自己的每一堂课遗憾能够少一点再少一点，亮点能够多一点再多一点。"路漫漫其修远兮，吾将上下而求索。"

（来源：2020 年"凤凰杯"课堂教学大赛）

统一多民族封建国家的曲折发展与民族交融：三国两晋南北朝

伍英莹

第一部分　教学设计

一、教材分析

公元二三世纪之交，军阀混战，东汉政权名存实亡。三国两晋南北朝包括三国、西晋、东晋十六国、南北朝几个阶段，除西晋外都处于分裂状态。尽管战火连绵，政局动荡，但社会经济在曲折中仍有发展，南方的开发初见成效，文化领域也有不少重要成果。汉族与内迁边疆民族从冲突到和平交往，逐步走向交融，推动了统一多民族封建国家的发展。

二、学情分析

高三一轮复习刚刚开始，以基础落实为主。

三、教学策略

"情景—探究—感悟"教学模式是一种感受性学习方式。这一模式的基本思路是，教师在教学中以教材为基础，以课程标准为导向，把所讲教材的内容编制成有序的知识信息，辅助多种手段，如语言、文字、图片等创设情境，让学生自己走进历史，综合自己已有的知识、观点、看法、认识、态度和情感，最后得出结论，获取历史的启迪。这样能激发学生学习的积极性和主动性。

四、教学目标

1. 总体目标：通过了解三国两晋南北朝政权更迭的历史脉络，认识制度变化与创新、民族交融、区域开发和思想文化领域的新成就。
2. 能通过史料分析士族政治、九品中正制，深入理解这两种制度（素养目标：唯物史观、史料实证）。

3. 能通过文字、图片等资料，深化对这一时期政权更迭情况的了解（素养目标：史料实证）。

4. 能通过阅读史料对九品中正进行评价，培养学生辨证分析历史问题的能力（素养目标：唯物史观、历史解释、史料实证）。

5. 认识到这一时期民族交融的表现以及方式（素养目标：家国情怀）。

五、教学过程

教学环节	教师活动	学生活动	设计意图
导入新课	通过材料分析引入新课。 尽管分裂是这个时期的整体特征，但是社会并没有停滞不前，还表现出发展的趋势，在政治、经济、文化诸方面都有明显的时代特点。 ——《新编中国史·魏晋南北朝史》	你印象中的三国两晋南北朝是一个怎样的时代？	让学生初步了解本节课的学习要点。
高考指向		通过高考试题指引学生。	结合材料，联系课内外知识，学会提取材料信息，提高概括及分析问题的能力。
总体概览		记忆，练习，带问题阅读教材，归纳出答案。	掌握必备基础知识，培养学生归纳概括和辨析的能力。

续表

教学环节	教师活动	学生活动	设计意图
一、三国两晋南北朝的政治	**1.政治局势** 	了解政权更迭情况，结合时空轴及地图感悟思考：三国两晋南北朝时期的政权更迭有什么特点？	掌握必备基础知识，培养家国情怀价值观。
1.政治局势	**1.政治局势**　探究一：简述三国两晋南北朝时期政治局势，按时间排列顺序并说明理由。		
2.政治势力	**2.政治势力**　士族制度盛行，皇权受到限制 材料一：东晋时士族制度得到充分发展。东汉世家地主是其前身，累世经学，世代高官，"门生故吏遍天下"。门阀制度形成的标志是九品中正制的实行。士族抬持大权，却不屑涉身实务，在优裕奢侈中离乱杀着。 ——《魏晋门阀政治研究》 材料二：东晋建立之初，高门士族琅邪王氏居功。代表人物王导在朝中担任宰相，王敦统重兵坐镇长江中游，内外相应，时称"王与马，共天下"司马睿即位接受百官朝贺时，竟让王导与他并坐上坐，王导坚决辞谢，方才作罢。后来，颍川庾氏、谯国桓氏、陈郡谢氏、太原王氏等士族相继掌权。这几家士族是在战祖中从北方移居到南方的。 ——P28历史纵横 探究三：根据材料和所学知识，概活东晋士族制度形成的原因？产生什么样的影响？ (1) 原因： 历史因素：高强地主势力发展；经济因素：庄园经济为基础，土地兼并严重；政治因素：皇帝依赖士族支持；制度保障：九品中正制。 (2) 影响： 组在一定时期内有利于统治的稳定，但士族专权降低了统治集团的整体素质，威胁中央集权。	解读史料，提取关键信息。带问题阅读教材，归纳出答案。	培养学生提取信息和解读史料的能力，提升学生客观理性辩证分析问题的能力。
3.制度建设	**3.制度建设**　九品中正制 东汉末年政治与社会秩序大乱，豪强大族控制了地方选人权。220年，魏王曹丕推行九品中正制。在各州、郡设置大中正、中正，由本籍在中央任高官的人担任。中正根据家世、道德和才能评定，郡士人的资品，分为九等，写出评语，称为"状"，获得资品的士人，由司部授官。九品中正制将选官权收归中央。后来随着门阀士族势力的发展，中正选人只看家世，不看道德才能，逐渐形成"上品无寒门，下品无势族"的局面。 ——选择性必修1·P22 探究四：九品中正制如何维护士族特权，如何评价九品中正制？ 选拔权力：中央掌握-世家大族控制 选拔依据：家世道德才能并重-家世 评价：①前期起到选拔人才的作用，选官权收归中央，利于中央集权。 ②后期成为门阀士族垄断政权的工具，不利于加强皇权。	解读史料，提取关键信息。带问题阅读教材，归纳出答案。	培养学生提取信息和解读史料的能力，提升学生客观理性辩证分析问题的能力。

续表

教学环节	教师活动	学生活动	设计意图
4.民族交融	**4.民族交融** 汉族与内迁边疆民族从冲突到和平交往，逐步走向交融，推动了统一多民族封建国家的发展。 **探究五：找出教材关于民族交融的叙述，概括三国两晋南北朝时期民族交融方式。** 蜀、吴两国则加强了对南方少数民族地区的控制。 ——《中外历史纲要》第5课P27 自东汉以来，西、北边陲的一些少数民族不断向内地迁徙。 ——《中外历史纲要》第5课P27 在江南开发的过程中，许多山区的少数民族也逐步与汉族相交融。 ——《中外历史纲要》第5课P28 在长期混战中，原有族群布局被打乱，各族彼此频繁接触，差异慢慢缩小。 ——《中外历史纲要》第5课P29 (孝文帝改革)这些改革措施顺应了北方民族交往、交融的历史趋势。 ——《中外历史纲要》第5课P30	带问题阅读教材和PPT图文材料，归纳出答案。	掌握必备基础知识，培养学生归纳概括和辨析的能力。
课堂小结	壹 三国两晋南北朝的政治 政权更迭 士族制度 制度创新 民族交融		

第二部分　教学反思

　　本节课对高三学生核心素养的水平要求是能够概括说明三国两晋南北朝政权的更迭并绘制政权更迭图；能够借助相关史料和历史术语，对这一时期民族交融的概况及意义做出合理的解释；能够运用相关史料探究这一时期江南地区开发的价值并提出自己的理解；能够利用不同类型的史料，探究北魏孝文帝改革的意义；能够把握中华民族多元一体的发展趋势。综合本节课总体的设计来看，本节课对核心素养的落实不够全面，呈现出来的知识仅仅是教材内容中三国两晋南北朝这一时期的政治面貌，经济发展状况以及文化状况均未涉及。从知识落实的细节来看，对学生阅读材料的引导不够，问题设置的逻辑不强，很难将一些难度较高的概念进一步突破，例如门阀政治、九品中正制。课堂的整体氛围较为沉闷，与学生的互动不够，对学生的引导不足。在对教材整合的过程中重难点把握不够。

　　针对以上问题，我认为本节课还可以从以下几个方面进行改进：①紧扣课标对整堂课进行整体规划设计，课标要求通过了解三国两晋南北朝政权更迭的历史脉络来认识此时的民族交融、区域开发等现象。作为高三课堂应该将这一时期南北朝政权更迭的情况和制度建设之间的内在联系构建起来，还需要将政权更迭与民族交融、区域开发三个概念进行逻辑上的构建和联系，这样才能让学生深入了解这些概念，加强学生对概念的深入理解。②紧扣单元核心概念，对整节课的问题设计进行总体规划、梳理。想要活跃课堂气氛，调动学生的思维，课堂问题设计是不可忽视的一环。在本节课的难点概念"士族政治、九品中正制"等引导下，强化问题链构建之间的逻辑联系，让学生更深入地理解这些概念。多给学生时间进行思考、表达。把更多的时间还给学生，让学生成为课堂上的主体。

（来源：2022 年"致远杯"课堂教学大赛）

地理组

从舌尖上的非遗看地理环境的差异

廖高翔

第一部分　教学设计

一、教材分析

　　笔者主持的海南省课题"高中地理传承优秀传统文化的实践教学研究",是对人教版教材必修二中第二章第二节"地域文化与城乡景观"的深度挖掘。该课题的教学实践分别从"民居与地理环境""民俗活动与地理环境""饮食与地理环境""传统服饰与地理环境"四个方面进行研究为专题复习,从而形成了"传统文化专题课程"。该课程与国家设置课程体系相衔接,做到目标明确,内容充实。教师在高三的一轮复习课中按学生的具体学情选上。

　　"从舌尖上的非遗看地理环境的差异"专题复习课是以中国不同区域的饮食文化为教学案例,说明地域文化与地理环境之间的关系,从而达到新课程标准的内容要求。

二、学情分析

　　学生在高三一轮复习之前,已经接受了完整的学考备考过程,对于大部分知识点比较熟悉,具备基本的地理区域认知和地理综合思维。但学生在面对具体的生活情景时,就难以展现出地理学科思维,缺乏地理实践能力。

　　"从舌尖上的非遗看地理环境的差异"专题复习课强调情境创新,贴近学生生活实际,注重纵深考查,非常适合具备一定综合分析能力的高三学生。

三、教学理念

　　2014年3月,教育部为贯彻落实党的十八届三中全会关于完善中华优秀传统文化教育的精神,落实立德树人根本任务,制定了《完善中华优秀传统文化教育指导纲要》,要求开展以天下兴亡、匹夫有责为重点的家国情怀教育,以仁爱共济、立己达人为重点的社会关爱教育,以正心笃志、崇德弘毅为重点的人格修养教育。

"从舌尖上的非遗看地理环境的差异"一课的教学设计，在主张渗透传统文化和新课标的精神指导下，赋予它新的教育理念和思路。笔者致力于结合教学实践，研究高中地理传承优秀传统文化的可行性、高中地理传承优秀传统文化的具体策略。

四、教学目标

1. 结合案例，了解舌尖上的非物质文化遗产与地理环境之间的关系，培养学生的地理区域认知。

2. 结合案例，引导学生运用地形、气候、水文、土壤等因素来分析舌尖上的非遗与地理环境之间的因果关系，培养学生探究地理规律、解决实际问题的地理综合思维。

3. 结合案例，通过对舌尖上的非遗的了解，培养学生的爱国情怀。

五、教学过程

（一）教学导入

一方水土养一方人，一方水土孕育一方文化。地理环境是人类生存的基础，地理环境的影响几乎遍及我们生活的方方面面，也是我们饮食文化产生的主要根源。饮食文化是一个民族文化本质特征的集中体现，也是考察一个民族的历史文化与心理特征的社会化石。

中国的传统饮食文化博大精深，我们选取几个案例来进行探究。

（二）案例教学

1. 案例一：陕西牛羊肉泡馍

（1）呈现案例素材

西安民间有这样几句流传已久的话："提起长安城，常忆羊羹名，羊羹美味尝，唯属同盛祥。"陕西西安同盛祥牛羊肉泡馍制作技艺入选国家级非物质文化遗产代表性项目名录。牛羊肉泡馍因它暖胃耐饥，素为陕西人民所喜爱，外宾来陕也争先品尝，以饱口福。牛羊肉泡馍已成为陕西名食的"总代表"。之所以如今改名为牛羊肉泡馍是因为正宗的羊肉泡馍为山羊肉，很多人不习惯山羊肉的口感与味道，因此后改为使用牛肉替代。山羊肉味道独特，但是肉质较干，处理不好膻味很重，而牛肉肉质较软，口感极佳，肥而不腻，更加受到人们的喜爱。

羊肉泡馍在西安满大街都是，真正地道的却不多。就算是你去了非常有名气的泡馍馆吃，也会因为去的时间不对而对羊肉泡馍产生歧义。西安地道的泡馍馆都有自己的特色风格，比如米家的比较肥美，适合冬天吃，很美味。黄家的比较清淡，适合夏天吃，很清爽。白家的不肥不淡，适合春秋吃，很舒服。所以一定要在对的时间吃对的泡馍。

（2）学生探究，巩固练习

习题1. 陕西西安牛羊肉泡馍的形成和发展条件是（　　）。

A. 地处西北要冲　　　　　　B. 接近牧区

C. 位于冬小麦主产区　　　　D. 位于农牧过渡带附近

习题2. 西安地道的泡馍馆都有自己的特色风格，比如米家的比较肥美，适合冬天吃，很美味。黄家的比较清淡，适合夏天吃，很清爽。白家的不肥不淡，适合春秋吃，很舒服。所以一定要在对的时间吃对的泡馍。下列解释正确的是（　　）。

A. 冬季寒冷，人体需要充足的能量以御寒

B. 夏季炎热，人体需要充足的能量以防暑

C. 春季由冬向夏过渡，人体需要充足的能量以应对季节变换

D. 秋季由夏向冬过渡，人体需要充足的能量以应对季节变换

2. **案例二：朝鲜族泡菜**

（1）呈现案例素材

　　朝鲜族泡菜是极具民族特色的风味食品。泡菜是朝鲜族人民最基本、最普通的风味菜食之一。依原料、制法、用法和时间的不同，口味各异。泡菜的品种繁多，选料广泛，既有天然的山野菜，又有常见的农家蔬菜，所用原料随季节的不同而变化。在漫长的历史长河中，中国朝鲜族人民吸取其他民族的饮食优点，取长补短，不仅保存了祖传下来的泡菜饮食习惯，而且创造了具有中国特色的朝鲜族泡菜文化。吉林省延边州朝鲜族泡菜制作技艺入选国家级非物质文化遗产代表性项目名录。

　　我国朝鲜族多聚居在东北部，冬日寒冷，除了少数几样青菜可得保存之外，几无食材，所以朝鲜族的沉藏泡菜在往日是为冬日所必需的。现在则不同，人们有衣有食、菜篮子丰盛，沉藏泡菜亦不再只是冬日腌制，更因为它独特的风味，日渐被人们接受并喜爱，故而流行于东北吉林、黑龙江一带。东北冬季严寒，地里长不出东西，就算到了春天，地里也不会立马儿长出东西来，还有一段"春荒"期。以前交通运输又不发达，所以东北人除了要在秋天准备好各类冬贮的蔬菜，还要腌制各种咸菜、晾晒各种干菜。

　　泡菜的主要原料是各种蔬菜，维生素及钙、铁、磷等矿物质含量丰富，其中豆类还含有丰富的全价蛋白质。在泡制过程中，温度一直保持在常温下，蔬菜中的 C 和 B 族维生素不会受到破坏，因此，泡菜比起炒菜来营养价值更高。泡菜中富含乳酸，可刺激消化腺分泌消化液，帮助食物的消化吸收。常吃泡菜可以增加肠胃中的有益菌，抑制肠道中的致病菌，降低患胃肠道疾病的概率，增强身体抵抗力。泡菜中含有丰富的维生素和钙、磷等无机物，既能为人体提供充足的营养，又能预防动脉硬化等疾病。

（2）学生探究，巩固练习

习题 3. 关于朝鲜族泡菜产生的地理背景，错误的是（　　）。

A. 东北冬季严寒

B. 东北春季有一段"春荒"期

C. 以前交通运输不发达

D. 做泡菜的原料丰富

习题 4. 泡菜比起炒菜来营养价值更高是因为（　　）。

A. 常温　　　　B. 低温　　　　C. 寒冷　　　　D. 高温

3. **案例三：阿拉善烤全羊**

（1）呈现案例素材

　　阿拉善烤全羊是内蒙古自治区阿拉善地区特有的美味佳肴，早在三百多年前就

已成为阿拉善王府宴席上的珍品。其烤制方法由蒙古族传统的烤羊技艺发展而来，是游牧民族智慧的产物，在我国饮食文化中占有重要的一席之地。

阿拉善烤全羊以色、香、味、形俱佳而闻名，它所采用的原料为土种绵羯羊，肉质细嫩而无膻味。燃料则采用当地植物梭梭，火力强而持久，且无异味。全羊烤制时，须使用特制的烤炉和特殊的配料，要经过十几道工序才能最后完成。

内蒙古自治区阿拉善地区的羊由于青草较少，以旱生植物为主，而且需要走很远才能填饱肚子，所以肌肉紧实，肥肉较少，肉香味十足。

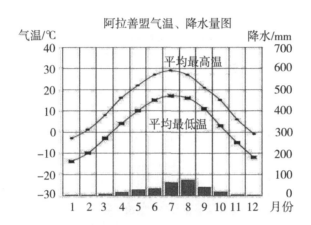

(2) 引导学生探究，巩固练习

习题5. 内蒙古自治区阿拉善地区的典型自然植被景观是（　　）。

A. 温带草原　　　　　　　　　B. 荒漠草原
C. 荒漠　　　　　　　　　　　D. 森林草原

习题6. 梭梭，茎枝内盐分含量高达15%，喜光，不耐庇荫，适应性强，生长迅速，枝条稠密，根系发达，防风固沙能力强，是我国西北和内蒙古干旱荒漠地区固沙造林的优良树种。梭梭生长习性的推测正确的是（　　）。

①耐旱　②耐热　③耐寒　④耐盐碱

A. ①④　　　　B. ②③　　　　C. ①③④　　　　D. ①②③④

4. 案例四：象山晒盐

(1) 呈现案例素材

盐，百味之祖、食肴之将。中国盐业历史悠久，在漫长的历史长河中，中国制盐业在当时的世界上令人刮目相看，一项项先进的生产技术，犹如一颗颗璀璨的明珠，镶嵌在华夏文化的史册上。

浩瀚的大海、广袤的滩涂、茂密的盐蒿草，是盐民煮海为盐取之不尽的"粮仓"。煮海为盐，源于西汉。海盐的制取已有数千年历史，曾对中国历史和经济有重大影响。在制作工艺方面，象山晒盐更是浓缩着数千年来中国制作海盐的传统工艺的精华，属国家级非物质文化遗产。

象山地处浙江中部沿海，三面环海，海岸线长，浅海滩涂面积广阔，海水盐度年均30.8‰，日照时间长，风力资源丰富，具备晒盐的优良条件，是浙江省三大产盐县之一。

如今，随着时代的发展，那热火朝天的晒盐场面已淡出人们的视线。在浙江象山花岙岛有个花岙盐场，由于交通不便等多种原因，保留了下来，成为象山最后一个盐场，也成为人们了解晒盐的重要地方。天气好时，游客可以观赏到原生态的晒盐场景。

（2）学生探究，巩固练习

象山地处浙江中部沿海，三面环海，海岸线长，浅海滩涂面积广阔，海水盐度年均30.8‰，日照时间长，风力资源丰富，具备晒盐的优良条件，是浙江省三大产盐县之一。据此完成第7—8题。

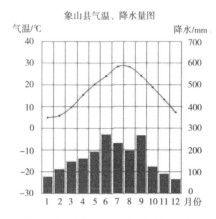

习题7. 浙江象山晒盐的优良自然条件不包括（　　　）。

A. 三面环海，海岸线长　　　　　B. 浅海滩涂面积广阔

C. 日照时间长，风力资源丰富　　D. 制作海盐的工艺先进

习题8. 象山晒盐的黄金时间大约在（　　　）。

A. 3—5 月　　　　B. 7—9 月　　　　C. 9—10 月　　　　D. 11—12 月

如今，随着时代的发展，那热火朝天的晒盐场面已淡出人们的视线。在浙江象山花岙岛有个花岙盐场，由于交通不便等多种原因，保留了下来，成为象山最后一个盐场，也成为人们了解晒盐的重要地方。据此完成第9题。

习题9. 随着时代的发展，那热火朝天的晒盐场面淡出人们视线的主要原因可能有（　　　）。

①交通不便　　　　　②地价上涨

③劳动力成本上升　　④位置偏僻

A. ①②　　　　　B. ①④　　　　　C. ②③　　　　　D. ③④

5. 案例五：先市酱油

（1）呈现案例素材

先市酱油，传统调味品。四川省合江县特产，中国国家地理标志产品。先市酱油传统手工技艺历史始于汉，兴于唐，盛于清。号称中国酱油传统酿造活化石，国家级非物质文化遗产。

先市酱油以赤水河流域小麦大豆、赤水河畔地下水以及四川井盐为原料，利用赤水河流域特有天然微生物至少三年发酵精酿而成，色泽棕红，体态澄清，味道鲜美，余味绵长，具有浓郁清香而醇和爽口、咸甜适度而锅煎不糊、挂碗不沾碗、久

存而不生花等特点。

先市酱油在"江汉源"酱园原址已经酿制了120年，其环境具有唯一性。前人在选址上遵循了"临水、向阳、避风、纳气"原则，使作坊生态环境实现了"天人合一"。赤水河在此起弯，形成回水沱，河水白天受热蒸发生成水汽，夜晚冷凝降落在晒露缸内，补充微生物分解所需水分，促成微生物活力酶分解。

先市当地山区传统种植的大豆、小麦生长期长，颗粒饱满，富含蛋白质，出油率高。赤水河畔地下水，水质清冽，富含多种有益于人体健康的微量元素和偏硅酸等天然矿物质，为优质酱油酿制提供了良好的物质基础。

（2）学生探究，巩固练习

"江汉源"酱园在选址上遵循了"临水、向阳、避风、纳气"原则，使作坊生态环境实现了"天人合一"。据此完成第10题。

习题10."临水、向阳、避风、纳气"说明酱园地址在河流的（   ）。

A. A   B. B   C. C   D. D

6. 案例六：山西老陈醋

（1）呈现案例素材

山西老陈醋，山西省特产，中国国家地理标志产品。"美和居老陈醋酿制技艺"被认定为国家级非物质文化遗产。山西老陈醋以"食而绵酸、口感醇厚、滋味柔和、酸甜适口、余香绵长"享誉中外。

明洪武元年（1368年），美和居创立"熏蒸法"，"白醋"变"黑醋"。清顺治初年（1644年），山西醋（熏醋、果醋、米醋等）后随晋商的快速发展而闻名于世。"美和居"创立了"冬捞冰、夏伏晒"的酿制工艺，新醋经日晒蒸发和冬捞冰后，其浓缩倍数达3倍以上。由于"冬捞冰、夏伏晒"需要岁月的积淀，山西醋因其陈放时间越长而品质越佳，故被称作"山西老陈醋"，山西醋的历史便逐渐演变成山西老陈醋的发展史。山西老陈醋原料均取自本地生产的高粱、大麦、玉米和豌豆，山西高原上日照强烈，昼夜温差大，所产杂粮糖分含量高，其他成分的含量也较高。日本曾有研究机构将山西老陈醋带回去分析，证明山西老陈醋中的各种氨基酸均远远高于其他品牌的醋。山西老陈醋还有一个令其他地区无法仿制的因素，这便是山西高原冬天的寒冷及夏天阳光的猛烈。

酿醋如酒，必得好水才出得好醋。山西老陈醋的用水皆取自地下，水脉源自天龙山。天龙山原名方山，属吕梁山脉分支，海拔1700米，位于太原市西南36千米。天龙山屏峰黛立，松柏成荫，溪泉鸣涧，山中多砂页岩，森林覆盖率达70%，水质良好，是酿造山西醋的优质用水。

（2）学生探究，巩固练习

习题12."美和居"能创立"冬捞冰、夏伏晒"的酿制工艺，主要是得益于山西气候的（   ）。

A. 夏季风较强   B. 冬季风较强

C. 季节性较强   D. 大陆性较强

习题13. 日本曾有研究机构将山西老陈醋带回去分析，证明山西老陈醋中的各种氨基酸均远远高于其他品牌的醋，最主要的原因是（   ）。

A. 水质良好   B. 陈放时间久

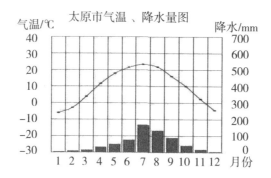

太原市气温、降水量图

C. 原料优质　　　　D. 生态环境好

7. 案例七：茅台酒

（1）呈现案例素材

茅台酒独产于中国的贵州省遵义市仁怀市茅台镇，是汉民族的特产酒，与苏格兰威士忌、法国科涅克白兰地齐名的三大蒸馏酒之一。1915 年至今，贵州茅台酒共获得 15 次国际金奖，五次蝉联中国国家名酒称号，是大曲酱香型白酒的鼻祖，是中国最高端白酒之一。

1996 年，茅台酒工艺被确定为国家机密加以保护。2001 年，茅台酒传统工艺被列入国家级首批非物质文化遗产。2006 年，国务院又批准将"茅台酒传统酿造工艺"列入首批国家级非物质文化遗产名录，并申报世界非物质文化遗产。

茅台酒以优质高粱（糯性高粱，当地俗称红缨子高粱）为原料。茅台酒因产于黔北赤水河畔的茅台镇而得名。由于茅台镇地处河谷，风速小，十分有利于酿造茅台酒的微生物的栖息和繁殖。20 世纪六七十年代我国有关专家曾用茅台酒生产工艺及原料、窖泥，乃至工人、技术人员进行异地生产，所出产品均不能达到异曲同工之妙，也充分证明了茅台酒与产地密不可分的关系和茅台酒不可克隆，因此茅台酒 2001 年成为中国白酒首个被国家纳入原产地域保护产品。如果说茅台酒具有独特的地域环境和特殊的原料是自然天成之作，那么茅台酒独特的酿造工艺就是能工巧匠之妙。茅台酒生产工艺季节性很强。茅台酒生产投料要求在农历九月重阳节期间进行，这完全不同于其他白酒随时投料随时生产的特点。采用九月重阳投料一是按照高粱的收割季节；二是顺应茅台当地气候特点；三是避开高温时节，便于人工控制发酵过程，培养有利微生物体系，选择利用自然微生物；四是九月重阳是中国的老人节，象征天长地久，体现中华民族传统文化。

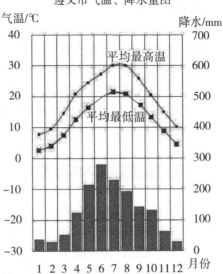

遵义市气温、降水量图

（2）学生探究，巩固练习

习题14. 茅台酒生产工艺季节性很强，主要是因为（   ）。

A. 原料生产的季节性很强

B. 气候的季节变化明显

C. 传统文化的影响

D. 利用自然微生物

习题15. 20世纪六七十年代我国有关专家曾用茅台酒生产工艺及原料、窖泥，乃至工人、技术人员进行异地生产试验，所出产品均不能达到异曲同工之妙。这主要是因为（   ）。

A. 茅台酒厂独特的酿造工艺

B. 茅台酒特殊的原料

C. 茅台酒厂独特的地域环境

D. 茅台镇气候较独特

（三）学生讨论

这些舌尖上的美味其产地环境有何共性？

第二部分　教学反思

"从舌尖上的非遗看地理环境的差异"专题复习课是"高中地理传承优秀传统文化的实践教学研究"课题组的一节教学实践课。

本课题成员在教学实践中研究高中地理传承优秀传统文化的过程中进行了具体的课堂实践，优秀的传统文化如何在高中地理教学中得到良好的传承，需要在教学实践中归纳总结具体的可行性策略。笔者将分别从教师素养、课堂教学、课后作业三个方面进行叙述。

一、策略一：提高教师自身素养

教师的自身文化素养差异会形成对传统文化认知的差异。

本次课题组对广大教师的访谈中，笔者发现许多的年轻教师都表示在讲人文地理时比自然地理难把握，在谈及在日常教学中渗透传统文化时，更是感觉到非常为难，而经历丰富的骨干教师则对人文地理的案例信手拈来，而且还在教学中渗透他们对传统文化跟地理环境之间的理解。可见在高中地理课堂中渗透传统文化的首要因素应是提高教师自身素养。

二、策略二：构建传承传统文化的高中地理课堂

在高中地理中如何传承优秀传统文化的教学实践研究近乎空白，很多都在理论探究方面，具体的教学案例甚少。所以教学设计皆是原创。地理教案可以融入中华优秀传统文化中的传统民居、民俗活动、饮食文化、传统服饰等内容。

传承传统文化的教案设计的一般过程：明确本节课的课程标准，确定学习目标，创建传承传统文化的地理教学情境，设计传统文化与地理环境问题链和学生合作探究活动，设计教学用图，设计本节课作业。下图为传承传统文化的教案设计的一般过程示意图。

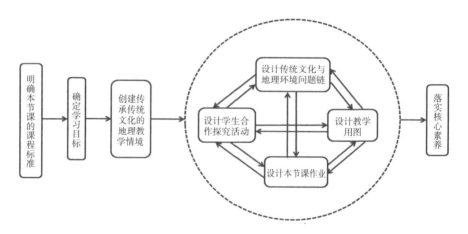

三、策略三：完善"传统文化与地理环境"作业设计

传统的纸质作业能使学生了解中华优秀传统文化的基本知识，通过优化地理作业，学生从渗透着传统文化地理背景的地理作业中，探究传统文化与地理环境的地理思维。

"传统文化与地理环境"作业设计可以不局限于传统的试题作业，创新作业的布置形式，让学生从生活中主动地探究传统文化与地理环境的思想的关系，从而培养学生的综合思维、区域认知及地理实践能力。具体形式包括：视频作业、阅读作业、实践作业等。

（来源：2020 年"凤凰杯"课堂教学大赛）

海南黎锦文化与海南地理环境

陈南芗

第一部分 教学设计

一、教材分析

"海南黎锦文化与海南地理环境"是由海口市第一中学地理教师廖高翔主持的"高中地理传承优秀传统文化的实践教学研究"课题组中的一节教学实践课。

"海南黎锦文化与海南地理环境"的内容以海南黎锦文化为教学案例,具体从黎族纺染织绣技艺、黎锦服饰款式设计、黎锦文化传承三个方面,说明地域文化与地理环境之间的关系,从而达到新课程标准的内容要求。

二、学情分析

本节课是为高三学生开设的专题复习课,高三的学生已经完成高中地理课程的学习,具备基本的地理区域认知和地理综合思维。但由于缺乏地理实践机会,地理实践力有所欠缺。

高三微专题复习课"海南黎锦文化与海南地理环境"的授课教师用原创命题引导学生思考,非常适合具备一定综合分析能力的高三学生。

三、教学理念

"海南黎锦文化与海南地理环境"一课的教学设计,在主张渗透传统文化和新课标的精神指导下,赋予它新的教育理念和思路:创设情境,让学生在欣赏世界非物质文化遗产——海南黎锦纺染织绣技艺,同时引导学生学会深挖海南传统文化资源——获取解读"黎锦"信息,描述解释理解"黎锦"与地理环境的关系,论证和探讨"黎锦"文化的传承,从而突出地理核心素养的培养,达到地理立人的目的。

四、教学目标

（一）地理核心素养的落实（综合思维、区域认知、人地协调观、地理实践力）

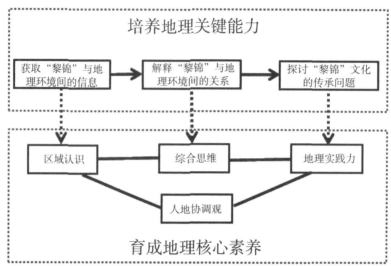

（二）具体目标

1. 结合案例，引导学生了解海南黎锦文化的特点，培养学生的地理区域认知。

2. 结合案例，引导学生探究海南黎锦文化与海南地理环境各地理要素之间的关系，培养学生解决实际问题的地理综合思维。

3. 结合案例，引发学生感悟世界非物质文化遗产——海南黎族纺染织绣技艺的文化价值，培养学生的文化自信和家国情怀。

五、教学过程

教学过程	教师活动	学生活动	设计意图
导入新课	教师身着海南黎族传统服饰讲授 1. 简述中华优秀文化在新课标中的要求。 2. 以海南黎锦纺染织绣技艺为教学案例探究地理规律。	学生观察教师的黎族传统服饰。 1. 学生猜测教师的教学意图。 2. 学生联系新课标要求和新高考情况，主动创建"海南黎族纺染织绣技艺与海南地理环境"的地理学习情境。	教师虽不言，却已引发学生深入思考。 培养学生留心观察身边地理事物的良好习惯。

续表

教学过程	教师活动	学生活动	设计意图
探究海南黎锦技艺与海南自然地理环境间的关系	海南黎锦技艺之"纺""染"。 教师利用课前准备好的学案引导学生分析海南黎锦纺染织绣技艺中的纺线的原材料与地理环境间的关系。 学案节选： 黎族用于纺织的原材料是生长在海南岛的草本木棉，也称"海岛棉"，黎语称"吉贝"。生长适温 20～30 ℃，冬季温度不低于 5 ℃，喜温暖不耐寒。喜阳光充足的环境，耐旱，稍耐湿，但忌积水。以深厚、肥沃、排水良好的中性或微酸性砂质土壤为宜。 (1) 从海南的地理位置分析海南利于木棉生长的热量条件和土壤。 (2) 据图分析耐旱、稍耐湿但忌积水的木棉在乐东分布较广的地形条件。	1. 学生利用学案探究海南自然地理环境分析海南黎锦纺染织绣技艺中的纺、染的原材料与地理环境间的关系。 2. 学生组织语言，完成学案上的问题。 预设学生答案如下： (1) 答：海南地处热带，纬度低，全年高温，太阳辐射强，土壤为酸性土壤，利于木棉生长。 (2) 答：乐东黎族自治县地形为低山丘陵，利于排水，适合耐旱、稍耐湿但忌积水的木棉生长。	培养学生从区域的角度分析和认识海南地理环境，以及它与海南黎锦纺染织绣技艺中的纺、染的原材料之间的关系。
小结归纳	教师点评学生答案，并帮助学生利用思维导图梳理木棉生长习性和乐东黎族自治县自然地理环境之间的关系。如下图： 		突出重点，帮助学生理解海南黎族纺染织绣技艺与海南地理环境及各地理要素之间的关系。 培养学生的地理综合思维能力。

续表

教学过程	教师活动	学生活动	设计意图
探究活动结合案例过渡到人文因素的探究	海南黎锦技艺之"染"。 教师利用课前准备好的学案引导学生分析海南黎锦纺染织绣技艺中的染线的原材料与地理环境间的关系。 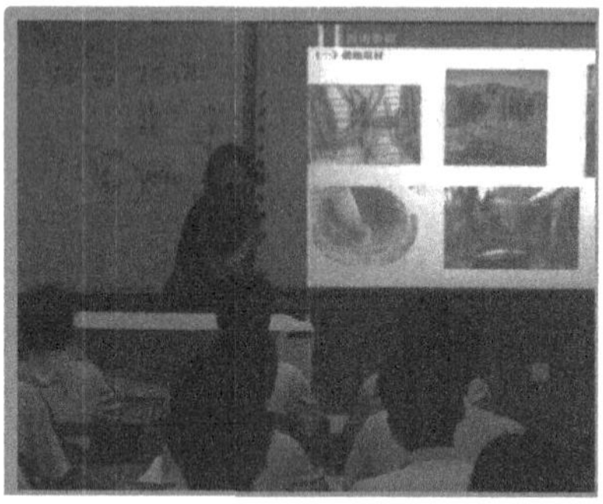 	学生完成学案上的习题，分析海南黎锦纺染织绣技艺中的染线的原材料与地理环境间的关系。 黎锦纺线染料主要用山区野生或家种植物作染料，下列关于黎锦纺线的染料，叙述正确的是（　　）。 A. 海南稀缺黎锦纺线染料，所以黎锦传承困难 B. 选择黑色或蓝黑色纺线为底色，便于农耕劳作和狩猎 C. 黎锦采用的染料色彩鲜艳，对人体有害 D. 因文化落后，有掌握染布的技术，黎锦纺线为白色	海南黎锦的"染"既与地理环境的自然要素有关，又与人文因素有关。由此自然过渡到"对人文因素的探究"的学习。
小结归纳	教师点评学生答案，并鼓励学生利用思维导图梳理黎锦的"染"和当地地理环境之间的关系。如下图： 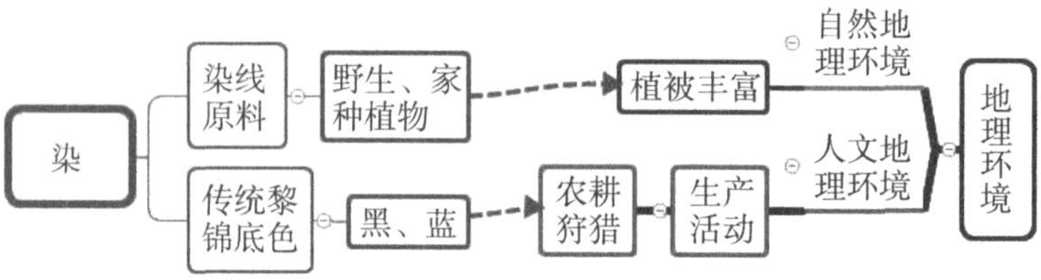 		巩固知识的同时，教给学生"思维导图法"的地理学习方法。

续表

教学过程	教师活动	学生活动	设计意图
探究活动：探究海南技艺与海南社会地理环境间的关系	教师采用问题式导学法，引导学生在欣赏《海南番茅村与黎锦纺染织绣技艺》视频的同时，感悟海南黎族纺染织绣技艺的文化价值。以下为视频截屏及视频解说：在中国海南省中南部腹地，存在着一个特殊的文化社区——番茅村。这是中国政府和联合国开发计划中消除文化贫困项目的一个示范村。黎锦工艺在这里得到规范系统的传承，并为人们创造财富。通过黎族妇女挥舞的织机和针线讲述了中国和联合国为减少贫困开展四十年合作的故事。黎锦，海南岛黎族民间织锦。它描述了黎族社会生产、爱情和婚姻、宗教活动、传说或黎族的美丽形象。然而由于掌握这项技艺的妇女人数急剧减少，黎锦纺染织绣技艺于2009年被联合国教科文组织列为首批濒危（继续保护）的非物质文化遗产。在当地政府的支持和项目人员、专家的指导下，人们成立了黎锦协会，由此，黎锦纺染织绣技艺的传承变得更加系统和有组织，改变了这项技术少有传承人的传承形势，并进行了一系列的推广活动，举办黎锦文化进课堂、黎锦设计大赛等宣传活动。	1. 学生带着问题欣赏视频：(1) 黎锦图案反映的内容是什么？(2) 为什么黎锦纺染织绣技艺这项非物质文化遗产急需保护？(3) 保护黎锦纺染织绣技艺活动，给当地带来了什么有利影响？2. 学生组织答案：(1) 答：黎锦图案描述了黎族社会生产、爱情和婚姻、宗教活动、传说或黎族的美丽形象。建立思维导图：(2) 答：掌握这项技艺的妇女人数急剧减少。(3) 答：①黎锦纺染织绣技艺得以传承。②有助于岛外人士注意到并开始欣赏黎锦文化和黎锦工艺品的魅力。③增加织女们的收入，还给她们带来荣誉感、成就感和文化自信。	从听觉、视觉激发学生，使其更加形象地思考问题，培养学生留心观察身边地理现象的良好习惯。引导学生利用"思维导图法"自主学习。帮助学生感悟海南黎族纺染织绣技艺的文化价值。同时提升学生的家国情怀。

续表

教学过程	教师活动	学生活动	设计意图
探究活动：探究海南技艺与海南社会地理环境间的关系	黎锦也成为了织女们最重要的收入来源之一，根据项目计划，人们成立了黎锦纺染织绣技艺传习馆、黎族织绣传习所等企业，以使妇女动员起来系统地学习和培训黎锦纺染织绣技艺。这不仅解决了就业，也为保护和继承注入了新生力量。根据数据，2015年，番茅村黎族织绣传习所销售额达20万元。织女平均月收入近2000元。产品销往新加坡等国。2019年黎锦亮相联合国教科文组织巴黎总部。 文化扶贫不仅会增加织女们的收入，还给她们带来荣誉感、成就感和文化自信。		
探究海南黎锦服饰款式设计与地理环境间的关系	教师利用PPT展示海南黎锦服饰图片，引导学生思考农业社会时期，海南黎锦服饰制成什么样的款式设计才能够适宜当时当地的自然环境和人文环境。 	学生利用学案探究以下问题：黎族分布区多为低山丘陵，结合气候图、地形图分析黎族男子服饰为上下分体、开襟、袖口宽大、下衣较短的原因。	学生巩固知识，培养区域认知、综合思维能力的同时，树立良好的人地协调观。

续表

教学过程	教师活动	学生活动	设计意图
探究海南黎锦服饰款式设计与地理环境间的关系	教师利用学案引导学生探究黎锦传统服饰与人文因素中的市场和信息这两个地理要素的关系。	学生利用学案探究以下问题： 2016 年海南黎妹子张潮瑛开启了黎锦创业之路，成立了灿然黎锦合作社，但因为资金的短缺、销路不畅通等原因一度让灿然黎锦合作社陷入僵局。2019 年，通过线上的营销，灿然合作社的销售额达百万。黎锦从无人问津到成为服装时尚。 请问其中起到重要作用的人文因素有（　　）。 A. 原料、市场 B. 市场、信息 C. 政策、交通 D. 交通、技术	启发学生关注社会发展，关心民生。
师生共同总结归纳	利用思维导图对本节课的知识进行总结归纳。		培养学生的地理综合思维能力。
知识升华、能力培养	教师利用"2020 海南黎锦及纹样创新设计活动"启发学生思考——黎锦文化如何在现代社会得到传承。	学生思考：在现代社会，黎锦制成什么样的款式设计才能够适宜现在的自然环境和社会环境？ 学生各抒己见。	培养学生解决实际问题的能力。

【板书设计】

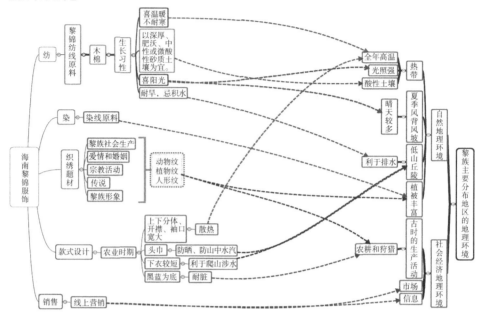

第二部分　教学反思

笔者认为课堂教学的最终目的是促进学生发展，在课堂教学中学生不仅收获知识，也掌握了学习方法、学科思维。

一、优点

（一）培养了学生"发现生活中的地理，解决实际地理问题"的能力

在"海南黎锦文化与海南地理环境"这节课的教学中，教师身着黎锦服饰，巧妙地展开了教学导入，引导学生从地理的视角来观察身边的地理现象。培养了学生"发现生活中的地理，解决实际地理问题"的能力，同时树立了学生良好的人地协调观。此后教研，要继续挖掘生活中的地理教学案例，丰富地理课堂。

（二）用一个真实情景贯穿整节课，让学生具有良好的课内体验

以海南黎锦文化这一真实情景贯穿整节课，引领学生进行案例探究式的学习。学生具有良好的课内体验，便会主动建立起地理学习的思维情景。具体从黎族纺染织绣技艺、黎锦服饰款式设计、黎锦文化传承三个方面，说明了地域文化与地理环境之间的关系，从而达到新课程标准的内容要求。此后教学，要坚持用真实情景，并且坚持用一个情景贯穿整节课的知识。

（三）立足课堂教学，落实"立德树人"

这是很普通的高三地理随堂课，却因为引导学生们探究海南黎锦文化与海南地理环境的关系，让本课堂具有了非凡的意义。学生感悟世界非物质文化遗产——海南黎族纺染织绣技艺的文化价值。学生们在为那些黎锦织女们喝彩的同时，也提升了自身文化自

信——学生们为身为海南岛民而骄傲。在探究传承黎锦文化的措施时，学生关注社会发展，关心民生。

二、不足

"海南黎锦文化与海南地理环境"虽然是校内的示范课，但因为笔者的授课班级为高三班级，考虑到高三课时紧张，并没有进行课前磨课，这是一节随堂课。对课堂的课前生成准备不足。

（一）应让学生尽情表达自己观点

笔者回看教学视频时发现学生在"探究海南黎锦服饰款式设计与地理环境间的关系"这一教学环节时，非常感兴趣，有些学生在私下讨论，说明笔者在"课堂讨论"部分要改进，要设计出能让"学生尽情表达自己观点"的教学模式。

（二）板书设计精美，但没有成功呈现

由于对录课教室白板使用不熟练，没有成功呈现精选设计好的思维导图板书。此后教研，不仅要考虑到教学设计，还要在课前对授课课堂的硬件进行调查，准备好教具。珍惜每堂地理课，让其不留遗憾。

（来源：2020年"凤凰杯"课堂教学大赛）

气象灾害——以洪涝灾害为例

朱洪彪

第一部分　教学设计

一、教材分析

本节内容为人教版必修一第六章第一节，在高三一轮复习中属于自然地理部分的总结提升，有一定的综合性，是学生地理素养形成中的重要节点内容。

二、学情分析

在一轮复习中，在自然地理各要素已经复习完的前提下，学生对于区域认知、综合思维等地理素养已经有了一定的底蕴，而通过本节课的共同学习，将对各类自然灾害的完全分析形成基本的认知，为迎接高考打下坚实的基础。

三、教学策略

通过个体案例的分析和分组讨论共同学习，提升形成此类分析的一般思路，再利用提炼出的规律，应用在海南乡土案例的分析中。由特殊到一般，再由一般到特殊，既提升了素养，又夯实了能力。

四、教学目标

1. 区域认知：根据具体案例，运用所给资料，判断出区域特征与气象灾害的一般关系。
2. 综合思维：结合实例，说明常见自然（气象）灾害的成因，并了解避灾、防灾的措施。

五、教学过程

（一）明确类型——阅读拓展，并有一定的了解

暴雨洪水	最常见、威胁最大的洪水。它是由较大强度的降雨形成。
山洪	强降雨后，山区溪沟中发生暴涨、暴落的洪水。山洪具有突发性、雨量集中、破坏力强等特点，常伴有泥石流、山体滑坡、塌方等灾害。
融雪洪水	主要发生在高纬度积雪地区或高山积雪地区。
冰凌洪水	由于河道中的某一河段由低纬度流向高纬度，在气温回升时，低纬度河段上游先解冻，而高纬度仍在封冻，上游来水和冰块堆积在下游河床，形成冰坝，造成洪水泛滥；另外，河流封冻时也可能产生冰凌洪水。
溃坝洪水	是大坝或水库突然决堤、溃塌而造成的洪水。
内涝	指超强度的降水来不及从河道中排出，形成积涝。
关门涝	指河水居高不下，致使支流下游的湖泊、洼地无法排出积水而造成区域性涝渍灾害。

（二）成因分析

【案例1】城市洪涝是城市化发展中面临的问题。金奈是印度的第三大商业和工业中心，但是金奈平均海拔 160 米，中心城区海拔仅 6.7 米，基础设施落后，洪涝多发。

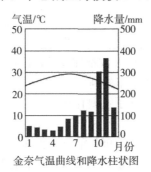

金奈气温曲线和降水柱状图

（1）从自然地理角度分析金奈洪涝多发的原因（8分）。

【提取规律】

自然原因——

人为原因——

（三）影响（危害）

【案例2】城市洪涝是城市化发展中面临的问题。金奈是印度的第三大商业和工业中心，中心城区海拔仅 6.7 米。人口 400 万，是印度的第四大城市，是世界上人口最密集的地区之一。同时，是孟加拉湾贸易路线的关键，有"南印度之门"之称，是商业、旅游的重要中转和休憩点。

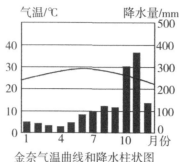

金奈气温曲线和降水柱状图

（2）说明洪涝灾害对金奈的不利影响（8分）。

【提取规律】

（四）防避措施

（3）列举金奈在减轻洪涝方面可以采取的主要措施（8分）。

（五）提升训练

1. 我国多洪涝分布区的共同特点是（　　）。

A. 雨季漫长　　B. 地势低平　　C. 河网密布　　D. 植被稀疏

2. 多洪涝区发生洪涝的时段不同，最主要的影响因素是（　　）。

A. 地势高低　　B. 距海远近　　C. 锋面位置　　D. 台风频次

读"1954年与1998年长江流域洪涝灾害损失对比表"，结合所学回答3—4题。

年份	淹没面积	死亡人数	直接经济损失
1954年	31700 km²	33000人	100亿元
1998年	3210 km²	1320人	1660亿元

3. 1998年洪水淹没面积和死亡人数都比1954年少，其主要原因是（　　）。

A. 1998年洪水水位没有1954年的高

B. 新建设的许多防洪工程发挥了重要作用

C. 1998年的降水时间比1954年的短

D. 1954年长江流域人口密度比1998年要大得多

4. 1998年的洪水造成的直接经济损失是1954年损失的十几倍，其原因是（　　）。

A. 1954年洪水到来前，政府组织军民对财产进行了及时转移

B. 1954年洪水发生的时间比1998年稍晚，农田的农作物已经基本收割

C. 1998年长江流域与1954年相比经济迅速发展，资产密度加大

D. 1998年洪水主要淹没的是城市，而1954年主要淹没的是农村

减少洪涝灾害的损失，熟悉一些灾害中的自救和互救常识是很有必要的，这样才能做到居安思危，防患于未然。根据所学知识，完成5—6题。

5. 当洪水来临时，下列应对洪水灾害的说法不正确的是（　　）。

A. 躲到屋顶、大树或附近小山丘上暂避

B. 及时报告，统一组织抢险救灾

C. 有序地将人员和财产向低处转移

D. 有序地将人员和财产向高处转移

6. 下列洪水互救方法不正确的是（　　　）。

A. 向落水者抛救生圈

B. 对溺水人员进行人工呼吸

C. 划船、游泳去救人

D. 等洪水过后再去救人

（六）课后自我梳理

类型	在中国的时空分布	原因分析	影响	措施
干旱				
台风				
寒潮				
风沙				

（七）板书设计

洪涝灾害问题的一般分析思路

1. 明确类型。

2. 成因分析。

3. 影响。

4. 措施。

第二部分　教学反思

新课程、新教材下的高考一轮复习对于一线教师而言，提出了更高的要求，而作为新高考的第二年、高考试题改革的第一年，我们也只能是且行且思，先充实自身，再助学生提升。

本次授课就是希望探寻一条示范之路——区域认知、综合思维、人地协调观和地理实践力等四大核心素养如何在课堂上呈现并逐渐培养形成。本节课是必修一的内容，但在新高考中却是上述核心素养的集大成者，既要求学生有很好的基础知识和基础能力，还需要学生能够探究相关地理材料，最后在现实课例中探寻影响及策略，难度较大。

本节课在区域认知上要求不高，不管是南亚还是海南本土，通过地理位置进而判断自然环境的整体性，均属较为基础的内容。而在原因的探究上，主要是基于图文信息的提取和提炼，在自然部分的探究与讲授完成度很好，但人文要素的分析碍于学生地理实践的不足，完成度一般，有待后续在课堂上继续完善。

人地协调是高中地理的最高要求，而在环境问题和自然灾害的防治方面，更加是最高准则。本次课例在该部分的设计较为基础，既可以对教材内容加以复习和回顾，也可以通过具体的案例让学生结合实例来谈生活中的个人感受。但开放性做得不够好，碍于时间的关系，并未大开大合，讨论得不够广博。

所谓"双新"，对于一线教师的要求首先就是思想的"新"，敢于创新，并最终善于创新，才能紧跟教学改革的步伐。作为参与者与践行者，只能努力追赶！

（来源：2021年"凤凰杯"课堂教学大赛）

自然环境的整体性与差异性

刘湘蓉

第一部分　教学设计

一、教材分析

　　"自然环境的整体性与差异性"是人教版选择性必修一教材的最后一章，建立在必修第一册和本册前几章的地质、地貌、气候、植被、水文等内容基础上，课程标准是"运用图表并结合实例，分析自然环境的整体性和地域分异规律"。

　　为了落实课程标准的要求，阐明自然环境的整体性特点，并促进课程实施与教学推进，本节教材根据学科内在逻辑线索，主要编排了"自然环境要素间的物质迁移和能量交换""自然环境的整体功能""自然环境的统一演化和要素组合"和"自然环境对干扰的整体响应"四个标题，分别从要素联系、整体功能、演变过程和响应式干扰等不同角度解释了自然环境的整体性。其中的每个角度，都基于特定的学科依据和学科内涵而生，是理解整体性视角的重要着眼点和切入点。

二、学情分析

　　"自然环境的整体性与差异性"是高中阶段自然地理部分学习的总结和提高，对学生来说综合思维能力较强，难度较大。为增强教材的教学性，拉近学生与地理学科、地理课程、地理教材等的心理距离，教材在编排中运用了大量的景观图、示意图、案例和活动等，丰富呈现形式，简化表述语句，优化学科内容，突出学习重点，便教利学。

三、教学策略

　　本节内容理论性较强，难度也较大，遵循"景观感知—情境引入—案例分析—原理探讨—观点培养"的思路展开。采用教学评一体化的模式，体现核心素养下的地理课堂大单元教学。

四、教学目标

【课标与教材】

运用图表并结合实例，分析自然环境的整体性（选择性必修一：5.1）

【学习目标】

四层·考查内容	两年·命题统计
[必备知识]　构成自然环境的地理要素；自然环境整体性及其表现。 [关键能力]　综合分析自然环境整体性特征，描述、分析、归纳自然环境动态演变过程；培养归纳概括能力、演绎推理能力。 [学科素养]　能够从地理要素综合的角度，认识地理事物的整体性，地理要素相互作用、相互影响的关系；能够从空间和时间综合的角度分析地理事物和现象的发生、发展和演化。 [核心价值]　能够从"人对地的影响"的视角，认识人类活动对自然环境的影响，树立正确的环境观、发展观。	[2020年]北京卷第16（1）（2）题。 [2021年]海南卷第1－3题。 河北卷第16（1）题。 浙江卷第26（3）题。

五、教学过程

【课前】

1. 基础知识储备：完成一轮资料《必备知识》P32－P33内容。

2. 情境观察：观看视频《航拍中国·海南》《今日中国·海南》，结合视频内容与所学知识，用自然环境整体性原理分析"美丽海南"的自然环境特征。

【课堂】

1. 情境案例分析。

2. 总结规律：用整体性原理分析地理问题的思路。

3. 应用提升：练习、海南高考真题回顾，原创、改编试题。

4. 回归教材。

【课后】

案例拓展，批改反馈。

【课堂探究活动】

【情境探究1】结合视频内容与所学知识，用自然环境整体性原理分析"美丽海南"的自然环境特征。

（温馨提示：从海南地理位置入手，抓住气候、地形、地貌、水文、植被、土壤等环境要素的相互联系，介绍海南的主要自然环境特征）

总结 1：分析区域自然地理特征，从地理位置出发，对各自然地理要素进行综合分析。

【情境探究 2】（材料附后）

阅读图文材料，结合所学知识分析海南岛西部形成热带沙漠（风沙化环境）的原因。

总结 2：分析地理现象成因，分析该要素与环境总体特征协调一致的关系。

【情境探究 3】观看《昌江植树娘子军》视频，结合视频内容、文字材料与所学知识，完成下列内容。

（1）简述海南西部昌江黎族自治县植树难的原因，并说明植树娘子军采取的治理措施。

总结 3：分析某一地理现象或人类活动的影响，明确触发要素，逐一分析对其他要素和整体环境的影响。

（2）生态文明是人与自然和谐的文明，"建设生态环境，人人有责"。请同学们为昌江黎族自治县海滨地区风沙化环境进一步整治提出宝贵的建议。

【总结提升规律一】自然环境整体性原理的应用分析思路。

1. 分析区域自然地理特征，从地理位置出发，对各自然地理要素进行综合分析。

2. 分析地理现象成因，分析该要素与环境总体特征协调一致的关系。

3. 分析某一地理现象或人类活动的影响，明确触发要素，逐一分析对其他要素和整体环境的影响。

【总结提升规律二】整体性原理的表现——自然环境各要素间相互作用（必背内容）。

（1）地形对其他要素的影响。

对气候：海拔升高，气温降低；迎风坡降水多，背风坡降水少。

对水文：影响河流的流向和流速。

对土壤：山区水土流失严重，土层薄，肥力低；平原地区堆积作用明显，土层厚，肥力高。

（2）气候对其他要素的影响。

对地形：干湿状况影响外力作用，湿润地区以流水作用为主，干旱地区以风力作用为主。

对水文：降水量影响河流的流量，降水的季节分配影响水位的季节变化，最冷月气温影响是否有结冰期。

对生物：影响植被类型、生物的生长量。

对土壤：气温影响有机质分解速度，从而影响土壤肥力高低；水热状况影响土壤性质。

（3）水文对其他要素的影响。

对地形：流水作用的差异，形成不同的地貌。

对气候：水域广对气候具有调节作用，缩小温差，增加降水。

对生物：作为生物的栖息地；为生物生长提供水源。

对土壤：流水侵蚀易使土壤贫瘠，土层浅薄。

（4）生物对其他要素的影响。

对气候：调节气候。

对水文：植被涵养水源，影响含水量、流速、下渗。

对土壤：植被保持水土，促进有机物的积累。

（5）土壤对其他要素的影响。

对水文影响：土壤含水量。

对植被：土壤肥沃程度影响植物的生长状况。

【基础知识储备】

一、自然环境整体性原理

二、自然环境的整体功能

1. 生产功能。

2. 稳定功能。

三、整体性原理的表现

1. 自然环境的统一演化和要素组合。

2. 自然环境对干扰的整体响应。

【回归教材】

1. 教材P80图5.2思考：图中有哪几种自然环境要素？水在各要素间是如何迁移的？

2. 阅读教材P81案例思考：结合课本材料，说明生物循环是如何将自然环境要素联系为一个整体的？

3. 阅读教材P82页案例，思考：

（1）流水侵蚀强度与土壤下覆岩石风化强度的关系。

（2）流水侵蚀速度与土壤形成速度的快慢有关。

（3）坡面土壤厚度保持相对稳定的原因。

4. 阅读教材P82页活动内容，结合所学内容思考：

（1）推测可可西里地区气候与植被特点。

（2）说明可可西里地区动物（如藏羚羊）的数量更易受环境条件影响的原因。

（3）藏羚羊的数量虽有波动，但基本稳定。这种现象符合什么地理原理？

5. 阅读教材P83案例，思考：湖泊演变为陆地的过程中，自然环境各要素是如何统一演变的？最终形成了怎样的自然环境要素组合？

6. 阅读教材P84结合案例，根据图文材料回答：森林过度采伐导致东北自然环境如何变化？

7. 教材P85活动，根据示意图5.5，思考修建大坝后地理环境的演变过程。

【案例拓展】

1. 以西北地区为例，分析气候要素对其他地理要素及整个地理环境的影响。

2. 黄土高原水土流失引起的景观演变。

3. 青藏高原隆起对周边地区地理环境有什么影响？

【情境探究2拓展材料】

在我省西部沿海地带，因光热条件强，蒸发量大于降雨量，加之各种因素，20世纪50年代后，造成了一定程度的土地荒漠化，成为我国少有的热带沙漠地区之一。

珠碧江流域内自儋州市海头镇到乐东黎族自治县黄流镇一带，长约170公里的狭长海地带上，曾经沙丘连绵。其中，昌江黎族自治县棋子湾一度出现了"约有3万亩沙地，黄沙逐渐淹没农田"的场景。

材料一：昌江及其邻县山区原始森林、海岸防护林、昌化江、珠碧江等河流水系源头及沿岸森林植被不断遭到砍伐和破坏，森林覆盖面积萎缩，使得生物循环和地质循环减少，森林的"绿色水库"和"营养水库"作用下降，调节气候的功能也大为减弱。

海南岛地形中间高四周低，河流水源自成体系，河流湍急，再加上森林破坏、降雨难保住。大部分形成地表径流，冲刷地表，造成大面积水土流失，使生态环境恶化。特大暴雨雨量增大，而植被受到人畜反复破坏。表土冲刷严重、径流量大，河流短促，下游容易形成洪涝，使得洪水灾害增多。

材料二：海南岛第四纪海沙质沉积广泛发育。在昌江海滨的东北端和西南端分别是珠碧江和昌化江两大河流的入海口。昌江黎族自治县海岸线总长 52 km，其中沙岸 44.85 km，岩岸 7.15 km。据卫星遥感监测资料，1990—1994 年，海南岛风化灾害最为严重的昌江、东方、乐东沿海地区的土地荒漠化每年约以 24—420 km² 的速度增加，其中昌江黎族自治县海滨土地荒漠化最为突出，风沙化土地面积约 61.15 km²。

20 世纪 50 年代以来，由于两大河流及研究区其他西流水系源头及沿岸森林植被不断遭到砍伐和破坏，使得水土流失日趋严重，河流含沙量增大。每年带入的泥沙量也逐年增多，分别充填新港、昌化港及两者之间的昌化海滨。

材料三：昌江黎族自治县位于海南岛西部，地处五指山余脉西北侧，地形地貌复杂。昌化江中下游地区冲积形成了开阔的平原、台地，海岸地形开阔，滨海平原地表物质由细粉沙组成。据气象台观测，受印度洋干热气候影响，昌江黎族自治县西海岸 1964—1994 年的年均降雨量为 983.9 mm，蒸发量为 2636.9 mm，后者是前者的 2.7 倍，而降雨又多集中在 8—10 月份，其他月份几乎无雨，干旱季节 6—8 个月。

材料四：

（1）1957 年，"全民大炼钢铁"，砍伐了昌江黎族自治县海滨大量树木，使杉木、榕树等原始树林被毁。

（2）"文化大革命"期间，人们环保意识淡薄，大规模砍伐林木做柴火。

（3）东方县建八所港时，一些企业在昌化镇海滨一带采石的同时也破坏了许多植被。

（4）70 年代末—80 年代，由于开发南罗盐田等开发热的影响，使得具有强大消波和造陆作用的"海上森林"——红树林也难逃厄运。

（5）由于炸鱼、药鱼及加工建筑材料和制作工艺品等目的，在海岸防浪、防潮侵蚀中有不可替代作用的海岸及岛屿第一道天然林保护屏障——珊瑚礁也不同程度地遭到破坏。

（6）气候的恶化，人为过度开采地下水，昌江黎族自治县海滨地区的地下水位不断下降，且饮用水具有咸味，地下水位下降的同时还伴随有海水的倒灌，使得植被及作物难以生长。

【情境探究 3 拓展材料】

1. 固沙植物以耐干旱、耐盐碱的露兜（野菠萝）为主，露兜在流动沙地上能够连片成活，先种植野菠萝固沙，野菠萝成活后，再栽种木麻黄树苗，长大的树为小树苗挡风，逐渐成片成林。

2. 选用当地耐干旱、耐盐碱、耐贫瘠、抗风力强的木麻黄作为造林树种，培育大苗、壮苗（高 1 m 以上、地径 1 cm 以上）切根带营养袋深栽（种植深度 40 cm 以上）

造林，可以增强苗木抗旱、抗风、耐贫瘠的能力及充分吸取地下水。

3.“旱天造林”是基于“大苗深栽”吸收地下水的设计思路。具体做法是苗木营养袋浸饱水上山，随挑随种，剥袋不散土，深栽 40 cm 以上，分层踩实。

第二部分　教学反思

本节课课堂结构完整，包含课前阅览、朗读课文等，课上以学生为主导，课后则回归教材，突出教材重点，教学主要体现核心素养下的地理课堂大单元教学。

比较重视情境式、问题式教学，运用海南本土案例引导学生参与课堂，落实地理学科核心素养的培养。课堂目标定位准确，突出对学生综合思维的培养。课堂上学生的主动性得到了充分发挥，氛围活跃，学生互评补充，课堂主体由教师变为学生，较好地体现了“教—学—评”一体化的教学理念。

困惑：教育部关于印发《普通高中学校办学质量评价指南》的通知中提到严禁高三上学期结束前结课备考。在此国家政策与“双新”背景下，高三地理一轮复习课堂将如何构建与设计？

解惑：“双新”背景下，高三地理一轮复习备考策略上，重视、采用“教—学—评”一体化的教学设计，不仅能有效处理好课时不够与新高考复习之间的冲突，又能关注到学生主体地位，以学生发展为中心，在课堂上落实地理学科核心素养，让“双新”与“新高考”真正落地。

（来源：2022 年“凤凰杯”课堂教学大赛）

海南与椰树

向晓晶

第一部分　教学设计

一、教材分析

　　自然界的植被千差万别，种类繁多，我们身边植物的形态与地理环境存在着哪些千丝万缕的联系？它们对我们的生产生活有什么样的影响？通过这节课，我们将学会调动和运用地理知识来分析生活中的地理事实和现象，论证和探讨地理问题的同时考查学生的区域认知和综合思维，落实地理核心素养。

　　本节课内容依托2019年人教版必修一第五章第一节"植被"及必修二第三章第二节"工业区位因素及其变化"，为自然地理与人文地理的重要内容。根据课程标准要求，"植被"这节教材重点落实"植被与环境的关系"和"识别主要植被"两个相互联系的内容，方法是"通过野外观察或运用视频、图像"。"工业区位因素及其变化"这节主要能"结合实例，说明工业的区位因素"，并能分析工业生产与多个地理要素之间的关系，解释工业区位变化的原因。

　　总之，在不同的区域各类地理环境因素的差异都会造成植物生长与分布的不同，通常会在植物的形态和习性中表现出来，培养学生对地理现象的特征及原理的分析与综合能力。自然植被又与人类产业活动息息相关，通过椰树集团探究，培养学生利用地理事实分析生活中鲜活的地理现象和迁移应用的能力。通过本节课内容的教学，使学生对植物与地理环境、工业的有关知识有一个更深更好的理解，同时也能帮助其树立正确的价值观和责任感。

二、学情分析

　　首先，本教学设计针对等级班学生，这是地理主干知识的拓展和应用。部分学生地理空间思维能力不完善，阅读和分析图的能力不足，这就要求教师在讲授过程中注重材料的选取和图形的应用，从学生的亲身经历和已有的知识结构、认知规律出发，这样能较好地把地理基本理论与生活实际结合起来，增强学生运用已有知识解决新问题及举一反三的能力，让学生更容易达成学习目标。其次，此课内容较灵活，学生在分析过程中容易片面，需要教师引导学生辩证全面地看待地理环境要素的影响。

三、教学策略

这节课是通过椰树这个我们熟知的植被，从椰树初遇海南岛到椰树繁茂生长，成为海南这个热带海岛的象征，探究其适应地理环境的原因；同时椰树作为海南最重要的热带经济作物之一，也是工业的重要原料，再以椰树集团及其部分厂搬迁为案例，探究工业区位因素及其变化。乡土情景一镜到底，贯穿整个课题，将植被与工业、自然地理与人文地理融会贯通。

四、教学目标

1. 以某植被为例，通过地图、文字材料、数据和视频等材料，探究、分析影响植物生长和分布的地理因素。（区域认知、综合思维）

2. 结合实例，分析工业的区位因素。（综合思维）

3. 熟练掌握地理环境要素内容，能够说出某自然地理要素在地理环境中的作用。（区域认知、综合思维、人地协调观）

4. 通过对植物与地理环境、工业的学习，增强爱家乡的情感和对大自然的兴趣，在对自然环境的利用中做到因地制宜，形成对地理环境的正确态度和责任感。（区域认知、人地协调观）

五、教学过程

【导入】展示校园中四种树景观图片，让学生选校树。

【转承】自然界的植被千差万别，种类繁多，你们可曾想过，身边的植物与亚马孙的蝴蝶或太平洋的水温之间是否有关联？你们所选择的树的形态与地理环境又存在着哪些千丝万缕的联系？它对我们的生产生活又有什么样的影响？这节课让我们走进植物的家园，去领略大千世界的精彩和精妙。

【问题一】分析影响椰树形态特征（例如树冠和叶片的形态、叶的质地、果壳和繁殖方式）的地理区位因素，并阐述具体内容。

【探讨】光照：椰子树产于热带，喜光，海南位于热带，光照充足，适合其生长；椰子树叶片革质，质地坚韧，同时椰果外壳厚，在强光照和高温下，能防止蒸发；叶片呈线状披针形，不积水，这是热带雨林植被典型特征。（准备椰子树新鲜和枯萎叶片，供学生观察）

热量和降水：椰子树一般适合的年平均温度为 24 ℃—25 ℃，年温差小，全年无霜，海南的冬季均温达不到，故为适应环境，海南本土椰树有一定的抗寒性；年降水量在 1300—2300 mm，湿度在 60%—85% 的地区才能正常开花结果，这与海南的环境适合；椰子树具有较强的抗风能力，这是由于它树干笔直，无枝无蔓，单项树冠，巨大的羽毛状叶片从树顶伸出，撑起一片伞型绿冠，叶羽状全裂，呈线状披针形，先端渐尖。

所以椰子树不吃风，适合海南夏秋多台风的天气。

【对比分析】海南被誉为椰岛，椰树是海南这个热带海岛的象征，但并不是种在海南任何地方的椰树都能结出椰果，从东至南的原野上分布更多，而文昌椰子的产量占全海南一半甚至还多，故有"文昌椰子半海南，东郊椰子半文昌"的说法。台风频繁登陆的东部竟然是海南椰树最多的地方。

【问题二】哪些因素影响了海南岛东部是椰树分布最多的地方？

【探讨】（略）

【归纳拓展】植物在生活的过程中始终和周围环境进行着物质和能量的交换，因此地理环境影响着植物的分布。

【探究】

水果图　　　　　　　　　　　　树干图

（1）找出不是热带的水果。（上左图）

（2）椰子树树干有一截比较粗大的原因。（上右图）

（3）椰子树是常绿乔木，适合全年高温，是否落叶？

【教师】（适合学生层次调整难度）可见，在相当大的程度上，植物是自然环境的一面镜子。不同的植物为了适应环境，形成了不同的形态特征。许多自然带的名称用植物分布类型的名称来表示，如热带雨林带、热带草原带等，原因即在此。

【学生规律总结】影响植被生长的地理因素。

【教师】【思维升华】【规律反思整理】影响植被生长的地理因素：

①气候：光照、热量、降水；

②气象条件：风速、风向、湿度、气象灾害等；

③地形：类型、海拔、坡向；

④土壤：性质、含水量、透水性；

⑤水文：水源条件、洋流。

【教师】中国引进栽培椰树的历史始自汉代，至今已有两千多年的历史。其主要生长于海南，海南人对椰树有着特殊的感情：是美味的椰果让我们在历史上的数次灾年中免于挨饿，习惯在家宅和土地边种几棵"地界椰"，新婚夫妻会共同植下两棵"夫妻椰"，待到孩子满月还要种下"子女椰"……种植各种象征意义的椰树之风俗，千百年来世代相传，对椰树充满了喜爱和敬意。而椰树从根到树叶都可以加工后利用到生活中，是海南人心目中的宝树。椰汁更是我们从小喝到大，而这个小时候的味道主要来自椰树牌天然椰子汁，产于椰树集团。它是海南本土企业，产品远销 30 多个国家和地区。椰树牌椰子汁和椰树牌矿泉水双双被国家授予中国名牌产品称号。我们来看看影响椰子汁厂生产的工业区位因素有哪些。

【转承】播放椰子汁厂生产过程视频。

【问题三】根据椰子汁生产过程视频归纳出影响椰子汁厂生产的工业区位因素，指出椰子汁厂区位选择的主导因素，并说明原因。

【探讨】投入：椰子、天然水、机器、能源、技术人员、土地、许可证、资金；产出：瓶/罐装椰子汁、废弃物等。

【教师】微观上：工厂的区位选择要考虑工业企业本身发展的主导因素（因地制宜）。

宏观上：工业地域的区位分析，多从自然因素和社会经济因素两个方面进行。

【教师】原料是椰汁生产的主导因素，作为椰岛的海南，本地椰子产量的确远远不够，越来越多的椰子加工企业需要依赖大量进口东南亚国家的椰子，进口量高达 70％。这是什么原因呢？我们该怎么办？

【课堂小结】请大家以思维导图的方式画出今天所学的内容。

【探讨】（略）

【结语】从椰树初遇海南、繁衍海南、扎根海南、服务海南四个环节展开，于我们而言，椰树是我们的好朋友，无时无刻不在为人类做着贡献；人类将其从野生经过栽培和驯化形成农作物，服务我们的衣、食、住、行和美的需要，而环境变迁或人类活动的影响使一些植物濒临危险。

无论世界，还是中国，无论树木，还是花草，人们的研究，只为更好的生活！

六、板书设计

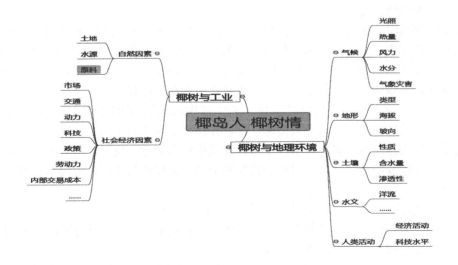

第二部分　教学反思

本节内容的确定源于"复习课的单元教学"的设计理念,复习是建立在基础上的深入、综合和提高,是实现由知识到能力转化的一个重要阶段。目标是重组知识、训练技能、查缺补漏、完善体系,并针对新课标、新高考要求和高考题型进行重点复习。在复习阶段将知识融会贯通又与生活紧密联系的大单元教学,利于培养学生运用地理思维方法解决实际问题的能力,以不变应万变。

"区位"这一节以某种植被作为案例,将自然环境的整体性与差异性这节与工农业的区位因素结合起来,将这三个知识点融合成一个大单元,让学生从实际出发,再上升到理论归纳再应用。选取海南椰子树为合作探究资料,并结合教材内容和课标要求精心设计,设置了较符合新课程理念的教学活动,在实施过程中取得了较好的效果。具体思考如下。

1. 导入用的是讲课所在地海口市一中校园里的树,有适合热带生长的法国枇杷树、大王椰子树和现在开花正盛的凤凰树,原产亚热带的榕树来了海南后为适应环境生出的气生根(原创一组题设计在练习中),让学生为自己的学校选校树,觉得亲切,引发兴趣,吸引快速进入课堂。在课堂的导入、知识点的过渡和内容的衔接上比较顺利,学生普遍反映较好。

2. 教学设计全部围绕着"影响植被的地理区位因素"的宗旨。本节主要学习四部分内容:①归纳——通过合作探究归纳知识点,构建知识体系;②应用——高考真题练习;③反思——通过应用反思总结规律,提高做题效率和精准度;④再应用。课堂中以海南特色椰子树实例为主线结合其他典型案例,通过对地图、文字材料、数据的读取,让学生获取信息,探究、分析影响椰子树形态的主要因素,展示了生活化地理在课堂中的运用。通过实际生活中的例子和发生在学生身边的问题的列举,引导学生与我一起进行归纳总结,增加了学生学习的信心,同时巩固了知识要点,还培养了学生利用地理事实分析、归纳总结、迁移应用的能力。

3. 高三的学习往往紧张,于是用专题的方法来调节一下,向学生讲明构建高质量知识结构的重要意义。从高考试题的命题宗旨看,"能力立意":重在"用"知识分析、解决问题,重在知识的迁移和重组,同时结构性的知识易于迁移和重组,用实例教学教会学生构建高质量知识结构的基本思路,引导学生学会自己复习。

4. 为了进一步培养学生的思维品质、训练运用基本原理解决问题的技巧,本课题选用熟悉的校园环境中三角梅爬到榕树顶部,桂圆树引水管到树顶等,提高知识迁移能力,力求讲要讲出主线、讲出新意和规律,课堂中评做到举一反三,触类旁通,培养学生创新能力和应变能力。注意复习中讲共性和个性;讲思路与规律;讲题型与技巧;讲发散与变化。

5. 由于学情发生了变化,原本针对高三学生,现在改为高二,于是在课堂上将合作探究中的任务二舍去,这就使得课堂中PPT出现了海南的地形图与风向那两张幻灯片时过的速度比较快,但却浪费了时间。

6. 合作探究最后解释椰子树常绿的时候没有选取椰子树,是因为学校附近没有找到有枯叶的椰子树,而选择了同是棕榈科的树代替,但显得不那么严谨,以后教学的过程中还是要注意。

　　在今后的教学工作中多引导学生应用地理规律分析具体的地理实践问题，改进教学中的缺点与不足，并多听取其他教师的意见和建议，不断提高教育教学的水平，不断完善自己。

（来源：2021 年"致远杯"课堂教学大赛）

综合组

黄梅戏音乐——"树上的鸟儿成双对"

魏孟孟

第一部分　教学设计

一、教材分析

2019年人音版高中音乐课程标准把戏剧选修课改为戏剧鉴赏模块必修课，大大提升了戏剧课程的重要性。戏剧是指以语言、动作、舞蹈、音乐、木偶等形式达到叙事目的的舞台表演艺术的总称，由演员扮演角色在舞台上当众表演故事的一种综合性艺术。戏剧鉴赏模块主要以"演员""故事（情境）""舞台（表演场地）"和"观众"四要素来进行诠释。且"演员"是四者当中最为重要的元素，必须具备表演的能力。戏剧与其他艺术类最大的不同之处便在于通过演员的扮演，剧本中的角色才能得以伸张，如果抛弃了演员的扮演，那么所演出的便不再是戏剧。那么，在戏剧鉴赏模块中，表演就显得尤为重要。

二、学情分析

尽管高中阶段的学生课业紧张，面临高考的巨大压力，通过对学生的调查，学生还是很喜欢音乐，喜欢表演和演唱。在高一年级我们开设了戏剧鉴赏模块课。戏剧是多种表演形式的艺术，包含戏曲、话剧、音乐剧、舞剧、哑剧、木偶戏、影视剧等等。其中戏曲也是集合文学、音乐、舞蹈、美术、武术、杂技的综合性艺术。让学生在中国传统戏曲基础之上感受、体悟、挖掘地方戏曲的内涵。

三、教学理念

首先是通过教师演唱黄梅戏《女驸马》片段导入本节课内容。

通过探讨黄梅戏命名和文化发源地，可以引出黄梅戏音乐的起源，进而学习黄梅戏的发展阶段，通过视频唱段，可以初步了解从"业余小戏"到"职业大戏"各具特色的唱腔和特点。《天仙配》属著名大戏，也是本节课的重点内容。引导学生探究戏剧与音乐的关系，以天仙配故事情节的了解提升到对戏曲中人物的塑造和刻画。以教师范唱《树上的鸟儿成双对》，感受音乐，体验润腔方式和特点。提出装饰音在音乐元素中的作用，（运用对比听唱教学法感受有装饰音和无装饰音的区别）。

互动的表演实践环节，突出戏剧更侧重表演性，音乐起烘托气氛的作用。分男女生不同的手势、手位、口腔和鼻腔共鸣状态。随音乐一起进行排演实践，教师及时引导学生进一步感受戏剧的实践性，同步体现以学生为主体、教师为引导的新课程教师角色定位理念。通过黄梅戏唱腔、服饰、语言、行当几个方面与京剧做总结对比（重复记忆黄梅戏的知识点），并以随着时代发展变化黄梅戏融合电影拍摄手法形成了黄梅戏电影音乐，作为本节音乐与戏剧模块的拓展探究，提出设问：黄梅戏一直在发展变化，而许多地方戏种却举步维艰，结合黄梅戏对比我们琼剧发展遇到的境遇，从而上升到戏曲，激励学生传承发扬中华优秀传统文化。

本节课侧重学生的艺术表现，并把作品的审美感知、文化理解等渗透在教学的各个环节。教师不是声乐专业，但也做到了范唱表演，乐于学习、勇于突破的精神值得年轻教师学习。教师的一专多能、尝试多个模块课教学也是"双新"课程研究实践的着眼点。

四、教学目标

（一）审美感知

通过欣赏《树上的鸟儿成双对》，体验黄梅戏舞台表演的生活化与艺术化相结合的韵味与美感。了解黄梅戏的起源与发展，不同的音乐特点，感受其唱腔韵味，喜爱黄梅戏朴实通俗、生动活泼的清新风格。

（二）艺术表现

通过学唱《树上的鸟儿成双对》并排演实践，初步学会黄梅戏唱腔独特的发声方法和舞蹈动作，同时了解黄梅戏电影对黄梅戏音乐的运用手法。

（三）文化理解

通过本节课了解黄梅调发源、演变及成熟的整个过程，理解其蕴含的艺术文化传播的重要意义。

五、教学过程

（一）导入

教师通过对上节课京剧内容的总结，引出中国还有很多其他地方戏曲种类。由教师范唱黄梅戏《女驸马——为救李郎离家园》片段，让学生来回答这是哪个地方的戏种，从而导入今天的课堂内容黄梅戏音乐。

（由京剧引出地方戏曲，以点引全，再由教师范唱引出课堂教学内容，并由范唱让学生感受戏剧就在身边，而不只是在大银幕上，缩短艺术与学生的距离。）

与学生讨论为什么是安徽黄梅戏而不是湖北黄梅戏？引出黄梅戏的起源。并拓展与黄梅戏并称中国五大戏曲的其他四种戏曲种类，由学生回答。

（二）通过一段微视频了解黄梅戏的发展阶段

通过欣赏《打猪草——对花》的唱段，让学生感受黄梅戏形成初期"业余小戏"的唱腔，并关注此唱腔的特点是什么？

发展到职业大戏时，引出剧目《天仙配——树上的鸟儿成双对》唱段。欣赏并关注运用哪种唱腔特点，运用哪几种行当表现主人公内心的艺术情感。

学生朗读戏词，注意方言音"绿"（唱：Lu），摘（唱：zhe）。学唱第一段前四句，男女分开对唱。跟随教师学习黄梅戏唱腔和手位。

对比演唱加装饰音和不加装饰音的前后韵味变化。由学生总结装饰音在戏曲音乐中的作用。

（互动）分组由教师和学生一起演唱整个戏曲片段，男生扮演董永（生角）的角色，女生扮演七仙女（旦角）的角色。

（三）总结对比黄梅戏和京剧的异同点

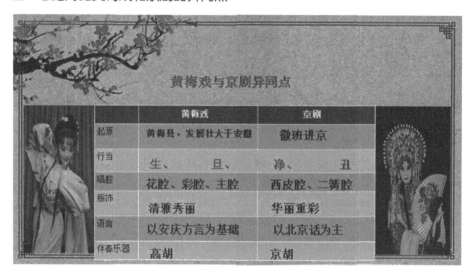

（四）黄梅戏电影音乐

以传统戏剧舞台表演为基础，融合当代电影拍摄技巧，采用叙事电影写实主义的布景美术设计，来表现戏曲舞台的艺术表现力。

欣赏《妹娃要过河》片段。

（五）拓展探究

为什么有些地方戏种举步维艰，而黄梅戏的道路越走越宽，结合黄梅戏对比：我们本土琼剧在发展中面临何种境遇？

（学生总结回答）

（六）结语

不管是我们本土琼剧还是京剧或者黄梅戏，包括我国其他地方戏种都面临着种种困境。中国戏曲乃至戏剧都是我们中国传统文化的重要组成部分，同我们中国古诗词一样美，是另一种只属于我们东方的韵律美、韵味美。希望学生冲破层层困难，把我们的中国美传承发扬下去。因为这是我们的根，我们的魂。

第二部分　教学反思

为推进中国传统文化进课堂，这学期我校开设了戏剧模块的相关课程。大家对戏剧知识一般都是比较缺乏的。我参考了戏剧书和 U 盘里的音频视频课件资料，也查阅了大量有关黄梅戏的内容。这次的黄梅戏公开课，很大程度上是按照原有课件的内容来上的，前辈老师听后也给了很多开放性的意见和建议，我也思考了很多。这个戏剧模块的课到底应该怎么来上？

首先是定位，要清楚到底是鉴赏课还是戏剧课。我个人理解，戏剧更侧重的是通过表演、学生和实践来渗透知识点。鉴赏课是有一套固定的模式，更侧重的是知识点。我也想尝试创新突破鉴赏课的模式。很遗憾，第一次试讲效果很不理想。这节课的设计还是比较倾向于鉴赏课内容的。但是我不放弃，所有的成功都是建立在无数次的失败之上。都说化繁为简，化整为零。当找不到突破口时，我选择了最原始的满堂灌输的形式。第一节课中，我运用了大量的时间告诉学生什么是戏剧，包含了戏曲、歌剧、话剧、影视剧等等，而不仅仅是戏曲。又在戏曲中按地域来讲述地方戏种。从第一节课的京剧到今天所讲述的黄梅戏。最初我讲黄梅戏，是先告诉学生什么是黄梅戏，黄梅戏的起源是什么，特点是什么，直截了当地点题。再欣赏视频，聆听和老师的范唱，学生的参与，来感受黄梅戏的特点，学生演唱《树上的鸟儿成双对》。当然，这种传统的授课方式违背了新教材、新课程的理念。我听取了前辈老师的建议，进行了更改，以教师范唱导入视频聆听。老师教唱和学生参与的形式呈现出今天这节课。

作为一名民乐老师，这次的课程我不与任何人对比，我只和过去的自己对比。前辈老师曾经做讲座，说现在的课堂需要一专多能的老师。我不能说自己已经做到了多能，那还相距甚远，我只能说我真的突破了自我。戏剧模块，还有更多的表演形式等待我去探索求知，我也有很多不足和未知。我也会在私下里更多地研究戏剧，挖掘戏剧，上好每一堂戏剧课的内容。尤其是将中国传统的戏剧内容运用新的教学理念和教学方式传授给学生，让学生真正体悟到中国传统戏剧的精神。

（来源：2021 年"凤凰杯"课堂教学大赛）

体能——反应时间

叶 凡

第一部分 教学设计

一、教材分析

体能和竞争与合作是高中教材内容中的重要内容，它充分体现了教材内容在练习形式上的多样性和趣味性。它的锻炼价值在于通过营造活跃的运动气氛，提高学生的运动激情，不仅能发展学生各种体能，而且能培养学生协调能力与相互合作的意识与能力。本节课为水平五中的第一课时，目的在于引导学生学习体能练习的方法，恢复体能，探究协调配合的技巧与动作要领，使学生在合作探究练习与比赛的过程中感受合作与成功的乐趣，了解体能训练的锻炼价值和团队合作能力的重要性，培养合作意识与能力。

二、学情分析

高二年级学生正处在青春期，他们多为独生子女，个人主观意识强，好胜好强好表现，平日与人交往合作的机会少，因此普遍缺乏团队合作意识与能力。体能练习是一个很有价值的教学内容，体能练习与团队合作的结合趣味性强，能充分调动学生的积极性，通过练习不仅能提高学生的协调能力、奔跑能力、力量，还能学会与他人友好合作，培养合作意识和能力，为将来更好地学习和交往打下基础。

三、教学理念

落实立德树人根本任务和健康第一指导思想，促进学生健康与全面发展。尊重学生的学习需求，培养学生对运动的喜爱。改革课程内容与教学方式，提高学生的综合能力和优良品格。注重学生运动专长的培养，奠定学生终身体育的基础。建立多元学习评价体系，激励学生更好地学习和发展。

四、教学目标

1. 能够了解反应时间。
2. 学习并掌握反应时间的练习方法。发展学生的灵敏性、速度的能力。
3. 通过学习增强学生自信心，增强集体主义意识，逐步形成果断、坚毅、勇于战胜自我的优良品质。

五、教学过程

教材内容	体能——反应时间的练习		授课教师	叶凡	年级	高二年级	人数	40	课时	1
教学目标	1. 认知目标：能够了解反应时间。 2. 技能目标：学习并掌握反应时间的练习方法。发展学生的灵敏性、速度的能力。 3. 情感目标：通过学习增强学生自信心，增强集体主义意识，逐步形成果断、坚毅、勇于战胜自我的优良品质。									
重点	掌握反应时间的练习方法。									
难点	学会运用反应时间。									

结构	内容	教师指导	学生活动	组织与要求	次数	时间	强度
开始部分	1. 体委集合整队，报告人数。 2. 师生问好，检查服装。 3. 宣布教学内容，安排见习生，本节课安全教育。 4. 激趣小游戏"打手背"。	1. 口令清晰，声音洪亮。 2. 明确课堂要求，提醒学生在活动中注意安全。	1. 认真排队，与老师问好。 2. 遵守课堂要求，集中注意力。	组织： （队列图） 要求：快、静、齐。	1	3 min	弱

续表

结构	内容	教师指导	学生活动	组织与要求	次数	时间	强度
开始部分	1. 热身练习。 热身跑，在跑动中听老师喊数字，听到数字时做出相应动作。 反向跑。 原地蹲起2次。 收腹跳。 做上肢拉伸练习。	1. 带领学生进行练习。 2. 跑步中提醒学生保持距离和秩序和注意安全。 3. 组织热身，集中学生的注意力。	1. 仔细听讲，认真做练习。 2. 认真听老师讲解游戏，积极配合，保持好前后间隔距离，有序进行。	组织： 要求：快、静、齐。	1—2	5 min	中
基本部分	1. "背向追"练习。 练习方法：各组站到指定位置，两人一组，背对背站好，两边各有一条安全线。当教师下达指令后，一组追另一组，在安全区域内抓到对方就算获胜，反之则是失败。 2. "听声辨位"。 练习方法：每排五人一组，一名指挥官带领另四名学生进行跑位练习，指挥官可以喊八个点位，其他同学听到口令后朝该方向跑三步摸地面，摸到地面的同时指挥官下另一个指令，喊完指令后顺时针轮转到下一名学生依次进行。 3. "照镜子"移动传接球。 练习方法：学生两两一组，拿球的学生在移动中做各种动作后五次以内将球传给对面的同学；没拿球的学生学习拿球学生的动作后将球接住。	1. 教师讲解示范，组织学生练习，指导纠正。 2. 组织学生再练习，教师总结。 教师巡查。 1. 讲解示范动作。 2. 组织学生练习。 3. 强调要注意安全。 4. 克服困难、坚韧不拔。	学生认真听教师讲解练习方法，积极主动参与练习。 1. 仔细观察老师示范，学习动作要领，认真体验。 2. 积极练习，勇敢挑战自己。 根据老师指导，积极改进动作。 1. 仔细观察教师示范，认真体验。 2. 听从老师指挥，积极参与锻炼。 3. 注意安全。	组织： ① ② ←→ 追击区 追击区 ③ ④ ←→ 要求：快、静、齐。 组织： 教师 要求：速度快，反应灵敏。 组织：	2~3 2 2 1	7 min	强

续表

结构	内容	教师指导	学生活动	组织与要求	次数	时间	强度
基本部分	1. 俄罗斯转体。 2. 直臂平板支撑。 3. 侧平板支撑。 4. 举腿卷腹。			要求：练习积极。 组织： 要求：动作规范，认真练习。		7 min	强
结束部分	1. 放松操。 2. 总结点评。 3. 器材回收。 4. 宣布下课。	1. 带领学生充分放松身心。 2. 进行本次课小结，宣布下课，师生再见。	1. 动作舒展，神情愉悦，充分放松身心。 2. 保持前后安全距离，积极参与互动。 3. 师生再见。	组织： 要求：积极放松，认真评价。	1	4 min	弱

生理指标	平均心率	140—155 次/分
	练习密度	35%—45%

心理指标	愉悦度	愉悦
	兴奋度	中
	协作性	好
	积极性	强

场地器材	足球场 1 片、音响 1 个、排球 20 个。

第二部分 教学反思

通过改变传统的体育教学方式方法，主要运用情景教学、诱导教学、折返跑、变向接力跑游戏等方法，为学生提供和谐、轻松、有趣的运动环境，提高学生学习的积极性，使学生快乐学习，体验自主学习的乐趣，同时提高学生之间合作学习本次课体能训练内容包括腿部力量、腰腹肌力量、速度等。平常大家对体能练习的印象是方法单一比较枯燥，所以学生学习和练习的兴趣大大降低，而本节课是体能练习中的团队合作，体能练习和团队合作相辅相成，在体能练习中，培养他们社会交往的能力。让不同层次的学生都得到了提高，让所有的学生都能体验到成功的乐趣，在得到锻炼的同时也愉悦了身心。

本节课采用不同教学手段，慢慢引导学生进入课堂，提高学生的学习兴趣。在自主练习中充分体现了学生的合作创新能力。

在整个团队合作的比赛中，教师的启发与鼓励缩短了师生间的代沟。提高教师亲和力、信任感。让学生在玩乐中得到锻炼，为学生营造了一个平等和谐、友爱互助的人际环境，提高了课堂气氛。

本次课堂有不足之处：学生的互相评价体系不够完善，时间比较紧促，这样在一定程度上影响了教学效果。如果利用动漫演示取代导学案进行教学，直观效果会更好。

教师的语言艺术有待提高，如果增强语言上的幽默感，会让师生关系更加融洽，更能激发学生的学习兴趣，为将来的教学带来更好的发展。

总而言之，体育的教学研究是永无止境的，只有不断地探究学习，才能做到更好。

学生的体质健康很重要，只有培养他们运动的兴趣和习惯，才能将体育锻炼进行到底。用体育精神影响他们做人、做事的准则与态度，让他们真正成为社会的栋梁之才。

（来源：2023 年"凤凰杯"课堂教学大赛）

中国书画的样式、内容与情感表达

何人丹

第一部分　教学设计

一、教材分析

本课主要目的是引领学生认识中国书画的装裱方式、内容形式特点等，从中了解书画创作与生活的关联，理解书画创作过程中的审美观念、哲学思想。课程主要分为两个重要组成部分：掌握关于中国书画创作的基础知识和形成对中国传统文化精神内涵的认知，理解传承书画文化的价值和意义。为后续的学习和创作打下基础，选用了课文中的三个"学习任务"，层层递进，互相关联，学生完成学习任务的同时，也认识了完整的书画创作过程，体验艺术家创作时所思所感。

二、学情分析

本次教学评比，我们美术组采用了同课同构的模式，在高一年级授课。高中阶段是学生理性思维和逻辑思维认识高速发展的时期，学生的主观意识和学习能力明显增强。所选择进行授课的高一（1）班学生对美术课的热情很高，在美术课上该班大部分学生都能积极主动思考与发言，老师所安排的任务都能认真完成，整体班风、学风较好。该班学生的知识储备较好，知识面也较广，对老师所提出的问题都能有自己独到的见解。

三、教学策略

本课从美术学科核心素养出发，考虑到高中学生的认知与心理发展水平，基于单元情境和基本问题的课程组织形式和教学建议，教学设计充分体现美术学科核心素养的价值。其理论依据如下。

基于核心素养课程理念的课程设计思路，通过"学习任务"的课程组织形式形成问题驱动。学生为课堂主体，通过系列教学活动的开展培养，并进行自主、合作、探究式学习，形成对中国书画知识体系的建构。

课程以学生真实的生活情境为中心，设计真实的学习情境，通过学习任务的驱动引导和开展教学，关注学生在书画鉴赏学习过程中的个人感知。

以概念为本的课程教学过程，形成"事实—概念—概括—原理—理论"的知识类型构建，引导学生了解"中国书画样式、内容表现"等事实性知识，基于实际性知识，基于实际的问题情境，使学生在思考探究和学习体验中形成自身观点，达成文化理解，养成批判性思维。

四、教学目标

1. 认识中国书画的形制，掌握书画创作的内容形式特点与形制、生活场域的整体关系，提炼出中国传统书画的精神内涵和传承价值。领悟中国书画与生活的关系，感受传统文人的审美观念和美学思想，理解传承中国书画的意义与价值。（学科核心素养：图像识读、审美判断、文化理解）

2. 通过视频演示、名作赏析的方式获得书画作品样式的基本体验。运用欣赏、演示、体验、合作与探究的方法，让学生对中国书画的情感表达与生活场域的关系有初步的认识。（学科核心素养：创意实践、文化理解、审美判断）

五、教学过程

教学环节	教师活动	学生活动	设计意图
导入	1. 展示"现代都市中的传统建筑"摄影图片。 教师：这个城市的建筑有什么特点？ 一个城市的灵魂——城市记忆，传统文化底蕴。 教师：海口的历史名胜有哪些？让我们一起走进五公祠去游览一番吧（播放五公祠纪录片），在传统的建筑里，因为书画的点缀，整个空间更显得文化韵味浓郁。 2. 展示"现代书房"图，提问：如果你是这个书房的主人，你会选择何种形式的书画作品作为空间装饰？创作书画作品要考虑哪些因素？	学生思考与交流并回答问题。	通过师生交流，设置问题，引发学生思考和产生兴趣，促进学生主动参与和独立思考。 创设情境，引出教学内容。

续表

教学环节	教师活动	学生活动	设计意图
讲授新课	1. 展示课题:"赏延素心——中国书画的样式、内容与情感表达"。 教师:创作一幅作品,首先要考虑什么呢?引出书画的"幅式"。 2. 学习任务一:体验不同书画装裱样式与方法。中国书画的样式(常见幅式有条幅、对联、中堂、斗方、匾额和扇面等)。 教师:展示"书画装裱过程"视频,示范书画作品正确的打开方式,总结装裱的意义与价值。 3. 思考·探究:当代中国书画作品的装裱形式和展现空间与古代相比发生了很大变化,这些变化主要受到哪些因素的影响? 4. 学习任务二:书画作品创作前,我们要做好哪些准备? 教师:首先请大家一起欣赏一幅山水名作(播放视频《千里江山图》)。在画面中,我们看到了什么?有什么感受?作者想表达什么? 5. 创作内容包括:创作目的、题材、内容、意涵、款识、形制(幅式、装裱)、展现空间等。介绍中国画的内容与表现特点、中国书法的内容与特点。 教师:归纳中国书法的内容与特点以及中国画的内容与表现特点,引出诗、书、画、印交相辉映,营造"诗中有画,画中有诗"的意境。 6. 思考·探究:请结合中国书画的内容与表现特点,谈谈你欣赏以上作品的感受。 7. 学习任务三:书画陈设设计。 教师:通过以上内容的学习,大家对中国书画的形式与内容有了一定的了解,在这样的一间有传统韵味的书房里我们应该如何布置书画作品? 8. 课堂小结:中国书画中承载着我国古代传统文人的崇尚人与自然和谐共处的哲学观,追求雅致、大方生活环境的美学观。	学生观看作品展示与装裱视频。 自主探究、合作交流。 学生欣赏作品,相互交流感受。 学生以小组为单位,进行交流与讨论。 学生自主思考并发表自己的看法。	通过作品悬挂的古今之变的分析,加强与时代生活的联系。 通过对具体作品的鉴赏,促进学生图像识读、审美判断、文化理解的学科素养提升,对作品鉴赏有自己的观点和思考。 合作探究,引导学生运用所学知识,鉴赏作品,鼓励学生表达自己的想法。 话题转回到导入阶段的问题,引导学生在真实情境中运用所学知识,进行书画陈设设计。

课后作业:为老家客厅设计一幅书画作品

续表

> 板书设计:
> 赏延素心——中国书画的样式、内容与情感表达
> 1. 书画装裱样式与方法——常见幅式:条幅、对联、中堂、斗方、匾额、扇面等。
> 2. 创作内容包括:创作目的、题材、内容、意涵、款识、形制(幅式、装裱)、展现空间等。
> 3. 书画陈设设计——艺术与环境的美学。

第二部分　教学反思

本课基于美术学科核心素养建构单元教学内容。本课时一共设计了三个学习任务,相互关联。学生在完成学习任务中,体验整个书画创作的过程,体验艺术家创作思维的过程。课程从本土文化保护和传承的角度讨论创设情境并引入教学。引起学生对本土文化保护与传承的关注与思考。让学生意识到学习与生活是紧密结合的,从而构建真实的学习情境。

学习任务一:通过具体作品案例分析、展示装裱过程视频,帮助学生认识书画作品装裱的价值与意义。

学习任务二:以书画创作为情境,讨论书画内容的表现特点,以小组合作的形式展开探究活动,从而提高学生图像识读、审美判断、文化理解的素养水平。

学习任务三:讨论书画作品的创作形式与生活场域的关系,理解书画传承的意义与价值。

在课程的设计上,讲的部分有点偏多,学生讨论与交流的时间偏少。为了加强学生的体验,在时间的把握上,还是要多给时间让学生体验与交流。

(来源:2021年"凤凰杯"课堂教学大赛)

陶艺与生活——茶器系列鉴赏与制作雅集

石　磊

第一部分　教学设计

一、教材分析

　　陶艺作为工艺美术的一种,在中学的普及开展必须进行课程整合,发掘其中有价值的教学资源。本课就是在陶瓷艺术深厚的传统文化底蕴和现代世界陶艺多元发展趋势的基础上紧密联系本土文化和学生生活,从最基本的容器——茶杯入手,设计制作一款具有独特个性的茶杯,在解决问题的过程中联系中国传统陶艺知识与现代陶艺理念,形成开阔的视野,从而有助于学生乐于尝试各种形式的茶杯主题创作。技法部分通过讲—练—发现问题—讲—练,形成渐进和自主的学习方式,突破重难点。

二、学情分析

　　教学重点:认识陶艺容器的制作方法,并完成一件主人杯的创作。
　　教学难点:主人杯的创意设计与制作成型难度较大。

三、教学策略

　　通过主题雅集趣味引导,我们可以认识了解生活中的陶瓷艺术与经典作品,并动手设计制作茶器系列——主人杯,深入理解生活中的美。

四、教学目标

　　雅集主题活动中,学生感受陶艺与生活的亲和关系,学生通过实物鉴赏了解陶艺的基本常识和制作工艺等,动手制作一款陶艺作品。(创意实践、美术表现)
　　了解传统陶艺的艺术魅力,了解现代陶艺的多样化风格与特殊工艺,开阔视野。(审美判断、文化理解)

五、教学过程

教学过程
一、陶艺与生活——茶器系列鉴赏与制作雅集 　　雅集开场语："人间最美四月天，不负春光与时行。"在这最美的人间四月天，让我们一起跟随春意盎然的轻快脚步，享受春风浩荡的开花结果，放飞理想的大好时光，最终体味春华秋实的满载而归。此次陶艺雅集主题活动，是我校师生创作的陶艺茶器、香器、花器等陶艺手工艺作品与陶瓷品鉴、绘画相结合，是一次将中学生的学习生活与中华优秀传统文化相结合的艺术雅集活动。 　　问题讨论： 　　1. 现场展示的作品中比较陶与瓷的区别。 　　2. 什么是主人杯？ 　　3. 选择一款你喜欢的作品，谈一谈：吸引你的是什么？ 　　4. 谈你要设计一款怎样的主人杯呢？ 　　**二、主人杯的制作** 　　教师示范制作方法：1. 手捏基本型的方法{ 捏雕过程中泥巴保湿方法。 / 手捏技法要领。 　　　　　　　　　　　2. 装饰与创意设计{ 杯子表面个性化肌理的处理与工具运用，如实物拓印、刻刀雕刻、饰物捏雕、彩绘等。 　　**三、学习活动** 　　学生尝试设计制作一款主人杯，要求器型完整，富有创意。教师实时辅导评价，找出问题并讲解解决。 　　评价标准： 　　1. 器具的造型与完整程度。 　　2. 主人杯的装饰技法与创意。
板书
陶艺与生活——茶器系列鉴赏与制作雅集 陶与瓷 茶艺雅集中的主人杯 主人杯制作：捏—雕—饰

第二部分　教学反思

　　本课分为茶艺雅集与茶器主人杯的制作两个部分。本课从茶器茶艺雅集的形式展开对陶瓷的鉴赏。陶瓷包含的内容极为丰富，因为时间的限制，本课采用学生探究发现问题的方式，以开放的方式由学生提出他们感兴趣的问题，师生共同探讨解决，体现了本课以学生的学为主体的课堂理念。而瓷器发展历史中某些重要的瓷器品种可能有较多遗漏，造成对陶瓷发展体系认识不完整、不全面，所以，课后拓展的学习应合理设计。

主人杯制作部分是学生最为感兴趣的，纯手工捏雕制作需要极为细心和极大的耐心，对学生的动手能力提出了更高的要求。而针对这种形式的制作，对学生的审美教育更需要落到实处，如原始陶器的巧妙设计、现代陶艺家手捏的主人杯作品等，对学生创作会起到较好的作用，所以此类素材作品的搜集应不断优化。

（来源：2022年"凤凰杯"课堂教学大赛）

基于物联网的信息系统

孙　杰

第一部分　教学设计

一、教材分析

本课教学内容来源于选择性必修模块二"网络基础"和选择性必修模块六"开源硬件项目设计",要求学生学会基本的网络配置及使用方法,通过开源硬件认识与体验物联网相关的应用。

二、学情分析

学生在前面课程已经学习过 IP 地址、子网掩码、网关、DNS 等知识,并且学习和体验过掌控板的功能和相关操作,但对于通过掌控板实现物联网连接并体验相关知识在应用中的表现还没有实际操作过。

三、教学策略

学生平时使用的网络都是别人已经搭建好的,通过各种软件实现网络应用。本课创设网络实验环境,为学生提供硬件,引导学生在亲自动手操作中观察分析数据,掌握网络应用的技能,理解操作背后的技术原理,掌握分析判断的方法。

四、教学目标

1. 学会无线局域网的配置方法。
2. 通过开源硬件实现数据传输,理解操作背后的技术原理,掌握分析判断的方法。

五、教学过程

（一）情境引课

教师活动：上一节课我们学习了几种常见的信息系统，并且让大家用掌控板调试了几个小程序。先回忆一下，主要用到了掌控板上面的哪些功能模块？

学生活动：思考回答。

教师活动：我们上次课是通过数据线将掌控板直接与电脑进行连接。在本学期第一节课的时候，老师还给大家演示了通过 Wi-Fi 将手机和掌控板进行连接，然后通过微信里面的物联网小程序来控制掌控板上 LED 灯。这种通过某种方式将物与网络进行的连接，就是我们这节课要讲到的物联网。

（二）解读物联网的概念

学生活动：观看视频。

（三）物联网如何解决身份识别问题

在掌控板屏幕下方有一串编码。每块掌控板在出厂的时候都有一串这种编码，我们称为 MAC 地址。这个编码和我们的身份证号码一样是唯一的，可以用来区分不同的掌控板。掌控板在进行网络连接的时候还需要用到一个称为设备 ID 的东西来进行识别，设备 ID 也称为网络身份证。它和 MAC 地址的关系就像我们的身份证号码和家庭住址一样，是相互联系的。每块掌控板的设备 ID 在将它连网的时候可以从厂家架设的服务器上自动获取得到。

设计意图：引入服务器和设备 ID 的概念，为后续课程讲网络连接作铺垫。

学生活动：观看视频。

（四）RFID 技术

通常大家认为的物联网中的物都需要具有各种传感器，以各种电子设备为主。但在上面这段视频中大家注意到，有些物是通过上面粘贴的条形码或者二维码实现物与信息平台的连接。

学生活动：阅读必修二第 50 页。

设计意图：利用 2 个共 2 分钟的视频，直观又清晰地说明了物联网的概念及应用，大大提高了教学效率。

（五）物联网的搭建

第 1 个活动：噪声监测信息系统。

教师活动：通过微信小程序与掌控板进行连接。大家拿到的掌控板里面已经预先写入了监测代码。程度代码每隔 1 秒向微信小程序发送掌控板获取的声音值，并同时将微信小程序发送过来的信息显示在掌控板 LED 屏上，形成一个实时的信息反馈。

学生活动：打开"掌控板物联操作步骤"，按提示完成相关操作。

教师活动：一个微信小程序里面可以继续添加掌控板，实现对多块掌控板的控制；同时，每块掌控板里面也可以添加多个应用。那么，是否可以用多个手机微信小程序添加同一个掌控板，并实现对它的控制呢？

学生活动：思考并作答。

教师活动：可以的。其实在我们生活中就有很多这种应用的例子。比如电视节目里经常使用的抢答器系统。

第 2 个活动：制作抢答器。

教师活动：现在，老师这里有一块掌控板，已经刷入了一段程序代码。这块掌控板的 MAC 地址也提供给大家。接下来请自行查看这段程序代码，根据刚才所学的知识，尝试完成抢答器的制作。

将学生每 2 人一组分为 6—7 组，屏幕上展示代码。

学生活动：根据代码提示和刚才的操作提示完成抢答器的制作。

教师活动：有的组的同学有可能没有完成。我们来分析一下失败的原因：微信应用里的名称和程序代码里面的名称不对应，导致程序无法识别是哪个组发送过来的信息。那么，应该如何修改？

学生活动：思考并作答。

教师活动：将小程序里面应用的名称改成你们组对应的号码就可以了。这也是我们后期学习编程的时候需要注意的问题。

设计意图：训练学生的思维及操作能力，为后续编程学习作铺垫。

（六）课堂小结

教师活动：这节课我们学习了物联网的概念，物联网的常用技术，并尝试完成了 2 个物联网系统的搭建。下一节课我们接着学习后续内容，如何进行网络连接。

操作步骤演示图：

第一步：

第二步：

第三步：

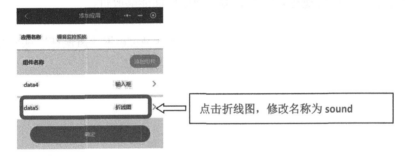

第四步：

第五步：

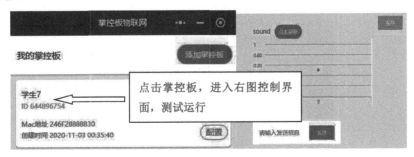

第二部分　教学反思

本节课在全组同仁的鼎力帮助下顺利地完成了，在此对大家表示感谢。

反思这节课，最大的感受就是设备的问题。现在信息技术日新月异，为了给学生更直观、更贴近现实的操作感受，设备是绕不过去的一道坎。从设备的选取、经费的申请到上课前设备的调试，这一切都离不开全组老师的帮忙，这也是后期这类型课程的一大实际难点。希望随着技术的进步，后期能够找到更稳定、实惠、简便的设备来充实课堂教学。

在教学内容的选择上，物联网是现今社会的热门概念。在此基础上诞生了很多应用，如共享单车等。学生对这部分内容兴趣较大，但对这部分知识比较欠缺，属于会用但不明白其原理。因此，本节课先给学生普及了一下物联网的相关知识，让学生明白什么是物联网，然后针对物联网中的重点问题：身份识别、远程操控设计了 2 个操作练习。通过亲自上手搭建小型物联网，学生对该部分知识掌握得更加牢固。

在上课过程中也发现了一些问题。由于网络及设备的问题，设计的一些操作环节比较简单，不能较完美地展现物联网的应用，希望后期能够改进。

（来源：2020 年"凤凰杯"课堂教学大赛）

"看见"情绪背后的需要

王佳馨

第一部分　教学设计

一、教材分析

本节课无教材。

二、学情分析

高中时期的学生，正处于发展心理学中所述的"疾风骤雨"期，此时情绪情感波动较大、情绪体验强烈，在学习和生活中易受情绪左右。为避免消极情绪的影响，学生往往希望自己能够掌握调整情绪的技巧和策略，但却忽略了了解情绪背后的需求是调整情绪重要步骤之一。因此，本节课，以"非暴力沟通"理论为指导，聚焦情绪背后的需要，以期帮助学生掌握情绪管理的第一步。

三、教学策略和理念

情绪是人对客观事物是否满足自己的需要而产生的一种主观体验。心理学研究指出，青春期是情绪发展的重要阶段，是奠定情绪根基的关键期，一个人该时期的情绪状况及发展趋势如何，往往对其未来发展有着深远的影响。但正值青春期的青少年自我意识萌芽，自我感和独立意识逐渐增强，这些变化也使得他们的情绪体验更加强烈。其中，高中生的情绪特点具有显著的两极性和矛盾性、外显性和内隐性，并且情绪出现心境化，容易围绕着一件事长时间思考。为了避免情绪给学生带来长时间的困扰，对高中生进行情绪教育与辅导，提高他们的情绪管理能力尤为重要。

就情绪管理而言，学习、掌握调节情绪的策略固然重要，但情绪管理能力是一个包含看见、觉察、接纳、表达和调节等的综合能力，而学会看见情绪、看到情绪背后的需要是进行情绪管理的重要前提。当情绪背后的需要被看到后，我们能够以更平和的心态思考、以更理性的方式与人交流，避免陷入情绪带来的负面结果中，也能够采取更有针对性的方式照顾需要。因此，本节课旨在引导学生看见情绪，探寻情绪背后的需要，发现更多的可能，掌握情绪管理能力的关键一招。

四、教学目标

1. 学会有意识地用具体词汇表达自身的情绪感受，区分事件、想法和情绪；学会探寻情绪背后的需要。

2. 通过练习表达帮助学生看到情绪背后的需要，在交流分享中体会看见需要之后的不同感受；通过小组讨论，学习如何将情绪化语言转化为理性语言。

3. 能够意识到看见情绪背后的需要对我们管理情绪、人际交往的重要意义。

五、教学过程

教学环节与预设时间	活动过程	设计意图
团体暖身阶段（5分钟）	一、热身活动 1. 音乐开始，向前后左右的同学传递花，音乐停止，立即停止传递。 2. 音乐暂停时，手里拿到花的同学需要说出一个与情绪有关的词语。	通过活动调动学生参与课堂的积极性，活跃课堂氛围，并引出主题。
团体转换阶段（7分钟）	二、看见情绪 （一）分享提问 在刚才的活动中，你有什么情绪体验？请用具体的词表达。 教师总结：其实当我们用明确、具体的词汇来描述情绪时，就是我们看见情绪的过程。 （二）情绪的两个特点 1. 情绪的定义：情绪是人对客观事物是否满足自己的需要而产生的一种主观体验。 2. 情绪的特点： （1）主观性。 （2）与自身需要有关。	引导学生用具体的词表达自己的情绪，在学生表达的过程中澄清想法、状态和情绪。借助学生分享引出情绪的定义，并点明情绪的两个特点，为工作阶段内容做铺垫。
团体工作阶段（25分钟）	三、看见情绪背后的需要和期待 （一）情绪的根源——自身的需要和期待 教师：根据需要和期待被满足与否、被满足程度的不同，情绪的种类和程度也不同。通常我们的行为表现只是冰山一角，在冰山之下隐藏的情绪和需要是指导我们行为的巨大能量。	在看见情绪的基础之上，借助情绪的定义，讲解情绪与自身需要之间的关系。通过自我探索任务，发现情绪的背后需要并学会表达。在小组讨论和分享中，引导学生在看见需要后，理性思考和表达。

续表

教学环节与预设时间	活动过程	设计意图
团体工作阶段（25分钟）	（二）自我探索任务 1. 回忆自己的一周，什么事件让你产生较深刻的情绪体验？并思考：当时你的情绪是什么样的？情绪背后的需要是什么？请用以下句式进行表达： 具体事件描述。 我感到（情绪体验）。 因为我有……的需要。 2. 左右两人为一组进行交流分享。 （三）看到情绪背后的需要之后 1. 我更理解自己，他人更理解我。 2. 有助于将情绪化语言转化为理性语言。 （1）案例讲解 理性表达：陈述事实＋表达情绪/需要＋提出建议。 （2）小组讨论分享：探索案例中两个主人公情绪背后的需要，并将案例中情绪化语言转化为理性语言。	
团体结束阶段（3分钟）	四、分享与总结 （一）学生分享 （二）教师总结 情绪之于我们，虽变化万千，有时会给人造成困扰，但没有无用的情绪，希望大家能够透过情绪看见自己背后更有力量的需要，并能在平和的心态中理智思考、理性表达，发现更多的可能，照顾自己的需要。	回到课程定位，情绪背后的需要对我们管理情绪有重要意义。唤醒学生发现需要的意识。

第二部分　教学反思

本次课堂教学基本完成了教学目标，从学生的任务单中可以看到，大部分学生认识到了看到情绪背后的需要对自身情绪调节的重要性。《非暴力沟通》中提到，个体对自身情绪的认识，要先能够看清情绪背后缺少的是什么，逐步不断澄清以解开情绪的"结"。在课堂里，一名学生恍然大悟般分享他的感受："以往在碰到不良情绪时总是想着学习宣泄情绪的方法，而这些方法时而有用，时而无用，好像总是缺点什么。在上了这节课后，我才明白：了解自己的情绪需求，进而解决它更为重要。"当时听到这一分享，心里甚是欣喜，他的分享直接帮我总结并点题。那个当下，我作为这堂课的"指导者"，也感觉"心"意相通了，反被学生滋养到。

本节课在案例设计上，是可以有很大的调整空间的，学案中涉及的案例虽然起到了完成特定教学任务的作用，但从案例本身而言，不太能够贴近学生实际生活，若能从学生生活事件入手改编案例，效果会更好。另外在提问方式上，能细微地感受到学生有点猜到心理老师总是会提问：你的感受是什么？少部分同学不知道说什么的时候会说"我"没感受。当我发现后，将提问方式改成：有哪些发现可以分享一下吗？感觉会更容易推进或是激发学生的表达。最后，在学习将情绪化表达转化为理性表达的练习中，学生似乎在根据例子生搬硬套，显得过于生硬，如果能够引导学生以自己的生活实例为引子，分享他们理智化的表达，最后进行课堂总结，效果可能会更好。

（来源：2020年"凤凰杯"课堂教学大赛）